Matthias Arning

PETRA ROTH

Die Biographie

WESTEND

Fotonachweis: Andreas Arnold (1), Wonge Bergmann (4), Christoph Boeckheler (2), Büro der OB (1), Deutsche Bank/Oswald (1), Jochen Günther (1), Bernd Kammerer (3), Alex Kraus (10), Privat (4), Martin Weis (2)

Mehr über unsere Autoren und Bücher:
www.westendverlag.de

Die Deutsche Bibliothek verzeichnet diese Publikation in der Deutschen Nationalbibliografie. Detaillierte bibliografische Daten sind im Internet über http://dnb.d-nb.de abrufbar.

FSC
www.fsc.org
MIX
Papier aus verantwortungsvollen Quellen
FSC® C014889

ISBN 978-3-86489-019-2
© Westend Verlag GmbH, Frankfurt/Main 2012
Satz: Publikations Atelier, Dreieich
Druck und Bindung: Friedrich Pustet, Regensburg
Printed in Germany

Inhalt

Vorwort
Im Namen der Bürger

Auf dem Weg hinab vom Hotel Belvédère bleibt Peter Ramsauer für einen Augenblick stehen. Es ist bereits dunkel an diesem Abend Mitte Januar des Jahres 2012. Auf den vereisten Stufen des aus besseren Zeiten stammenden Grandhotels in Davos ist Vorsicht geboten.

»Die Frau Oberbürgermeisterin«, sagt der Bundesverkehrsminister beim Verlassen des Weltwirtschaftsforums, als ihm die blonde Frau in dem Lammfellmantel entgegenkommt.

»Der Herr Minister«, sagt die Oberbürgermeisterin, die auf dem Weg zum Empfang ihrer Stadt für internationale Gäste ist.

Peter Ramsauer geht, Petra Roth kommt.

Sie hätte auch der Republik gutgetan. Das steht für Peter Ramsauer außer Frage. Vier Wochen nach Davos hat er sie ins Spiel gebracht. Als mögliche Nachfolgerin von Christian Wulff in Schloss Bellevue. Petra Roth hätte die erste Präsidentin der Bundesrepublik Deutschland, die erste Frau an der Spitze des Staates, werden sollen. Bereits 2004, als man schließlich den Ökonomen Horst Köhler zum Kandidaten für die Nachfolge von Johannes Rau auserkoren hatte, war Petra Roth im Gespräch. Für das Amt, von dem man grundsätzliche Akzentsetzungen erwartet, dem man Leitlinienkompetenz zuschreibt. Für die Union in den Südländern Bayern, Baden-Württemberg und Hessen, so heißt es Mitte Februar 2012, ist sie die Favoritin für die Nachfolge des zurückgetretenen Bundespräsidenten Christian Wulff. Nicht der Ostdeutsche Joachim Gauck, nicht der Klimaretter Klaus Töpfer, sondern die Frankfurterin Petra Roth. Eine einnehmende Repräsentantin, eine überaus glaubwürdige, integre Politikerin.

Die Krise um Wulff hat sich seit Mitte Dezember 2011 zwei quälend lange Monate hingezogen. Medien entblättern Detail um Detail über Wulffs Kreditaufnahmen und Urlaubsreisen, das Einfamilienhaus in der Nähe von Hannover, den Zuschuss der Schwiegermutter. In dieser Zeit entstehen überall in der Republik Freundeskreise, die sich rechtzeitig und wohlüberlegt auf eine Zeit nach Wulff einstellen wollen und Petra Roth künftig in Schloss Bellevue sehen möchten. Sie treten dafür ein, die langjährige Präsidentin des Deutschen Städtetages in das Bundespräsidentenamt zu holen.

Im Jahr sieben nach dem Einzug Angela Merkels ins Bundeskanzleramt soll mit Petra Roth erstmals eine Frau an die Spitze des Staates treten. Viele sehnen sich nach einer Politikerin, die einen Reinigungsprozess einleitet, die dafür steht, dass Politik kein schmutziges Geschäft sein muss. Einer Politikerin, die den Beweis liefert, dass sich Politik mit der Bereitschaft, sich für etwas Konkretes und Gutes rigoros einsetzen zu wollen, durchaus lohnen kann und akzeptanzfähig ist. Nach einer Politikerin, über die die Kanzlerin selbst sagt, »sie hat eine zukunftsweisende und kluge Stadtpolitik betrieben«. Nach einer Politikerin, deren Durchsetzungswillen man besser nicht unterschätzen sollte, »der sich hinter ihrem beherrschten und gewandten Auftreten verbirgt«, wie Hessens früherer Ministerpräsident Roland Koch beobachtete. Nach einer exponierten Politikerin, die »gern in ihrem Amt lebt«, wie ihr Weggefährte, der einstige Bundesminister für Forschung und Technologie, Heinz Riesenhuber, festhält.

Politik ist nichts für Leute, die einen Job machen wollen. Politik, das macht Petra Roth als Sozialbezirksvorsteherin, als hessische Landtagsabgeordnete, als Parteichefin der CDU in Frankfurt am Main, als Vorsteherin der Stadtverordnetenversammlung und schließlich als Oberbürgermeisterin deutlich, Politik ist etwas für Profis. Weil sich »Profi« von Professionalität ableitet und seinen Bedeutungsstamm in »professione« hat. Professione ist nur ein anderes Wort für Hingabe.

Die schwarz-gelbe Regierungskoalition in Berlin entschied sich am 20. Februar 2012 gegen Petra Roth. Beinahe wäre das

Bündnis zwischen Union und FDP an der Präsidentenfrage gescheitert. Kanzlerin Merkel soll erbost gewesen sein, heißt es am Tag danach, weil die Freidemokraten sich öffentlich gegen Petra Roth, gegen Klaus Töpfer, aber für den anderthalb Jahre zuvor in Konkurrenz zu Christian Wulff als Bewerber gescheiterten Joachim Gauck entschieden haben. Dabei hatten die Koalitionäre zuvor eigentlich verabredet, sich zunächst intern zu verständigen, um dann mit SPD und Grünen über einen gemeinsamen Kandidaten zu sprechen.

Bald erfährt die interessierte Öffentlichkeit: Die FDP-Regenten wollten Roth nicht, weil damit die Vorzeichen für die nächste Bundestagswahl 2013 auf Schwarz-Grün gestellt worden wären. In der Republik gilt Petra Roth als Steuerfrau einer seit 2006 solide arbeitenden Koalition der CDU mit den Grünen, die die Bündnispartner selbst als Modell für künftige Koalitionsüberlegungen empfehlen: »Jenseits der ideologischen Differenzen lässt sich mit den Grünen unaufgeregt und verlässlich Politik machen«, sagt sie selbst über ihre Erfahrungen mit diesem Bündnis.

Während die Regierungskoalitionäre in Berlin am Sonntagnachmittag vor Rosenmontag 2012 beraten, befindet sich Petra Roth auf der Ehrentribüne auf dem Römerberg in Frankfurt am Main und nimmt über drei Stunden hinweg die Parade der Narren mit 247 Motivwagen und Tanzgruppen ab. Sie lässt sich von »den Kamerunern« aus dem Frankfurter Gallusviertel so kräftig umarmen, dass die linke Hälfte ihres Gesichts anschließend nahezu eingeschwärzt ist. Die Müllmänner von der Frankfurter Entsorgungsgesellschaft FES sagen laut servus: »17 Jahre Arbeit und Brot«, ist auf ihrem Motivwagen zu lesen, »dank unserer lieben Oberbürgermeisterin Petra Roth, die FES sagt Dankeschön, wir lassen sie nur ungern gehn.«

Ein schöner Nachmittag, die Stimmung ist gut. »Das Volk« verabschiedet sich von ihrem Stadtoberhaupt. Es hätte Petra Roth gern behalten, doch die Chefin, wie viele Frankfurter Petra Roth liebevoll nennen, tritt Mitte 2012 ab.

Nach siebzehn Jahren. Auf dem Höhepunkt ihrer Beliebtheit. Schöner kann es für sie wohl nicht mehr werden.

»Präschtisch, wie se widder aussieht,
Escht gut, wie se präsediert,
Trefflisch, wie se Frankfurt steuert,
Riesisch, wie se es erneuert,
Astrein, wie se's kommendiert!«

Diese Verse mögen vielen durch den Kopf gegangen sein, die der Dichter und Satiriker Robert Gernhardt als »unsortierte Gedanken eines Frankfurter Bürgers« zu Papier gebracht hat.

Am Abend dieses Fastnachtstags ist klar: Joachim Gauck zieht in Schloss Bellevue ein. Die Regierungskoalition in Berlin hat sich auf diesen Kandidaten verständigt. Am 18. März, gerade vier Wochen später, gehört Petra Roth zur Bundesversammlung, die Joachim Gauck mit großer Mehrheit zum neuen Staatsoberhaupt wählt.

Lieber hätte sie gegen Klaus Töpfer den kürzeren gezogen. Mit Töpfer weiß sie sich auf einer Wellenlänge. Bei Töpfer hätte sie gewusst, der kümmert sich um das Klima und nimmt sich des demographischen Wandels an. Themen, die auch ihr genuin wichtig sind.

Petra Roth – diese Frau ist ein Phänomen. Etwas, was es eigentlich gar nicht gibt: eine Politikern und glaubwürdig. Eine Frau in einer Männerclique. Eine Liberale in einer konservativen Partei. Offen für Neues und gleichzeitig tief verwurzelt. Sie macht eine gute Figur beim Empfang für die norwegische Prinzessin Mette-Marit ebenso wie beim Plausch mit den Marktfrauen in der Frankfurter Kleinmarkthalle. Sie ist bodenständig geblieben und repräsentiert doch stilsicher ihre Stadt bei Begegnungen mit Prominenten und Wirtschaftsführern. Sie hat kein Abitur und jongliert doch sicher mit hochkomplexen Themen. Sie hat den Frankfurtern das Gefühl gegeben, dass sie sich kümmert, dass diese Stadt Heimat bietet, dass sie selbstbewusste Bürger verdient hat.

»Ich als Stadt Frankfurt«, sagt sie dann. Und sie sagt es immer wieder. Es klingt eigentlich etwas seltsam. Petra Roth allerdings lebt das. 24 Stunden Frankfurt am Tag. Seit siebzehn Jahren. Auf einmal soll das vorbei sein? Wer ist diese Frau? Was treibt sie an? Auf welchen Fundamenten hat sie sich eingerichtet? An welchen Leitmotiven orientiert sie sich? Wie hat sie es geschafft, sich durchzusetzen in Zeiten, in denen Frauen in der Politik allenfalls im Damenprogramm vorkamen?

Allesamt Fragen, denen ich in den folgenden Abschnitten dieses Buches nachgehen werde. Von einem Ausgangspunkt, der mittlerweile vier Jahrzehnte zurückreicht: der Rückkehr der jungen Petra Roth nach Frankfurt am Main.

Dieses Buch ist eine politische Biographie. Es wäre ohne die Beobachtungen des vergangenen Jahrzehnts in Frankfurt am Main wie an vielen anderen Ecken der Welt nicht möglich gewesen: In dieser Zeit begleitete ich Petra Roth zunächst als Journalist und Frankfurt-Chef für die Tageszeitung *Frankfurter Rundschau*, später als ihr persönlicher Referent.

Das Buch umfasst im Anschluss an dieses Vorwort sieben Kapitel. Sie spannen von ihrem Entschluss aus, ihre Amtszeit um ein Jahr zu verkürzen (Kapitel 1), einen Bogen von den Anfängen Petra Roths in Bremen (Kapitel 2) über ihr Engagement auf dem Flügel der Sozialpolitiker in der CDU (Kapitel 3), ihr kommunalpolitisches Wirken in Frankfurt am Main (Kapitel 4), ihr Eintreten für die Belange der Kommunen im Deutschen Städtetag (Kapitel 5), ihre kommunalpolitische und kulturelle Erbschaft (Kapitel 6) bis hin zu ihrer Entwicklung als ein Vorbild moderner Gefühlspolitik (Kapitel 7).

Die Grundlage dieses Buches bilden ausführliche Gespräche mit Petra Roth und vielen ihrer langjährigen Gefährten. Ihnen allen danke ich für die Offenheit und die Zeit, die sie sich für meine Fragen genommen haben.

Frankfurt am Main, im April 2012

1 Abgang mit Ansage – schöne Sommertage in Polen

Über den Sommerurlaub 2011 mit »der Prinzessin« hat sich Petra Roth schon Monate zuvor Gedanken gemacht. Sie suchten auf Landkarten gemeinsam Orientierung in dem unbekannten Terrain, suchten Adressen für Unterkünfte, machten sich mit Hilfe von Reiseführern kundig, wie es wohl in den ländlichen Regionen aussieht. Die Stadt Krakau, die kannten sie. Schließlich setzten sich die Oberbürgermeisterin und die Vorsitzende des Kulturausschusses für diese seit 1991 bestehende Städtepartnerschaft zwischen Frankfurt und Krakau ein. Sie wollten sich gut vorbereiten auf das, was auf sie zukommen könnte. Denn diese Rundreise durch Polen würde doch etwas ganz Besonderes sein: zwei Frauen reiferen Alters, die eine 73, die andere 67 Jahre alt, unterwegs mit dem eigenen Auto in einem für sie bis dahin nahezu unbekannten Land. Lange vor der Abreise in Richtung Stettin kommt Petra Roth immer wieder auf die bevorstehende Tour »mit der guten Freundin« zu sprechen. Petra Roth und Alexandra Prinzessin von Hannover kennen sich ihr halbes Leben lang. Über die CDU. Durch soziale Anliegen fanden beide in die Politik. Vier Jahrzehnte liegt das zurück.

Als die Tour losgeht, ist »die Prinzessin« gerade seit drei Monaten keine Stadtverordnete mehr. Nach mehr als zwei Jahrzehnten. Seitdem fehlt Petra Roth eine kulturpolitisch feste Größe. »Die Prinzessin« konnte unwirsch werden, wenn wieder mal einer aus der Kommunalpolitik auf die Idee kam, haushaltspolitischen Turbulenzen mit Einsparungen bei der Kultur entgegensteuern zu wollen. Auf »Ada«, wie Petra Roth die Weggefährtin freundschaftlich nennt, ist Verlass.

Seit dem Sommerurlaub 2011 grübelte Petra Roth über das Ende ihrer Amtszeit. 2013, das könnte ein bedeutendes Wahljahr werden. Im Bund stehen Wahlen an, in Hessen, in Frankfurt am Main. Petra Roth dachte hartnäckig darüber nach: Es könnte ihrer Partei guttun, wenn es gelänge, die Direktwahl des neuen Oberbürgermeisters für Frankfurt am Main von den anderen beiden Urnengängen zu trennen. Denn erfahrungsgemäß setzen sich bei Wahlen Trends fest. Positiv wie negativ. Für den Bewerber oder die Bewerberin der CDU würde es bestimmt von Vorteil sein, früher an den Start zu gehen. Denn vom Herbst des Jahres 2011 aus betrachtet, konnte man keine Wette auf Wahlerfolge der Union eingehen: in Berlin nicht und in Wiesbaden auch nicht, da die Partei den radikalen Modernisierungsschub von Bundeskanzlerin Angela Merkel etwa in der Energiepolitik nach wie vor nicht zu verkraften schien. Die Konservativen in den eigenen Reihen blieben überaus skeptisch. Vor allem aber, weil ein anderer Koalitionspartner als die Freidemokraten weit und breit nicht in Sicht zu kommen schien. Mit dieser FDP aber wollte man für Berlin wie für Wiesbaden, längst bevor man in Nordrhein-Westfalen Neuwahlen angesetzt hat, besser nicht auf Sieg setzen.

Sich in den Dienst der eigenen Partei zu stellen, so wie es sich Petra Roth schließlich im Herbst des Jahres 2011 vornimmt, musste in den vier Jahrzehnten zuvor nicht unbedingt das erste sein, was ihr in den Sinn kam. Denn leicht haben sie es der Frau in jungen Jahren in der eigenen Partei nicht gemacht. Petra Roth sah sich oft mit einer Riege stockkonservativer Honoratioren konfrontiert. Sie strebten in Frankfurt am Main nach Macht, träumten von den längst vergangenen Zeiten satter Mehrheiten in den siebziger und achtziger Jahren unter dem Oberbürgermeister Walter Wallmann, der die sozialdemokratische Hegemonie durchbrechen konnte. Sie wollten selbst aber nicht in die erste Reihe treten, wenn ihnen eine Wahl als reichlich aussichtslos erschien. Keiner mochte Mitte der neunziger Jahre der CDU nach dem Machtverlust und dem Wiederaufleben der SPD ernsthaft Chancen einräumen, eine erstmals angesetzte Direktwahl für das Amt des Stadtoberhaupts für sich und den eigenen Bewerber entscheiden zu können.

Niemand zweifelte daran: Eine Clique in Fraktion und Partei schob Petra Roth 1995 vor – in einen der CDU selbst als wenig aussichtsreich geltenden Kampf gegen den Amtsinhaber und Routinier Andreas von Schoeler von der SPD. Petra Roth gab sich lieber keinen falschen Vorstellungen hin: Oft, das vertraute sie 1995 der Wochenzeitung *Die Zeit* in einem Gespräch an, seien es »Männer gewesen, die es ganz geschickt fanden, die Petra Roth in dieses oder jenes Amt zu setzen«. Lange ließ sie das nicht mit sich machen. Von einem »Frauenbonus« in der Partei und den schier unermüdlichen Zuschreibungen der lokalen Medien, eine überaus attraktive Frau zu sein, wollte und will sie partout nichts hören. Denn wirklich voran bringe einen das nicht, sagt sie, sicher gerate es nicht zum Nachteil. Gutes Aussehen sei alles andere als ein Selbstläufer, in der Politik bekomme man nichts geschenkt, da »muss man kämpfen«, hebt Petra Roth immer wieder hervor, kämpfen, um etwas erreichen zu können. Alsbald setzte Petra Roth, angetrieben von einem schier unglaublichen Optimismus, selbst die Pflöcke. So sollte es schließlich auch bei ihrem Abgang sein – Regie führte sie selbst.

Aus dem Gedanken, der sich im Herbst des Jahres 2011 allmählich entfaltete, entwickelte sich schließlich die Idee, das Amt als Oberhaupt der Stadt Frankfurt am Main bereits nach siebzehn Jahren aufzugeben. Siebzehn Jahre. Eigentlich lief ihre Amtszeit bis Ende Juni 2013. Schließlich hatten es die Bürger genau so gewollt, als sie sich bei der Direktwahl 2007 wieder für Petra Roth als Frankfurts führende Repräsentantin, als engagierte Streiterin für eine weltoffene Stadtplanung, als Wegbereiterin guter Ideen, als Fürsprecherin der Integration und als Vermittlerin kultureller Impulse entschieden haben. Es würde die längste Amtszeit eines Stadtoberhaupts nach dem Zweiten Weltkrieg in Frankfurt am Main werden.

Am 1. November sollte es so weit sein, sollte die Öffentlichkeit davon erfahren, sollte alle Welt wissen, welche Idee bei Petra

Roth gereift ist, seit sie mit »der Prinzessin« an der Ostsee und in Masuren gewesen war. Wenige Wochen nach der Verkündung ihres zunächst so einsam erscheinenden Beschlusses, der Frankfurt für einen Augenblick in eine Schockstarre versetzte, steht bei ihr bereits außer Frage: Die Idee ist gut gewesen. Es ist ein Aufbruch zur Freiheit. »Völlig richtig« ist sie aus freien Stücken nach vorne gegangen, sie traf ihre ureigene Entscheidung und hat so zähe Monate als »lahme Ente«, als »lame duck« vermieden, wie die Amerikaner die letzte Phase einer dem Ende entgegengehenden Regierungszeit eines Präsidenten nennen.

Nur gut, sagt Petra Roth später einmal während des zu Beginn des Jahres 2012 aufziehenden Wahlkampfs um die Besetzung des exponiertesten Amts, das Frankfurt zu vergeben hat, nur gut, dass sie sich das erspart hat.

1. November, erste Runde

An diesem Dienstag, 1. November 2011, ist Roths Dienstzimmer gut besucht. 25 zur CDU gehörende Frauen und Männer aus der Stadtregierung und dem Kreisvorstand der Partei hat die Chefin in den zweiten Stock des Rathauses gebeten, um über kommunalpolitische Weichenstellungen zu sprechen. Sie sollen zuerst erfahren, dass Petra Roth sich zurückzieht und es eine vorgezogene Direktwahl des neuen Stadtoberhaupts geben würde.

Für die frühere Abstimmung kann die CDU einen Kandidaten nach ihrem Wunsch aufbieten: Boris Rhein, den jungen Parteichef in Frankfurt und Innenminister in Wiesbaden. Von den Grünen aus dürfte ihm keine ernsthafte Konkurrenz erwachsen – die von Petra Roth als Umweltdezernentin geschätzte Manuela Rottmann, an die sich lange Zeit parteiintern große Erwartungen knüpften, weil die junge Frau als politisches Talent gilt, steht als Bewerberin für das Amt des Stadtoberhaupts nicht zur Verfügung.

Petra Roth spinnt einen Leitfaden für dieses Gespräch mit der Führungsmannschaft ihrer Partei. Sie hat sich gut vorbereitet, Notizen gemacht. Bei öffentlichen Auftritten orientiert sie sich meist nur an Stichworten, hält sich selten an einem Manuskript fest, variiert ihr Thema immer wieder, nimmt Impulse auf, verarbeitet Eindrücke, die sie seit dem Betreten eines Raumes aufgenommen hat. Heute nicht. Heute ist nicht Alltag.

Dieser 1. November des Jahres 2011 ist ein ganz besonderer Tag. Petra Roth spannt einen Bogen. Sie spricht zunächst von der Wahl neuer Dezernenten ihrer Stadtregierung, die ihre Partei längst mit den Grünen verabredet hat. Insgesamt fünf Dezernenten sollen neu in den Magistrat gewählt werden oder aber in eine zweite Amtszeit starten. Zwei Grüne, drei Schwarze. Da darf nichts schiefgehen. Bloß nicht. Nur zu gut erinnern sich alle, die in Frankfurt mit kommunaler Politik zu tun haben, an die »vier Schweine«. Gemeint sind damit Stadtverordnete, die vor Jahren in Zeiten von Rot-Grün sich dem Willen der damaligen Koalition widersetzten und den Grünen Lutz Sikorski bei seiner Wahl in den Magistrat als Umweltdezernenten durchfallen ließen. So etwas sollte sich nicht wiederholen dürfen, darüber waren sich die schwarz-grünen Koalitionäre Ende 2011 einig.

Die Spitzen der Koalition ließen daran keinen Zweifel aufkommen, denn sie wussten um die Verschleißerscheinungen, die dieses schwarz-grüne Bündnis allmählich zeigte. Furios waren sie fünf Jahre zuvor in die erste Phase schwarz-grünen Zusammenwirkens gestartet, um der Republik zu zeigen: Es geht. Schwarze und Grüne, die sich lange Jahrzehnte ihre grundlegenden Übereinstimmungen gerade in ethischen Fragen nicht eingestehen wollten, würden in Frankfurt den Beweis antreten, aus dieser Stadt eine Green City machen und das Gebot der Energieeffizienz realisieren zu können.

Doch die zweite Wahlzeit 2011 begann weniger schwungvoll, die Koalition wirkte flügellahm. Die Verhandlungen über eine Neuauflage dieses Bündnisses tat dazu ein Übriges: Die Konservativen unter den CDU-Leuten betonten den Eindruck, die Grünen hätten ihre Partei über den Tisch gezogen, zu viele ihrer Themen durchgesetzt, sich aber vor allem bei der Besetzung des Magistrats zentraler Posten bemächtigt. Die Wahl der neuen

Dezernenten unterstrich diese Sicht der Dinge: Die Grünen besetzten mit der früheren Landtagsabgeordneten Sarah Sorge das Bildungsdezernat neu und übernahmen mit dem ehemaligen Fraktionschef Olaf Cunitz das prestigeträchtige Planungsdezernat von der CDU.

Der Frankfurter Magistrat würde seine beiden profilierten Frauen an der Spitze verlieren: die Grüne Jutta Ebeling, die Bürgermeisterin, und Petra Roth, die Oberbürgermeisterin. Sie galten als Garanten der schwarz-grünen Koalition.

Gerade sechs Wochen nach dem 1. November, der zu diesem Zeitpunkt längst in die Geschichte der Stadt eingegangen ist, bestimmt die CDU Boris Rhein als ihren Kandidaten für den vorgezogenen Wahlgang der Frankfurter am 11. März 2012. Mit überwältigender Mehrheit. Ein wirklich guter Start in eine kurze, modern gestaltete Kampagne der Wählerwerbung, die nach den Winterferien schnell Fahrt aufnehmen sollte. Viele Frankfurter empfanden den Wahlkampf als langweilig, weil sich die Kandidaten nur an wenigen Punkten wirklich reiben und der Fluglärm, der von der neuen Landebahn des Frankfurter Flughafens ausgeht, zu dem alles andere überlagernden Wahlkampfthema wird.

Am frühen Abend des 11. März steht fest: Rhein muss in die Stichwahl. Gegen den Sozialdemokraten Peter Feldmann. Damit hatte keiner gerechnet, dass der Sozialpolitiker sich gegen den Innenminister so wacker schlagen würde. Die CDU schlägt Alarm, für die Stichwahl müssten sämtliche Potentiale mobilisiert werden. Denn wenn sich Linke, Flughafenausbaugegner und linke Grüne für Feldmann entschieden, würde es für Rhein nicht reichen.

Es reichte nicht. Der vierzig Jahre alte Innenminister musste sich geschlagen geben. In der Nacht des 25. März triumphiert Feldmann.

Viele Wähler hätten gern noch einmal bei Petra Roth ihr Kreuzchen gemacht. Petra Roth selbst hätte auch gern als Stadtoberhaupt weitergemacht. Und sie hätte sich auch eine weitere Amtszeit zugetraut. Denn »ich habe immer noch genügend Kraft, um all die Probleme anzugehen, mit denen man es als Stadtober-haupt zu tun hat«, sagt sie. Und nicht nur sie ist überzeugt davon: »Ich hätte die Wahl gewonnen.«

Aber die Hessische Gemeindeordnung stand mit ihren Regularien einer Wiederwahl entgegen, da Petra Roth dann die Altersgrenze überschritten hätte. In Paragraph 39 Absatz 3 ist festgeschrieben, dass Kandidaten nicht älter als 67 Jahre sein dürfen. An diesem Limit reibt sie sich ständig: Die Altersgrenze für Stadtoberhäupter hält sie für unzeitgemäß, zumal ein solches Limit für Bundeskanzler und Bundespräsidenten nicht gilt. Wie alt Konrad Adenauer als Bonner Regierungschef gewesen ist, darüber will Petra Roth in diesem Zusammenhang gar nicht reden. Gleichzeitig haben die Verfassungsgeber in Hessen später versäumt, den direkt gewählten Oberbürgermeister mit mehr Rechten auszustatten: »Es kann nicht sein, dass der Bürger seinen Oberbürgermeister wählt, und dessen Stimme hat im Magistrat genauso viel Gewicht wie die eines indirekt gewählten Stadtrats.« Um zügig Entscheidungen treffen zu können, hätte Petra Roth gern mehr Macht gehabt.

Immer wieder dienstags

Dass sich CDU-Stadträte dienstags morgens in dem modernen, überaus geschmackvoll gestalteten Dienstzimmer Petra Roths einfinden, ist alles andere als ungewöhnlich. Jeden Dienstag, neun Uhr, kommen die Dezernenten mit der Oberbürgermeisterin an dem großflächigen, stets mit frischen Blumengestecken der Saison geschmückten Tisch zu aktuellen kommunalpolitischen Beratungen zusammen. Woche für Woche im Dienstzimmer. Früher gab es dort die dunkle Holztäfelung, mittlerweile ist sie verschwunden, es dominiert Weiß, das den großen Raum noch größer macht. Wirft Petra Roth von ihrem dem Bauhausstil nachempfundenen Schreibtisch aus einen Blick nach rechts, bleibt der Blick an einem Gemälde von Gerhard Richter hängen. Aus Richters Frühzeit, abstrakt, kräftige Farben, schwungvoll gemalt, eine dynamische Komposition. Es ist eine Leihgabe des Museums für Moderne Kunst in Frankfurt.

Dienstags gibt es im Dienstzimmer Schnittchen, die hübsch dekoriert auf einer großen Silberplatte in der Mitte des Tisches angerichtet sind. Besser gesagt: Es handelt sich um halbe Brötchen, belegt mit Schweinemett und ein paar Zwiebeln, mit in gleichmäßige Scheiben geschnittenen, hartgekochten Eiern oder schlichtem Scheibenkäse mit gesund anmutender Verzierung durch Kiwischeiben und Weintrauben. Dazu bietet »die Chefin« der Stadtregierung Kaffee, Tee oder heißes Wasser an. Sie selbst bevorzugt heißes Wasser, nicht erst, seit sich ihr früherer Bremer Kollege Henning Scherf werbend für dieses vitalisierend wirkende Getränk einsetzte. Heißes Wasser steht für den Augenblick, in dem sie zurückschaltet.

Man kommt im Dienstzimmer Petra Roths zusammen, vorausgesetzt, die Oberbürgermeisterin ist im Rathaus präsent und nicht unterwegs auf einer Dienstreise. In diesen Fällen ist das Dienstzimmer für die Stadträte ihrer Partei tabu.

Es gibt eine feste Sitzungsordnung an diesen Dienstagmorgen. Von der unmittelbaren Linken der Chefin aus lässt sich die Rangordnung innerhalb des Magistrats beschreiben. Neben Petra Roth sitzt der Stadtkämmerer, neben ihm der CDU-Fraktionschef, daneben der Kulturdezernent, ihm folgen die Sozialdezernentin, der Wirtschaftsdezernent, schließlich der Planungsdezernent, der nach einer weiteren Rundung des Tisches bereits wieder ganz nahe bei der Oberbürgermeisterin sitzt.

Diese Dienstage bieten die wichtigsten Möglichkeiten politischer Beratung. Die Themen gibt Petra Roth vor. »In dieser Reihenfolge«, sagt sie dann, wolle sie beispielsweise über den Verkauf der Wohnungen der Nassauischen Heimstätte vom Land Hessen sprechen, über das Konzept für die bessere Erschließung der Innenstadt und über den Stand der Dinge beim Neubau des Höchster Krankenhauses.

Zuallererst darf sich Uwe Becker als Kämmerer angesprochen fühlen. Er sagt, über die Zukunft der Nassauischen Heimstätte ließe sich noch nicht reden, weil es augenblicklich für eine Entscheidung zu früh sei.

Über den Finanzverwalter ist im Herbst 2011 eine heftige Welle hinweggegangen. Junge Stadtverordnete der CDU, zu diesem Zeitpunkt zumeist erst ein paar Monate im Parlament, probten den Aufstand: Was das Land Hessen mit seiner Schuldenbremse vorgemacht habe, wolle man jetzt auch in der Stadt angehen – keine neuen Schulden, geben sie als Leitmotiv aus. Die Opposition vermutet, dass die Jungen »Beckers Kopf« wollen. Der Mann, den seine eigenen Parteifreunde immer wieder wegen seines nachhaltigen Wirtschaftens rühmen, verschafft sich mit der Einrichtung einer Kommission, in der führende Kräfte der Koalitionsparteien von CDU und Grünen Sparpotentiale identifizieren sollen, ein bisschen Luft. Bei einer Absprache zwischen den Koalitionären über Einsparungen ließe sich damit rechnen, dass kritische Einwände allein bei ihm als Kämmerer abgeladen würden. Aber selbst dann – die Mittelständler in der Fraktion haben mit ihren Vorgaben, unbedingt sparen zu müssen, auf Becker gezielt und ihn empfindlich getroffen. Als Bewerber für die Nachfolge Petra Roths ist Uwe Becker seit Oktober 2011 nicht mehr im Gespräch.

Dienstzimmer mit Aussicht

Tritt Petra Roth aus ihrem Dienstzimmer auf den im Sandstein der Fassade des Rathauses gehaltenen Balkon hinaus, steht sie quasi direkt vor der Paulskirche. Ein Anblick, der Ehrfurcht einflößt. Die Paulskirche ist das wohl berühmteste Bauwerk der Stadt. Die Paulskirche, so steht es gleich am Eingang zur Rotunde zu lesen, ist »Symbol demokratischer Freiheit und nationaler Einheit«. Ein Ort, der ein bisschen Demut verlangt. Dabei ist die Paulskirche an sich alles andere als festlich. Und doch fällt einem hierzulande die »Paulskirche« ein, wenn man »Demokratie« zu bestimmen sucht. In dieser Hinsicht ist die Paulskirche eine robuste Brücke in die Gegenwart. Für Petra Roth bietet sie die Möglichkeit der Selbstvergewisserung. Selbst wenn demokratische Verfahren gelegentlich ermüdend wirken und den letzten Nerv rauben können, geht es stets um alles – den Einsatz für die wohl beste aller politischen Welten.

Die Paulskirche ist heute ein Ort der Erinnerung an das Jahrhundert der Gewalt wie des Vordenkens für die Zeit der Zivilgesellschaft. Alle wichtigen Reden in diesem Zusammenhang werden in der Paulskirche gehalten, für wirkungsmächtige Positionsbestimmungen gibt es neben dem Bundestag allein diesen Ort. Das gilt für den 9. November nicht anders als für den 3. Oktober, zur Verleihung des Goethepreises nicht anders als zu den Traditionen verknüpfenden Römerberggesprächen in Erinnerung an das Aufbegehren der »1848er«.

Nicht ohne Grund hat 1998, zum Jahrestag der revolutionären Erhebungen gleichsam, der Vordenker der gänzlich unheroischen Risikogesellschaft zum Auftakt der Römerberggespräche mit großer Begeisterung seine Überlegungen zum Bürgersein vorgetragen: Der Soziologe Ulrich Beck sprach in der Paulskirche im Namen der Freiheit über die Möglichkeiten der Demokratie in Zeiten der Globalisierung. Ganz im Sinne Petra Roths warb er für ein »weltgesellschaftliches Europa«, das sich den Menschen näherbringen lässt darüber, dass man ihnen verständlich macht, dass »nicht Nationalität, sondern nur Bürgerrechte zu einer politischen Identität führen«.

Becks Diktum ist so recht nach dem Geschmack Petra Roths. 1848 – das ist das Erbe der Bürgerrechte, die sich mit Frankfurt verbinden. Umso bedeutender würde es für ein aufgeschlossenes Stadtoberhaupt sein, eine internationale Bürgergesellschaft auf die Bürgerrechte gründen zu können. Der 150. Jahrestag der Ideen von 1848 sollte ein ganz besonderer sein: Von Frankfurt am Main aus setzte sich ein Revolutionszug mit allerlei Prominenz zu Stätten des früheren Aufstands im Südwesten der Republik in Bewegung, um am Ende am Hambacher Schloss zu landen. Auf dem vorläufigen Höhepunkt bundesrepublikanischer Geschichte bemühte sich die noch junge Demokratie darum, angesichts der Wiedervereinigung zweier deutscher Staaten gemeinsame Impulse zu entdecken. Ulrich Becks Publikum in der Paulskirche zeigte sich ob des Engagements des rhetorisch brillanten Analytikers dankbar: Er hatte an diesem heißen Tag Anfang Juni in der Paulskirche eine überaus konzentrierte Atmosphäre geschaffen, in der man erahnen konnte, wie anspruchsvoll die Beratungen der Politiker von 1848 gewesen sein mochten.

Die Paulskirche ist ein Gebäude in der Innenstadt. Sie entstand von 1789 an als Ersatz für die mittelalterliche Barfüßerkirche. Dieses Gotteshaus, das als Hauptkirche der Protestanten ein Zentrum der Auseinandersetzung zwischen Lutheranern und Calvinisten gewesen ist, war baufällig geworden. Stadtbaumeister Johann Andreas Liebhardt schlug vor, die Barfüßerkirche durch einen ovalen Hallenbau mit einem Kuppeldach und einem Turm an der westlichen Seite der Kirche zu ersetzen. Während Jakobiner und Girondisten, so wie es die Legende will, in Paris die Bastille stürmten, begann man in Frankfurt mit den Arbeiten an der neuen Kirche, die aus rotem Mainsandstein errichtet werden sollte. Knappe Mittel und fortwährende Koalitionskriege sorgten dafür, dass es mit dem Bau ausgesprochen langsam voranging, das Gebäude erst nach fast vier Jahrzehnten fertig wurde. 1833 legten die Lutheraner fest, die Kirche nach dem Heiligen Paulus, dem Apostel, zu benennen.

Als Gotteshaus spielt die Paulskirche heute im bundesrepublikanischen Bewusstsein überhaupt keine Rolle. Die Paulskirche ist gleichwohl ein bedeutender Ort der Gegenwart, an dem man zu den Jahrestagen des 20. Juli des Widerstands gegen Hitler gedenkt. Aber auch ein Ort, an dem die Handwerkskammer junge Meister ehrt und der Börsenverein des Deutschen Buchhandels jedes Jahr am Sonntag der Buchmesse seinen Friedenspreis vergibt. 1998, als die Römerberggespräche es schafften, mit Ulrich Beck, Richard Sennett und Daniel Cohn-Bendit die Sehnsüchte der Demokraten zu bündeln, ging diese international renommierte Auszeichnung an den Schriftsteller Martin Walser. An der Stelle, an der der Theoretiker der Risikogesellschaft über den Reiz der Bürgergesellschaft für eine gefestigt wirkende Republik gesprochen hatte, klagte Walser Monate später über die Schwere der Last, die sich für ihn mit »der moralischen Keule« verbinde, die man in Deutschland im Zusammenhang mit Auschwitz schwinge.

Da dachten viele, dass die Paulskirche so etwas eigentlich nicht verdient habe. Petra Roth auch. Walser konnte nichts über die Erinnerungskultur in Frankfurt wissen, gar nichts, sonst, setzte Petra Roth seiner Rede entgegen, würde er so etwas an diesem Ort nicht sagen können. Nicht in ihrer Paulskirche, in die Frankfurter sonntags zu außergewöhnlichen Anlässen wie beispielsweise der Verleihung des Ludwig-Börne-Preises gehen. Bevor diese Auszeichnung oben im Saal der Paulskirche vergeben wird, kommt Petra Roth unten im Erdgeschoss im Inneren der Rotunde mit dem Preisträger und den Stiftern des Preises zusammen. Das wartende Publikum schaut sich derweil das Wandgemälde »Der Zug der Volksvertreter« an, das Johannes Grützke für den Rundgang der Kirche entworfen hat: Angesichts dieses Kunstwerks können sich Heutige durchaus vorstellen, wie die Abgeordneten damals zusammenkamen. Im Namen der Demokratie und des Aufbruchs. Im März 1848.

Grützkes Werk vom Anfang der 1990er Jahre verleiht den Parlamentariern, die den ermordeten Revolutionär Robert Blum auf ihren Händen tragen, eine erstaunliche Dynamik. Unter den unerschrockenen Bürgern findet sich Heinrich Freiherr von Gagern, der spätere Präsident der Frankfurter Nationalversammlung. Der Sympathisant des »Reformvereins« wohnte in der Großen Bockenheimer Straße 29, die heutzutage auch »Fressgass« heißt. Mit Männern wie dem Freiherrn oder auch aktuellen Protagonisten und wiederkehrenden Gästen der Paulskirche wie beispielsweise Wolfgang Schäuble verknüpft Petra Roth den Eindruck einer gewissen Begeisterung, die sich unbedingt mit den Angelegenheiten, die in der Paulskirche verhandelt werden, verbinden sollten: Gagern und der heutige Finanzminister machen Politik aus Leidenschaft. Ohne diese Ressource lässt sich Politik nicht gestalten, sagt Petra Roth. Diese Einsicht gehört zu ihren Grundüberzeugungen. Politik ist in der Sicht Petra Roths zu Beginn des 21. Jahrhunderts vielleicht sogar mehr denn je auf gute Ideen angewiesen.

In diesem Sinne gehört die Paulskirche zu Frankfurts ganz besonderen Orten. Als Erinnerungsstätte ist sie für Petra Roth eine Verpflichtung, weil Politik an dieser Stelle stets auch die Frage mitzudenken hat, was Demokratie eigentlich ist. In der Paulskirche lassen sich neue Dimensionen dessen erschließen, was man gemeinhin Herausforderung nennt. Denn zum Wesen der Demokratie, davon ist Petra Roth fest überzeugt, gehört der ständige Wandel, weil sich eine Stadtgesellschaft wie die Frankfurter in rasantem Tempo verändert. Die Antwort auf diesen Prozess findet sich nicht allein dort, wo Politik glaubt, unterschiedliche Interessen und Ansprüche vermitteln zu sollen. Für Petra Roth muss es eine über den Tag hinausgehende Perspektive geben, um nach reichlichem Nachdenken sagen zu können: »Frankfurt hat Zukunft.« Gleichzeitig ist dieser Erinnerungsort selbst auch Geschichte, die sich nach wie vor mit der Entstehung der Nationalstaaten in Europa verbindet. Am Ende des neunzehnten Jahrhunderts setzt mit der Industrialisierung und der Ausweitung der Handelsbeziehungen eine erste Phase der Globalisierung ein, die mit dem Ausbruch des Ersten Weltkriegs ein jähes Ende findet. Insofern hat sich für Petra Roth die Fragestellung erweitert: Was ist Demokratie eigentlich, und was meint Bürgerrecht heute?

Im Jahr nach den intensiven Debatten über Walsers Rede erhielt übrigens der Historiker Fritz Stern in der Paulskirche den Friedenspreis. »Ich musste mich fragen«, notiert er in seinen Erinnerungen *Fünf Deutschland und ein Leben* später, »ob ich die Ehre nicht Walser verdankte, ob man mich nicht als eine Art Gegengift gegen ihn ausgesucht hatte.« Man habe ihm versichert, dass es nicht so gewesen sei. Auf jeden Fall aber sei mit der Auszeichnung »Unruhe in mein Leben« gekommen. In den Vorbereitungen auf seine Dankesrede habe er beobachten können, wie sich Neugier darauf entwickelt habe, ob er denn wohl etwas über Walsers Äußerungen und den erbitterten Streit mit dem damaligen Präsidenten des Zentralrats der Juden in Deutschland, Ignatz Bubis, sagen werde.

Am Tag des Ereignisses selbst erinnert sich Fritz Stern daran, dass es bei ihm schon eine gewisse Aufregung gegeben habe. Das Stadtoberhaupt konnte sie ihm nehmen. Im Augenblick der Unruhe habe ihm Petra Roth,»die liebenswürdige CDU-Oberbürgermeisterin Frankfurts«, eine Freude bereitet. Sie sei in ihrer Rede bei der Preisverleihung auf seine Hoffnungen für und seine Sorgen um das neue Deutschland eingegangen und habe dann eine Antwort zitiert,»die ich einmal auf den berühmten Proust-Fragebogen gegeben hatte, der, von Magazin-Herausgebern sehr geschätzt, nach den persönlichen Wertvorstellungen und Erfahrungen fragt; meine Lieblingstätigkeit hatte ich darin als ›Wandern mit Einfällen‹ angegeben.«

Er selbst habe in diesem Augenblick an Erkundungen in Sils Maria gedacht, setzte Stern hinzu, Petra Roth aber»deutete das sehr großzügig so, als sei ich sehr häufig auf Achse«.

Auf der schattigen Seite der Braubachstraße

Das Dienstzimmer der Frankfurter Stadtoberhäupter ist nicht immer auf dieser eher schattigen Seite des Römers zur Paulskirche gewesen. Walter Kolb, Frankfurts erstes Stadtoberhaupt nach dem Krieg, hatte es auf den Flügel des Rathauses zur Braubachstraße hin verlegt, weil es ihm auf der gegenüberliegenden Seite des Römers zum Main hin gewandt zu heiß wurde. Der auch für seine Körperfülle bekannte Sozialdemokrat, mit dem sich die Phase des Wiederaufbaus einer von Brandbomben des Zweiten Weltkriegs schwer beschädigten Stadt verbindet, richtete sich in dem etwa siebzig Quadratmeter großen Raum zur Paulskirche hin ein. Seitdem findet sich dort der Amtssitz der Oberbürgermeister.

Petra Roth hat das Dienstzimmer nach ihrer dritten Wiederwahl Anfang 2007 neu gestalten lassen: modern, minimalistisch, und – wie immer – stilsicher. Hinter fünf Meter hohen Schrankwänden ließ der bekannte Frankfurter Architekt Christoph Mäckler Akten und Stadtpläne verschwinden. Ein kleiner Raum findet sich hinter einer dieser Türen. Durch ihn gelangt man auf den Balkon des Stadtoberhaupts. Dorthin bittet Petra Roth bei gutem Wetter ihre Gäste. In dem kleinen Raum bietet sich für seltene Augenblicke die Möglichkeit, auf einer Couch ein bisschen Ruhe zu finden. Von diesem Zimmerchen aus gibt es einen Zugang zu einem Wandelgang, über den sich »die OB« einen weitgehend unbemerkten Zugang von ihrem Büro aus zur Paulskirche eröffnen kann.

An diesem 1. November sitzt Petra Roth in der Mitte des massiven Tisches, eingerahmt von zwei jungen Männern: Uwe Becker und Boris Rhein. Beide hatten nie einen Zweifel daran aufkommen lassen, dass sie Roth beerben wollten. Zu attraktiv erschien ihnen dieses Amt, das Roth erst zu richtiger Blüte gebracht hat. Nun erspart sie ihrer Partei wie der gesamten Stadt einen monatelangen Schaukampf, von dem sie dachte: So ein Ringen um die Macht bietet den Stoff, aus dem Zerreißproben für die Partei sind. Schließlich wären zwei Flügel der CDU aufeinander geprallt: die ständig um ihren Einfluss ringenden Kolpingleute gegen die wirkungsmächtigeren Mittelständler. Auf wessen Seite sich Petra Roth verortet, ist klar: Sie zählt sich zum Sozialflügel, für den auch Becker steht. Rhein hingegen ist ein Mann der Mittelstandsvereinigung, ein eher der Wirtschaft nahestehender Kreis.

1. November, zweite Runde

Eine Stunde nach dem Treffen der Dezernenten dienstags morgens versammeln sich die Stadträte der schwarz-grünen Koalition. Das ist auch an diesem im kleinsten Kreis gut vorbereiteten Dienstag so. Bevor die Presse um elf Uhr informiert wird, erlangen zunächst die Koalitionäre Kenntnis von dem Entschluss, der im kleinen Kreis von Vertrauten seit der Rückkehr von der Reise nach Polen allmählich gereift ist. Um Punkt elf Uhr läuft dann folgende Mitteilung über das städtische Presse- und Informationsamt:

Dienstag, 01. November 2011

OB Roth verzichtet auf letztes Jahr ihrer dritten Amtszeit

(pia) Oberbürgermeisterin Petra Roth verzichtet auf das letzte Jahr ihrer dritten Amtszeit an der Spitze der Frankfurter Stadtregierung. Mit ihrer am Dienstag im Römer bekanntgemachten Entscheidung will die CDU-Politikerin bereits 2012 den Generationenwechsel an der Spitze der Stadtregierung möglich machen.

Roth regiert seit 1995 mehr als sechzehn Jahre in Frankfurt am Main. Sie setzte sich in drei Direktwahlen mit großer Wählerzustimmung erfolgreich durch. Mit ihrem Wirken verbindet sich die Rückeroberung des Mainufers als Lebensraum, die Bebauung der Altstadt, der Ausbau des Flughafens, der Verbleib und der Neubau der Europäischen Zentralbank, der Wandel der Goethe-Universität zur Stiftungsuniversität und der Ausbau des Campus Westend, die Idee für den Kulturcampus, die Fortschreibung des Hochhausrahmenplans und das Entstehen des Europaviertels.

Petra Roth steht für gelungene Integration, für den interreligiösen Dialog, für Wirtschaftswachstum, für eine wirtschaftsfreundliche Politik, die sich mit der Senkung des Hebesatzes für die Gewerbesteuer verbindet, für die sichere und damit attraktive Metropole, für das Gebot der Nachhaltigkeit als einer Kernkompetenz, die aus dem christlichen Schöpfungsgedanken erwächst. Mit Petra Roth hat sich Frankfurt am Main zu einer liberalen und toleranten internationalen Bürgerstadt entwickelt, die für Bürger Heimat ist und Kindern gute Möglichkeiten für einen erfolgreichen Bildungsweg bietet.

Als ihren Nachfolger empfiehlt Petra Roth ihren Partei-freund und früheren Frankfurter Stadtrat Boris Rhein als aussichtsreichen Bewerber. Rhein ist im Augenblick Hessens Innenminister und Vorsitzender der Frankfurter CDU. »Boris Rhein hat das Zeug, das exponierte Amt des Frankfurter Oberbürgermeisters mit Tatkraft, Ideen und Durchsetzungsvermögen auszufüllen«, sagte Petra Roth.

Kaum zu glauben. Nichts davon ist vorher durchgesickert. Kein einziges Wort. Es ist gelungen, über Wochen hinweg im Römer ein Geheimnis zu hüten. Innerhalb weniger Minuten läuft die Meldung über die Nachrichtenticker der Republik. Augenblicklich gibt es in Frankfurt am Main kein anderes Thema mehr. Petra Roths Entscheidung sorgt für Entsetzen. Die Frankfurter sind geschockt. Mit Petra Roth verliert Frankfurt sein Gesicht, sagen viele. Ohne sie wird dieses Frankfurt eine andere Stadt, sind andere überzeugt. Im Grunde kann sich niemand Frankfurt am Main ohne Petra Roth vorstellen. Als die Kicker vom FSV Frankfurt Mitte März im eigenen Stadion zu einem Spiel antreten, rufen Tausende Fans am Bornheimer Hang immer wieder: »Petra, Petra …«

Um Petra Roth herum herrscht Bedauern. Tiefes Bedauern. Kann doch gar nicht wahr sein. Keiner kann sich vorstellen, dass es irgendwann wieder so sein könnte, wie es mit diesem Stadtoberhaupt gewesen ist. Dieser Frau, über die alle sagen: Sie hatte doch das Amt ihres Lebens, passte so gut in ihre Rolle, war genau richtig an ihrem Platz, konnte Frankfurt Charme und der Politik Akzeptanz verleihen. Große Akzeptanz. Und Respekt, der für Politikmacher alles andere als eine Selbstverständlichkeit ist. Über die Grenzen von Parteien hinweg ist Petra Roth so beliebt wie kein anderes Stadtoberhaupt des zwanzigsten Jahrhunderts in Frankfurt am Main. Sie wird als »glaubwürdig«

empfunden, gilt als »authentisch«, man nennt sie »Ausnahmepolitikerin«.

Nach sechzehn Jahren und vier Monaten im Amt als Frankfurter Oberbürgermeisterin hat sich Petra Roth entschieden, ihre letzte Amtszeit nicht mehr voll ausüben zu wollen. Als im Magistratssitzungssaal, Römer, zweiter Stock, die Pressekonferenz um elf Uhr beginnt, macht sie gleich am Anfang deutlich: »Es ist keine Entscheidung, die ich in einer einsamen Stunde gefällt habe. Ich habe mir in den vergangenen Monaten intensiv Gedanken darüber gemacht, wie die Amtszeit weitergeht.« Sie geht nicht weiter. Nicht mit Petra Roth. Denn sie wolle einen Generationswechsel einleiten, Jüngere sollten nun die Chance bekommen, einen Wahlkampf zu führen. Sie sei nicht »amtsmüde, krank oder lahm«, sie wolle aber nicht »ein Jahr rumsitzen und nichts machen können, weil alle sagen, es ist ja bald Wahl.«

Petra Roth hebt hervor, dass sie diese Entscheidung nicht allein getroffen hat. Vielmehr hat es eingehende Gespräche in ihrem Privathaus gegeben. Dort traf sie sich mit beiden Aspiranten, um ausgiebig mit ihnen zu reden. Wenn Petra Roth zu wirklich intensiven Gesprächen in ihr Privathaus an den nördlichen Rand Frankfurts einlädt, macht sie kein großes Gedöns, engagiert nicht den Küchenmeister ihres Vertrauens, der sich bei größeren Anlässen in ihrer überschaubar wirkenden Küche einrichtet. Da stellt sich die Chefin dann auch mal selbst an den Herd, ganz unkompliziert, kurz gebratene Steaks, glasig gedünstete Zwiebeln, ein paar Bratkartoffeln. Petra Roth macht sich nichts aus Fleisch, sie liebt Bratkartoffeln.

Petra Roths Privathaus, das sie 2004 bezogen hat, steht in Nieder-Erlenbach. Das ist ein Stadtteil im Norden Frankfurts, in dem es ländlich wird. Erst mit der letzten Eingemeindungswelle im Rahmen der großen Gebietsreform zu Beginn der siebziger Jahre kam Nieder-Erlenbach zur wachsenden Stadt. In Nieder-Erlenbach lebt der gehobene Mittelstand, meist treue Wähler Roths. Es sind Menschen, die zügig in der Stadt sein wollen, aber abends einen etwas anderen Takt zu schätzen wissen. Für sie ist es wichtig, nicht in dem unmittelbar angrenzenden, von den Grundstückspreisen günstigeren, insgesamt aber kleinstädtischen und an der Schlagader Frankfurt hängenden Bad Vilbel zu leben. Sie sind ein Teil Frankfurts.

Wenn man in Nieder-Erlenbach ist, weiß man gleich: Frankfurt ist ein bedeutender Standort der hessischen Landwirtschaft. Etwa ein Sechstel des Stadtgebiets werden nach wie vor landwirtschaftlich genutzt. Das sind 4 000 Hektar oder vierzig Quadratkilometer. Die natürlichen Voraussetzungen für zumeist Ackerbau und eher weniger Viehzucht sind günstig: Lössböden sind weit verbreitet, so dass die Bauern neunzig Prozent ihrer Flächen für den Anbau von Getreide, Rüben und Feldgemüse nutzen. Gegenwärtig existieren noch etwa neunzig Betriebe, Großunternehmen und kleine Mischbetriebe. Für die Interessen der Bauern steht Herr Mehl. Er ist der Ortslandwirt und ein Parteifreund Petra Roths.

Das Haus von Petra Roth ist modern und ausgesprochen schön. Es ist dem Stil des Bauhauses nachempfunden und bietet im Erdgeschoss große und hohe Räume. Petra Roth liebt dieses Haus, das sie selbst verantwortet – nach dem Reihenhaus im Norden der Stadt, das sie mit ihrem Ehemann Erwin und den beiden gemeinsamen Söhnen Claudius und André bewohnt hatte. Das Haus in Nieder-Erlenbach steht für eine neue Dimension. Vielleicht ist es der Höhepunkt ihrer ganz eigenen Moderne. Die Moderne beginnt für Petra Roth mit ihrer Ankunft in Frankfurt am Main und bleibt ihr ständiger Antrieb. Für alle Dinge des Lebens. Auch die Partei.

Mit der Einladung der beiden kommunalpolitischen Führungskräfte in ihr Haus wollte sie etwas unternehmen,»um eine gewisse Lethargie« in ihrer Partei zu überwinden, schließlich verfüge ihre CDU, wie sie nur wenige Stunden nach den weitreichenden Veröffentlichungen dieses 1. November der *Frankfurter Allgemeinen Zeitung* erzählt, über »ein noch zu entdeckendes Ölfeld: die jungen Leute«. Das habe sie »kontrolliert anzapfen wollen«, damit es nicht »unter Druck wie ein Geysir hochkommt«. Mit ihrem Rückzug, den

sie als vorzeitigen Abgang verstanden wissen möchte, erweise sie
»der CDU einen Dienst«, denn nun platzt das Öl aus der Quelle
»nicht in einer großen Blase, sondern wird in geordnete Bahnen
gelenkt«.

Deswegen habe sie Boris Rhein gefragt:»Bist du bereit, diese
Kandidatur für Frankfurt zu übernehmen?« Nach seinem Ja habe
sie Uwe Becker vorgeschlagen, er solle den Parteivorsitz übernehmen. Damit, setzt sie hinzu,»schütze ich die Partei, sie wäre sonst
in zwei Gruppen gespalten worden, die nicht mehr bis zur nächsten Kommunalwahl im Jahr 2016 zusammengewachsen wären.«

Petra Roth also als treue Parteisoldatin? Allein altruistisch motiviert? Nicht ganz. Sie ist nicht der Typ, der gern lange zusieht,
wie die eigene Macht allmählich dahinschwindet. Sie wollte lieber einen schnellen Schlussstrich ziehen, einen zügigen Abgang
haben und rasch Adieu sagen. Auch wenn es schwerfällt.

Frankfurt, ihr Projekt

Frankfurt ist eine europäische Stadt, die sich in der Mitte Europas verortet. Ob Intellektuelle wie die Museumschefin Susanne
Gaensheimer, politische Weggefährten wie Alfons Gerling oder
freundschaftlich zugewandte Berater wie der emeritierte Jura-
Professor Klaus Lüderssen – sie alle schreiben diesen bedeutenden Prozess des Wandels Petra Roth zu, weil sie es verstanden
habe, nicht allein in Einbahnstraßen und Parkhäusern, in
Schwimmbädern und Kindertagesstätten, in Bürgerhäusern und
Stadtmuseen zu denken. Petra Roth steht für den großen Entwurf, ohne den aus Frankfurt eine Provinzstadt mittleren Ausmaßes geworden wäre, nicht aber eine Zukunftswerkstatt, die sich
als Kontrapunkt zu Berlin versteht: Frankfurt sieht seinen Platz
nicht in nationalen Räumen, sondern in europäisch-globalen Dimensionen. Das Frankfurt der Petra Roth buhlt nicht mehr wie
unmittelbar nach dem Zweiten Weltkrieg darum, Hauptstadt der
politischen Bundesrepublik zu sein. Das Frankfurt der Petra Roth
sieht sich selbst als Mittelpunkt einer wirtschaftsstarken Metro-

polregion in Europa, die etwa 3,5 Millionen Einwohner zählt. Einer Metropolregion, deren Verfasstheit sich im Zusammenhang mit dem demographischen Wandel, mit Angeboten der Weiterbildung und mit wirtschaftlichen Dynamiken jenseits der Nationalstaatlichkeit an der Konkurrenz der Ballungsräume orientiert. Im Europa des 21. Jahrhundert wetteifern nicht Frankreich und die Bundesrepublik Deutschland miteinander, sondern Lyon und Frankfurt am Main.

Petra Roth gefällt das. In diesem Zusammenhang denkt sie ihre Stadt. Was Frankfurt dient, muss sich in europäisch-globaler Perspektive bewähren. In diesem Sinne orientiert sie sich an dem, was die Europäische Kommission selbst in ihrem »Fünften Bericht über den wirtschaftlichen, sozialen und territorialen Zusammenhalt« Ende 2010 als eigene Strategie für Europa 2020 festgeschrieben hat: Sie zielt auf »intelligentes, integratives und nachhaltiges Wachstum«. Allerdings würde Petra Roth stets hinzusetzen: Das reicht nicht. Mit Jürgen Habermas stellt sie die grundlegende Frage, »was wir unter Demokratie verstehen wollen«, wenn sich Nationalstaaten in einem Europa 2020 wiederfinden sollen. Habermas hat für eine Antwort drei Leitmotive plausibel gemacht: die demokratische Vergemeinschaftung freier und gleicher Rechtspersonen, die Organisation kollektiver Handlungsfähigkeiten und »das Integrationsmedium einer Bürgersolidarität unter Fremden«.

Vor allem den dritten Aspekt hat Petra Roth im Wandlungsprozess ihres Frankfurts zur zentralen Aufgabe gemacht, um die Stadt als Zentrum einer wirtschaftsstarken Region in allen gesellschaftspolitischen Bereichen zukunftsfähig zu machen. Sie lenkte die Geschicke der Stadt unter der Maßgabe, aus Frankfurt am Main eine internationale Bürgerstadt zu machen. Das ist stets ihre Maxime geblieben. Zukunft zu denken heißt für sie nichts anderes als – sich Ideen über die Grenzen einer Wahlperiode hinaus hinzugeben.

Ein gutes Beispiel dafür ist die Energiepolitik. Nicht erst seit der Reaktorkatastrophe von Fukushima ist Petra Roth eine leidenschaftliche Werberin für eine Energiewende. Nachhaltigkeit, regenerative Energien, Energieeffizienz und Energiesparen sind ihre Themen. In diesem Sinne ist die Elektromobilität für sie eine Selbstverständlichkeit: Unabhängig davon, ob diese Art des Antriebs für Fortbewegungsmittel auf den Straßen der Stadt der Weisheit letzter Schluss ist – Frankfurt ist beim Testlauf für die neue Art des Antriebs vorne dabei. Deswegen beteiligte sich die Stadt auch an den Bemühungen des Landes Hessen, eine sogenannte Schaufensterregion Elektromobilität in Hessen einzurichten.

Kritiker hielten diesem Vorhaben entgegen, dass es allein ein mit viel Geld ausgestattetes Investitionsprogramm für die Automobilindustrie sei, die den Trend hin zu neuen Antriebsarten schlicht verschlafen habe. Bei dem Projekt gewährt der Bund üppige Zuschüsse für die Beschaffung eines Elektromobils, wenn sich die beteiligten Kommunen bereit zeigen, selbst einen nicht unbeträchtlichen Betrag in diese Betriebsart zu investieren. Frankfurt signalisierte der schwarz-gelben Landesregierung: Wir machen mit. Gleichzeitig aber stellt Rathaus-Chefin Roth die Frage, ob die Investition in Elektrofahrzeuge denn bereits alles gewesen sei, ob nicht, anders gesagt, das Nachdenken über die urbane Mobilität in Zeiten der Energiewende nicht viel weiter gehen müsse? Muss es.

Petra Roth gab diesen Fingerzeig an die Geschäftsführer zweier bedeutender städtischer Gesellschaften: an den kommunalen Energieversorger Mainova und an die städtische Wohnungsbaugesellschaft ABG FRANKFURT Holding. Constantin Alsheimer und Frank Junker sollten gemeinsam mit dem regionalen Verkehrsverbund darüber nachdenken, wie sich denn originäre Elektromobilität in den S-Bahnen mit der individuellen Elektromobilität in Verbindung bringen lassen könnte. Damit eröffnete Petra Roth eine neue Dimension – über den Individualverkehr hinaus. Sie ließ sich von dem Gedanken leiten, wie sich die Frankfurter des Jahres 2030 auf den Weg zum Arbeitsplatz und abends in die Kneipe machen könnten, wie sich also die neue Art des Antriebs mit neuen Möglichkeiten der Mobilität in Verbindung bringen lassen könnte.

»Schaffen Sie Mobilitätsketten«, gab sie ihren Managern mit auf den Weg, »machen Sie es also möglich, mit der S-Bahn den Frankfurter Hauptbahnhof zu erreichen, um dann auf einem Elektroroller die Innenstadt anzusteuern oder sich ein Elektromobil nach dem Carsharing-Modell auch für kürzere Strecken in der Stadt mieten zu können.«

Petra Roth geht es darum, sich unterschiedliche Dimensionen von Zukunftsfähigkeit zu erschließen. Das gilt für die ganz praktischen Dinge des täglichen Lebens wie beispielsweise die Mobilität der Menschen ebenso wie für die politische Verfasstheit, für die künftige Verfasstheit Europas. Sie folgt Jürgen Habermas in seinem grundsätzlichen Werben für »eine Transnationalisierung der Demokratie«, da Europa doch inzwischen viel weiter gekommen sei: »Die Konstitutionalisierung des Völkerrechts«, notiert der Philosoph in seinem glänzenden Essay *Zur Verfassung Europas*, »ist längst nicht mehr nur auf jene Pazifizierung gerichtet«, die noch am Anfang der Entwicklung der Europäischen Union gestanden habe. Die Transnationalisierung steht »dem Muster einer postdemokratischen Herrschaftsausübung« entgegen, als das man den »Exekutivföderalismus eines sich selbst ermächtigenden Europäischen Rates der siebzehn« sehen müsste. Sie ließe sich realisieren über die rechtlichen Bezüge, die konstitutiv sind im Wettstreit der Metropolregionen. Petra Roth übersetzt diesen Anspruch auf politische Handlungsfelder, die den Bürger erschließen: Es sind die in den Metropolregionen aufgehenden, aber ihre lokale Identität bewahrenden Kommunen, die sich als Teil des großen Ganzen verstehen, auf kulturellen Eigenheiten aber bestehen.

Aus den Zentren der europäischen Ballungsräume, daran lässt Petra Roth keinen Zweifel, erwächst die künftige Verfasstheit Europas. Sie denkt daran, dem Ausschuss der Regionen im Verhältnis zu dem nach nationalen Listen gewählten Europaparlament mehr Gewicht verschaffen zu wollen. Bislang gibt es über den

Deutschen Städtetag die Möglichkeit, über den Ausschuss beispielsweise zu Fragen der Energiepolitik wie der Gemeindefinanzierung Positionen deutlich zu machen. Wirklicher Einfluss auf Fragen, wie sich künftig ein Stromnetz verzweigen müsste und warum die Sparkassen von zentraler Bedeutung für die Gemeindefinanzen sind, kommt dem Ausschuss nicht zu. Ihrem Frankfurt misst Petra Roth für die Fortentwicklung Europas und deren Akzeptanz eine maßgebliche Rolle zu. Deswegen muss jede gute Kommunalpolitik über den Tag hinausgehen, wenn sie sich als modern, fortschrittlich und zukunftsfähig erweisen will. Zaudern kann man dafür nicht gebrauchen. Gar nicht.

2 Starke Frauen

Wenn Petra Roth etwas gegen den Strich geht, murgelt sie für einen kurzen Augenblick. Murgeln ist nicht etwa ein eigenwilliges ›Auf-die-Zähne-beißen‹. Murgeln ist das Rollen der Zunge nach innen, das einen deutlich vernehmbaren Laut hinterlässt, ohne dass sich sagen ließe, dies oder jenes sei gemeint. Murgeln ist eine ausgesprochen sensible Bekundung von Unwillen über das, was gerade passiert. In den Dienstagsrunden mit den Dezernenten ihrer eigenen Partei murgelt Petra Roth gelegentlich. Die Stadträte machen selten den Eindruck, als irritiere sie das Murgeln nachhaltig. Wenn die Chefin murgelt, ist das Thema zu Ende, gibt es kein weiteres Sprechen über die Zukunft der Nassauischen Heimstätte, den Umbau der Alten Brücke, den möglichen Wiederaufstieg von Eintracht Frankfurt. Wenn die Chefin gemurgelt hat, kommt der nächste Punkt der Tagesordnung dran. Petra Roth ruft dann den Neubau einer Kindertagesstätte im Südwesten der Stadt oder aber »Arbeitsgelegenheiten für ehemalige Drogenabhängige« auf, punktum, von dem Umbau der Alten Brücke und der Zukunft der Nassauischen Heimstätte ist dann keine Rede mehr. Zumindest für heute.

Petra Roth hat dann genug. Was keineswegs bedeuten soll, dass ein Thema bei nächster Gelegenheit nicht doch wieder aufgerufen wird. Mittwochs in der Fraktion bietet sich dazu gute Gelegenheit. Das hat ihr Ernst Gerhardt vermittelt, der treue Weggefährte in ihrer Partei, der versierte Förderer von frühen politischen Jahren an und für viele in Frankfurt am Main der große alte Mann der örtlichen CDU: Man mag mittwochs auch noch so oft murgeln wollen, wie man will, gab ihr der Mann, der im September des Jahres 2011 seinen neunzigsten Geburtstag feiere und bis heute jeden Tag in seinem Büro auf dem Liebfrauenberg anzutreffen ist, mit auf den Weg – in der Fraktion hat man als Führungskraft auf alle Fälle dabeizusein. Zumindest dann, wenn man Politik ernstnimmt und vorhat, das Projekt Frankfurt nicht aus den Augen zu verlieren. Man darf darüber klagen, dass die gesamten Beratungen viel zu lange dauern, jedoch grundsätzlich an der Ernsthaftigkeit dieser Unterredungen zweifeln sollte man besser nicht. Die Stimmungslage der eigenen Fraktion ist ein guter Gradmesser für die Möglichkeiten, eigene Politik in die Praxis umsetzen und neue Ideen wagen zu können.

Kommunalpolitik heißt für Petra Roth: Sich die Veränderungen im Alltag der Menschen vornehmen und »daraus Politik ableiten«, immer konkret bleiben, sich auch in den Wind stellen, wenn es mal unangenehm werden sollte. Petra Roth geht Konflikten nicht aus dem Weg. Ist aber situativ ein Schlusspunkt erreicht, murgelt sie und spricht im nächsten Augenblick im norddeutschen Dialekt weiter. Nur für einen winzigen Augenblick. Nächster Punkt auf der Tagesordnung, weiter im Hochdeutschen.

Von der Kunst des Glitschens

Ein Lokalpolitiker muss im Wind stehen können. Und ein Mädchen sollte glitschen können, sagt Petra Roth. Glitschen kann man anders als murgeln nur nach Regenfällen. Oder wenn es geschneit hat. Oder wenn sich im Freien Eis bildet. Dafür aber ist es ein großes Vergnügen. Wenn man glitschen kann, kann man auch frei sein. Glitschen ist die Fähigkeit, mit Anlauf auf regenfeuchter Fläche rutschen zu können und dabei den gesamten Körper einzusetzen. Wenn man glitscht, nutzt man das eigene Gewicht dazu, um mit einem Satz ganz weit nach vorne zu kommen, um sich einen ordentlichen Vorsprung zu verschaffen. Glitschen will gelernt sein.

Glitschen ist nicht einfach. Manche sagen, dass einer, der glitschen kann, auch das Zeug dazu hat, eine besondere Karriere zu machen. Andere sagen, glitschen sei nur etwas für Mädchen.

»Glitschen ist wundervoll«, sagt Petra Roth. Je öfter man auf einer bestimmten Bahn geglitscht habe, desto besser werde das Glitschen. Übung macht die Glitschmeisterin. Im Grunde ist ein Regentag ohne glitschen, also ohne eine selbst angelegte Rutschbahn, kein richtiger Herbsttag. Mit dem Glitschen verbindet Petra Roth freudige Tage ihrer Kindheit. Gute Zeit, sagt sie dann, diese ersten beiden Jahrzehnte ihres Lebens in Bremen. Glitschen aber kann man auch in Frankfurt. Am Mainufer beispielsweise. Dort finden sich große Felder, die mit breiten, tief sitzenden und überaus stabil wirkenden Basaltsteinen gepflastert sind. Steht auf ihnen Regenwasser oder liegt dort Schnee, kann man bestens glitschen. Ruck, zuck lassen sie sich in richtige Bahnen verwandeln. Früher, gleich nach dem Krieg, fand Petra Roth mehr solcher Flächen, weil Basaltsteinpflaster als robuster Straßenbelag, nicht aber als gefährlich glitschig galt. Früher in Bremen. »Ich habe damals sehr viel an die Zukunft gedacht«, erzählt sie.

Anfänge in Bremen

Am 9. Mai des Jahres 1944 kommt Petra Roth in der Hansestadt Bremen zur Welt. Sie ist das erste Kind von Hannelore und Heiko Martin. Von diesem Tag an sollte Deutschland genau noch ein Jahr von dem Tyrannen Adolf Hitler beherrscht werden, der der Welt einen verbrecherischen Krieg aufgezwungen hatte. 1944 ist auch für die seit Jahrhunderten von wohlhabenden Kaufleuten und ertragreichem Handel geprägte Stadt kein gutes Jahr: Im August erlebt Bremen die schwersten Bombenangriffe des Zweiten Weltkriegs. Ziel der alliierten Flieger ist vor allem der Westen der Stadt. Dort konzentrierte sich die rüstungspolitisch bedeutende Werftenindustrie.

Krieg, Zerstörung, Wiederaufbau: Petra Roth, die zu diesem Zeitpunkt Petra Martin heißt, wächst in einem wohlbehüteten Elternhaus auf. Der Familie geht es gut. Bereits der Großvater mütterlicherseits, Gottfried Rüppel, ist Kaufmann und wohlhabend gewesen. Petra Roth bleibt in Erinnerung, dass er nach Amerika und Australien reiste, um Geschäfte mit Rohstoffen und Baumwolle machen zu können. 1920 erwarb er die Villa »Am Stern« in Bremen, ein großzügig gehaltenes Bauwerk der Jahrhundertwende mit drei Etagen und einem Dachaufsatz, in dem Zimmer für Personal vorgesehen waren. Seine Tochter ist Hannelore Rüppel. Sie heiratet Heiko Martin, einen Berufsoffizier, dessen Freunde ihm zur guten Partie gratulieren, weil er eine der wohlhabendsten jungen Frauen der Hansestadt geehelicht habe, erzählt Petra Roth. Nach Kriegsende baut die junge Familie selbst ein von Bomben zerstörtes Haus wieder auf und nimmt in Bremens Innenstadt ihr Quartier.

Zehn Jahre nach Petras Geburt kommt ihr kleiner Bruder Markus zur Welt. Mit ihm hält sie bis heute guten Kontakt. Irgendwann, daran erinnert sich Petra Roth nur zu gut, hat sich Markus gewehrt, er wolle nicht mehr »kleiner Bruder« genannt werden. Ganz energisch sei er aufgetreten: Seitdem hat sie das nie wieder gesagt. Der Bruder macht nicht viel Aufheben um seine berühmte Schwester. Das geht vielen in Bremen anders. Für die Buchhandlung im Stadtquartier ihrer Heimat ist es eine Selbstverständlichkeit, Petra Roths im Frühjahr 2011 erschienenes Buch *Aufstand der Städte* prominent im Schaufenster auszustellen. Bremer kennen Petra Roth, die immer wieder in den hohen Norden reiste, um ihre Mutter Hannelore Martin zu besuchen. Ende 2010 ist die alte Dame im Alter von 92 Jahren gestorben.

In den letzten Wochen kümmerte sich die Tochter intensiv um ihre Mutter, mit der sie ein inniges Verhältnis verband. Bei der Fußballweltmeisterschaft 2006 gingen beide Damen zum Public Viewing ans Frankfurter Mainufer. Von ihrer Mutter hat sie Zähigkeit geerbt, Robustheit erlangt, erzählt Petra Roth: resolut, offen, direkt – allesamt Eigenschaften, die sie ihrer Mutter mit großer Sympathie zurechnet.

Ihre Mutter ist für sie eine treibende Kraft gewesen. Sie drängte, »ich sollte einen Beruf haben, um unabhängig zu sein«, sagt Petra Roth, »um ganz für mich allein stehen zu können«.

Zur Freiheit gehört zuallererst die Unabhängigkeit. Eine Frau sollte nicht auf einen Mann angewiesen sein. Gebetsmühlenartig habe ihre Mutter ihr diese Sentenz mit auf den Weg gegeben. Ihre Mutter wäre selbst gern freier gewesen, berichtet Petra Roth. Doch der Traum von der Freiheit ist für die Generation der Mutter alles andere als ein weit verbreiteter Gedanke. Und die Tochter?

Als junges, gerade in der Pubertät steckendes Mädchen schlug sie ihrer Mutter vor, sie wollte Architektin werden, berichtet Petra Roth über die Zeit in Bremen. Das wäre ein Beruf, den sie sich gut vorstellen könne, weil sie doch ein Händchen für so etwas habe. Kommt sie in ein schönes Haus, sieht sie gleich, was sich vielleicht noch schöner machen lässt, wie man dieses oder jenes noch anders gestalten kann. Wie sich Möbelstücke neu gruppieren ließen, unterschiedliche Farbtöne zueinander in Verbindung gebracht werden könnten. Für so etwas hat sie einen Blick.

»Es gibt Menschen, die sehen etwas und wissen gleich: Sie können etwas verändern, es ist nichts Unumstößliches, man kann sich etwas einfallen lassen«, sagt Petra Roth: »Solche Menschen machen mir Spaß.«

Diesen Menschen ist sie gleich zugetan. Schließlich ist sie ständig auf der Suche nach Mitstreitern gegen das Negative, den pessimistischen Blick auf die Welt, gegen den Hang zu jeder Art von Defätismus. Denn diese Menschen »verbreiten den Mut zum Leben«. Das klingt wie das Rothsche Leitmotiv für alle Lebenslagen. Bis heute begreift Petra Roth sich selbst als jemand, der ermuntert, als Optimistin. Nur so lassen sich für sie Zugänge eröffnen, um bedeutende Dinge des Lebens auch als solche verstehen zu können.

Ihre Mutter habe gelächelt, als sie ihr in jungen Jahren erzählte, wie sehr sie die Architektur fasziniere. »Petra«, an diesen durchaus energisch vorgetragenen Hinweis der Mutter erinnert sich die Tochter noch genau, »dann musst du Abitur machen.« Vor allem aber sollte sie zuallererst damit aufhören, »Fünfen zu schreiben.«

Hat sie aber nicht. Petra Roth macht kein Abitur, sie verlässt das Gymnasium mit der mittleren Reife und macht eine Ausbildung zur medizinisch-technischen Assistentin.

Manche Journalisten, die Petra Roths Wirken als Oberbürgermeisterin über lange Jahre hinweg begleitet haben, erwähnten diesen Hinweis auf ihre frühere Tätigkeit in einer Arztpraxis auch später gern. Als wollten sie sagen: Diese Karriere einer – und diesen Hinweis erwähnten sie auch gern – gutaussehenden Frau ist bestimmt nicht vorgezeichnet gewesen, diese Laufbahn hat sich durch glückliche Umstände ergeben.

Vielleicht hätten sie doch nur auf das politische Talent der Petra Roth verweisen sollen. Denn ihre Laufbahn ist bestimmt nicht vorgezeichnet gewesen. Eher zufällig gerät sie in ganz frühen Jahren mal in eine Parteiveranstaltung der Freidemokraten mit Wolfgang Mischnick, deshalb aber fühlt sie sich längst nicht zur Politik hingezogen. Heute würde man über den politischen Werdegang der Petra Roth sagen, sie ist eine Quereinsteigerin. Eine, die nicht von jungen Jahren an zielstrebig an einer Parteikarriere gearbeitet hat. Eine, über die man ständig die Geschichte über den Sprung von einer gewöhnlichen Berufswahl hin zu einer exponierten Position erzählt.

Der TV-Moderatorin Sabine Christiansen ergeht das ganz ähnlich: Über Jahrzehnte hinweg kannten die Zuschauer die Fernsehfrau aus allabendlichen Nachrichtensendungen und später aus wöchentlichen Talkrunden. Und doch gab es in zahllosen Porträtberichten über die Christiansen immer wieder den Hinweis auf ihr früheres Leben – als Stewardess.

Wird Petra Roth auf ihr Aussehen angesprochen, zielt die Frage stets darauf ab, ob es ihr geholfen habe, Karriere zu machen.

»Es hat nicht geschadet«, antwortet sie und macht mit einem Lächeln deutlich, alles zu dieser Frage gesagt zu haben.

Zu ihrer Berufswahl hat Petra Roth später, damals Anfang zwanzig, ihrem Vater gesagt, sie sehe vor sich nun die Alternative, wahlweise das Abitur nachzuholen oder aber eine Herrenboutique in der vornehmen Frankfurter Goethestraße aufzumachen. Ihr Vater riet, sich auf jeden Fall das Abitur vorzunehmen, also die vorübergehende Rückkehr nach Bremen für diesen Schulabschluss zu nutzen.

Warum aber macht sie das Abitur nicht doch noch? Warum hängt sie nicht die paar Jahre dran, um sich dann andere Möglichkeiten zu eröffnen, sich vielleicht leichtere Wege zu erschließen? Freiheit sei ein plötzlicher Impuls, sagt sie. Freiheit sei nichts, das ein Zertifikat garantiere.

»Ich habe kein Guckfenster in mich hinein, was ich eigentlich zwischen fünfzehn und neunzehn sein wollte«, berichtet Roth über die Jahre ihrer Pubertät, Jahre, in denen andere Menschen, angespornt von den Eltern, die Weichen stellen.

Nicht so Petra Roth. Manchmal würde sie sich wünschen, dass ihr jemand sage: »Was du damals gemacht hast, ist schon richtig gewesen.« Darüber denkt sie oft nach.

In diesem Zusammenhang fallen ihr dann Szenen des Erwachsenwerdens ein. Szenen mit ihrer Mutter, ihrem Vater, dem Bruder, gelegentlich kommt auch die Oma ins Spiel, die im Grunde zum engsten Familienkreis gehört und ständig präsent ist. Meist spielen diese Szenen an gemeinsamen Wochenenden.

»Wir sind früher immer sonntags zum Kaffeetrinken gefahren. Das ist wohl ein guter Kompromiss gewesen, um meine Großmutter, die sonntags immer bei uns war, zu unterhalten und uns Kinder auch.«

Am Steuer hat ihr Vater gesessen, »meine Mutter und mein Bruder saßen bei uns hinten drin. Wir sind zu einer Gaststätte gefahren. Ich mag keinen Kuchen und war stets froh, wenn ich um fünf Uhr mein Mettwurstbrot und mein Malzbier bekommen habe.«

Während der sonntäglichen Fahrt hat sie die ganze Zeit erzählt, was sie später mal machen will. Ihre Mutter gebot ihr dann gelegentlich Einhalt. Sie verlangte, »ich solle mal aufhören von der Zukunft zu sprechen, dass sei doch noch lang hin«. Es geht der Mutter auch darum, ihre Tochter möge die Gegenwart erfassen und sich klarmachen, dass alles an einer gründlichen Ausbildung hängt.

»Wenn ich das, was ich sage, alles wollte, müsste ich irgendwann mal Geld verdienen«, setzte ihre Mutter hinzu.

»Das aber interessierte mich gar nicht. Ich wollte das so«, erzählt Petra Roth sehr bestimmt. Sollten ihre Eltern jetzt bloß nicht ihren Pragmatismus über alles andere setzen, dachte sie.

»Meine Vater sagte dann, wenn ich nun mal drei Kilometer ruhig sein würde, bekäme ich fünfzig Pfennig.«

Sonntags um achtzehn Uhr ging Familie Martin ins Kino. Die Tochter genoss diese Ausflüge, sie berichtet liebevoll von ihren Eltern. Und doch wollte Petra Roth irgendwann weg, wollte sich ihre Freiheit nehmen, außerhalb des Elternhauses leben. Mit achtzehn zog es sie nach Freiburg. Die Stadt im Breisgau galt der Familie als Ort der Emanzipation. Eine kleine Tradition, dort hatten ihre Tanten studiert.

»Als emanzipiert galten damals Elternhäuser, die ihre Töchter auch in die Welt schickten«, erzählt Petra Roth.

In Freiburg macht sie eine Ausbildung zur Arzthelferin. Dort ist sie zum ersten Mal in ihrem Leben gut in der Schule. Während dieser Ausbildung habe sie große Lust bekommen, Medizin zu studieren, weiterzumachen, voranzuschreiten.

»Und ich lernte gleichzeitig, mit Geld zurechtzukommen«, sich also den Alltag selbst zu erschließen.

Hätte sie sich damals in Freiburg verliebt, wäre sie geblieben.

Ist sie aber nicht. Sie folgte einem elf Jahre älteren Mann, den sie im Dunstkreis ihres Vaters im Norden der Republik kennengelernt hatte. Er gehörte zur selben studentischen Verbindung wie Heiko Martin, stammte aus Hannover, zählte zu den Fans des örtlichen 96er-Fußballclubs und wollte sich mit ihr verloben.

»Ich fand das ganz chic«, erzählt sie, allerdings sei ihr damals nicht wirklich bewusst gewesen, »dass ich aus der einen Abhängigkeit als Tochter in eine andere Abhängigkeit als Ehefrau ohne Selbständigkeit gewechselt wäre.«

Denn sie wusste: »Es gab keine Freiheit für denkende junge Frauen.«

Es sei denn, junge denkende Frauen verlassen sich nicht auf andere, sondern nehmen ihr Schicksal selbst in die Hand. Petra Roth wollte Fortuna, diese Göttin des Zufalls, augenblicklich beim Schopfe packen. Nicht irgendwann später einmal – jetzt. Mit 23 Jahren ließ Petra Roth sich wieder scheiden. Diese Geschichte hatte damals bestimmt das Zeug zum Skandal. »Gesellschaftlich gesehen: ja«, bilanziert Roth. Zur Erinnerung: Was noch zu Beginn der sechziger Jahre in Familien auf der Tagesordnung stand, bestimmte der Mann. Nur wenn der es erlaubte, konnten Frauen ihren Führerschein machen, ein Bankkonto eröffnen oder einen Arbeitsvertrag unterschreiben.

Ihre Eltern hätten ihr viel Halt gegeben, sie auch unterstützt «bei der Befreiung vom schlechten Gewissen, das ich meinem Mann gegenüber hatte«. Sie hätte sich vielleicht eher klarmachen müssen, dass ihr ein Leben, wie er es sich an ihrer Seite vorstellte, zu langweilig ist: morgens arbeiten gehen, Karriere machen, abends ausruhen zu Hause, um dann morgens wieder arbeiten zu können, und so weiter und so weiter, morgens und abends. Das habe sie nicht mitmachen wollen, nicht über die nächsten Jahrzehnte hinweg. Was für eine Vorstellung, habe sie sich gefragt, ein tägliches Einerlei, kaum zu glauben.

»Meine Eltern haben gesagt, ich müsse das selbst entscheiden«, berichtet Petra Roth: »Das habe ich dann auch gemacht, und sie haben zu mir gestanden.«

Petra Roth hat sich entschieden. Gegen den Mann, für ihre Freiheit. Was nicht grundsätzlich heißen sollte, für den Rest ihres Lebens einer Beziehung zu einem Mann aus dem Weg gehen zu wollen: »Ich möchte schon irgendwo angedockt sein«, sagt sie. Und sie setzt gleich hinzu: »Ich möchte in diesem Orbit nicht allein leben, aber ich brauche unbedingt meine Freiheit.«

Freiheit verstanden im Sinne des großen Reformers und Bildungspolitikers Wilhelm von Humboldt: »Der wahre Zweck des Menschen«, notiert er in seinen »Ideen zu einem Versuch, die Grenzen der Wirksamkeit des Staates zu bestimmen«, dieser wahre Zweck »ist die höchste und proportionierliche Bildung seiner Kräfte zu einem Ganzen. Zu dieser Bildung ist Freiheit die erste und unerlässliche Bedingung.«Freiheit also, so bringt es Petra Roth auf den Punkt,»nicht, um verrückt zu sein und ausgefallene Dinge zu tun, sondern Freiheit, um denken zu können, und Freiheit, damit ich das, was ich denke, auch umsetzen kann und will«.

Ihr zweiter Mann, Erwin Roth, verstand dieses Diktum sofort. »Die Petra«, habe ihr Erwin über das Leitmotiv seiner Angetrauten gesagt,»muss viel Freiheit haben und braucht eine lange, lange Leine.«

Ihre Stadt: Frankfurt, die zweite

Ihre Ankunft ist eine Rückkehr. Wieder in Frankfurt am Main, gerade Anfang zwanzig. Für Petra Roth verbindet sich mit ihrem Eintreffen am Hauptbahnhof dieser Stadt eine gewisse Erleichterung. Frankfurt, die zweite, nun soll der Auftritt wirklich gelingen. Jetzt würde sie Fuß fassen. Sie ist fest davon überzeugt. Nach der Scheidung und dem kurzzeitigen Abschied aus der Stadt am Main, in der sie mit ihrem ersten Mann in der Niederräder Bruchfeldstraße eine gemeinsame Wohnung gefunden hatte, würde sie Fuß fassen in diesem Frankfurt, das auf den ersten Blick den Eindruck einer einzigen großen Baustelle hinterlässt.

»Frankfurt oben ohne« verkünden Plakate seit geraumer Zeit auf den überall Grenzen markierenden Bauzäunen. Die kleine Anzüglichkeit verspricht nicht etwa Freikörperkultur an den Ufern des Mains. »Frankfurt oben ohne« ist eine Anspielung auf den Bau der ersten U-Bahn, deren anfängliche Achse von der Miquelallee aus seit Anfang der sechziger Jahre in Richtung Hauptwache im Zentrum der Stadt gewachsen ist: mehr als 500 Meter Tunnel unter der Eschersheimer Landstraße, der wohl wichtigsten Einfallstraße nach Frankfurt am Main.

Wenn man heutzutage am Hauptbahnhof in Frankfurt am Main ankommt, ist die Stadt gut zu einem. Mit dem ersten Schritt betritt man beim Aussteigen einen der schönsten Bahnhöfe der

Welt. An der Zentralstation ist es mittlerweile sauber, man kriegt jede Tageszeitung der Welt, es gibt indischen Reis, Matjes aus Sylt, vietnamesische Nudeln, traditionelle Metzger verkaufen aber auch geräucherte Mettenden. Kein Spuren mehr von Fixern. Über Jahrzehnte hinweg konnte davon keine Rede sein. Frankfurt legte nicht viel Wert auf sich. Wer über Frankfurt sprach, sagte: schmuddelige Stadt. Die ersten Eindrücke vom Frankfurter Hauptbahnhof wirkten auch auf Petra Roth nicht gerade vielversprechend: ein unwirtlicher Ort, einfach schäbig.

Frankfurt, die zweite, jetzt soll alles anders, im Leben der Petra Roth nichts mehr überstürzt werden. Denn für die erste Ehe, die sie im Anschluss an die Flitterwochen auf Sylt erstmals nach Frankfurt am Main geführt hat, ist sie viel zu jung gewesen, wie sie später sagt. Nun geht sie wieder an den Start. Als medizinisch-technische Assistentin, als junge, gutaussehende Frau. Seit wenigen Monaten erst ist sie geschieden.

Auf eigene Kosten setzte sie das Verfahren durch. Was ungewöhnlich ist. Wie zum Beweis für ihren Drang nach Freiheit. In der noch jungen Bundesrepublik sind junge Paare zumeist mit der Schaffung von Wohlstand befasst, sie wollen zügig das erste gemeinsame Auto kaufen, eine Familie gründen. Die Rate der jährlichen Scheidungen liegt gerade mal um die zwölf Prozent. Zum Vergleich: Heute sind es fünfzig Prozent.

Um sich selbst zu behaupten, trennte sich Petra Roth von dem Mann, der sie nach Frankfurt am Main gebracht hatte. Als Vorstandsassistent bei dem Baukonzern Wayss und Freytag sollte er eine aussichtsreiche Karriere vor sich haben. Doch die junge Frau will mehr als die Frau an seiner Seite sein. Sie will frei sein. Freiheit gehört zu ihrer Vorstellung von einem guten Leben. Selbst bestimmen, wo es langgeht. Selbst entscheiden, was zu tun ist. Selbst testen, was die Zukunft bringen könnte. Jenseits aller Zwänge.

Frei sein, das ist etwas, was sie auch mehr als vier Jahrzehnte nach ihrer zweiten Ankunft in Frankfurt am Main zu schätzen weiß. Für die Aussicht auf Freiheit würde sie auch zu Beginn des

21. Jahrhunderts noch alles in Kauf nehmen. Was sie an manchen Tagen ihres politischen Alltags zu einem Stoßseufzer veranlasst, weil Termine im Stundentakt auf dem Programm stehen und ihr kaum Luft zum Atmen bleibt. Viel lieber würde sie gelegentlich auch überlegen, welche Freiheit ihr selbst bleibt. Freiheit könnte dann auch heißen: auf dem Balkon ihres Büros mit Blick auf die Paulskirche sitzen. Freiheit heißt vor allem: gemeinsam mit anderen nach einem besseren Leben streben, um, wie der Zeitdiagnostiker Colin Crouch seit der Lehman-Insolvenz fordert, Bürger wieder zu ermuntern, ihrem Bürgerdasein als emanzipierte, autonome und bildungsfähige Wesen nachzugehen.

Frankfurt, »Krankfurt«

Das erste, was den meisten Mitbürgern zu Petra Roth einfällt, ist: blendende Repräsentantin. Das zweite ist: gutaussehend. Das dritte ist: tolle Oberbürgermeisterin, die für einen rasanten Wandel der Stadt steht, die früher einmal »Krankfurt« genannt wurde. »Krankfurt«, »Bankfurt« oder auch »Mainhattan« sind Charakterisierungen für die Stadt in der Mitte der Republik, die aus den Jahrzehnten der unmittelbaren Nachkriegszeit und der Wachstumseuphorie stammen. Frankfurt ist zu dieser Zeit absolut autogerecht: Ein weit verzweigtes Netz von Autobahnen, die ihren Ausgangspunkt am Frankfurter Kreuz haben, umspannt die Stadt. Die Planer verlängerten die Autobahnen über vier Spuren hin zu zentralen Plätzen der Stadt, die zu diesem Zeitpunkt nicht Wohnort, sondern vor allem Stadt der Pendler ist. Es ist eine Zeit, in der junge Familien mit der Geburt des ersten Kindes alsbald aus Frankfurt rausdrängen, um im Grüngürtel des Umlands einen besseren Wohnort zu finden. Eine Zeit, in der eine Versetzung aus beruflichen Gründen in die recht kleine Großstadt mit den hohen Häusern als Strafe, nicht jedoch als Auszeichnung mit der Aussicht auf einen Karrieresprung gilt. Zu Frankfurt fiel den meisten Deutschen in diesen Jahren nur hässlich, schmutzig, kriminell ein.

Doch plötzlich, zu Beginn der neunziger Jahre, ist Frankfurt Mitte. Zentraler Punkt. Der Republik nicht anders als Europas. Die Stränge des Verkehrs, die Wege des Handels, die Ideen des europäischen Geistes laufen an diesem Ort zusammen. Frankfurt ist eine Stadt, die innerhalb von gerade mal anderthalb Jahrzehnten einen rasanten Wandel erlebt hat. Dieser Prozess verbindet sich mit Petra Roth. Sie hat der Stadt ihre Lage in Europa zugeschrieben.

So können sich Zeiten ändern: Mittlerweile wohnen die meisten Menschen gern in Frankfurt. Mit Petra Roth, vor allem aber: mit der von ihr verbreiteten Zuversicht haben die Frankfurter den »Geist der Unsicherheit« nach der Zeitenwende von 1989 zügig vertreiben können, den der berühmte Historiker Eric Hobsbawm überall in Europa entdeckt hatte. Zu diesem Zeitpunkt, notierte Roth in ihrem Buch *Aufstand der Städte*, spürte jeder, »dass sich vielleicht nicht alles, aber doch vieles ändern würde«, denn Bürger und Kommunalpolitiker fragten ernsthaft »nach der Zukunft der Städte«: Man musste sich etwas einfallen lassen, um die jungen Familien in der Stadt zu halten und den Zuzug der Bildungshungrigen zu befördern, die sich von Frankfurt aus die Welt zu erschließen suchten.

Von Mitte der neunziger Jahre an gehört Petra Roth zu den politischen Kräften, die den weiteren Verlauf der Geschichte nicht stillstellen wollen. Gerade Konservative bemühten sich darum, über die Irritation hinwegzugehen, die sich mit der Zeitenwende von 1989 verbindet. Sie proklamierten den Sieg des Westens und das Ende der Geschichte. Mit dem Zusammenbruch des Ostblocks hatte sich in ihrer Sicht der Dinge der Westen als stärker, als wirkungsmächtiger erwiesen, sich die Demokratie als überlegenes Politikmodell behauptet. Also sollte der Osten nachvollziehen, was der Westen ihm voraus hatte: die demokratische Verfasstheit. Doch sollte das denn heißen, der Westen würde sich auf dem höchsten Stadium der Geschichte, das er für sich selbst deklariert hatte, einrichten können, würde sich also nicht weiterentwickeln müssen und sich jeder weiteren Dynamik entziehen können?

Der Zukunft zugewandt wirkte das alles nicht. Petra Roth sträubte sich gegen eine solche Sicht der Dinge. Denn die Städte, zumal Frankfurt, sind doch grundsätzlich dynamische Gebilde, die sich nicht aus einer Perspektive des Status quo heraus weiterentwickeln lassen. Das wäre Stillstand. Petra Roth kann Stillstand gar nicht leiden. Sie sucht Ideen. Deswegen ist so eine wie sie vielen in der CDU nicht geheuer gewesen. Denn auf den großen politischen Feldern wagte sie sich an Perspektiven, die zunächst ungewöhnlich erschienen, bemühte sie sich darum, politische Koordinaten neu zu bestimmen und auch auf Überschneidungen mit anderen Parteien hin zu prüfen.

Etwa in der Drogenpolitik. Sie verkehrt Perspektiven, denkt anders als ihre Partei von den Abhängigen aus: Was wäre das Beste für sie selbst? Oder das Thema Nachhaltigkeit. Es fuchst sie, dass ihre Partei Nachhaltigkeit nicht konsequent mit dem Schöpfungsgedanken in Verbindung bringt. In diesem Sinne denkt Petra Roth in der Drogenpolitik wie im Zusammenhang mit der Energiewende zutiefst christlich: Man darf niemanden, wirklich niemanden verloren geben. Vielmehr muss man den Menschen das Gefühl des Vertrauens geben. Vertrauen, das unterstreicht der in Frankfurt gern gesehene Religionsphilosoph Robert Spaemann, »Vertrauen ist das A und O des Glaubens.« Deswegen lassen sich überzeugte Katholiken auch nicht von dem Gedanken abbringen: In grundlegenden Fragen ist ihre Überzeugung überaus fortschrittlich.

Mit Fragen nach Vertrauen und Nachhaltigkeit kann man heute punkten. Vor zwei Jahrzehnten dominierte allerdings das Ressentiment. Hatte doch jeder selbst zu verantworten, wenn einer auf Abwege geraten und in die Drogenszene abgestürzt war. Petra Roth hat Perspektiven wie diese nicht einfach um 180 Grad gedreht, die Beweislast nicht schlicht umgekehrt, nicht kurzerhand die Antithese bemüht.

Sie interessiert sich stets für den Gang des anderen Arguments, ist aufgeschlossen für Neues, sucht die andere Seite jeder Idee. Beispielsweise auch in der Wohnungspolitik. Dann geht es ebenso um neuen Formen des Zusammenlebens, um neue Wohnkulturen jenseits der Kleinfamilie. Um Zusammenleben in Zeiten des demographischen Wandels.

Es ist nicht das kleinste Verdienst Petra Roths, für neue Themen wie Energiewende, Drogen- und Wohnungspolitik Vertrauen zu schaffen und Neugier zu wecken. Deswegen schreiben die Menschen in Frankfurt ihr auch ununterbrochen Briefe. Manche sind ungehalten, weil sie sich zu Unrecht von einem Stadtpolizisten im Straßenverkehr verwarnt sehen. Manche sind empört darüber, dass die Oberbürgermeisterin den Goetheplatz an zentraler Stelle nahe der Hauptwache in Frankfurt auch als Platz wirken lassen will. Sie empfinden ihn als kühl und kahl. Sie schlagen vor, die Freifläche mit der bronzenen Statue aus dem sandsteinernen Sockel, ein Abbild des größten Sohnes der Stadt, doch besser von Grün einzufassen. Petra Roth antwortet. Sie wirbt dann für das freundliche Agieren der Stadtpolizei in einer heute als sicher und gepflegt geltenden Stadt. Aber sie macht auch deutlich, dass die Stadt eine gewisse Weiträumigkeit gut gebrauchen kann. Schließlich mochte es auch Goethe nicht, in kleinen Dimensionen zu denken und zu handeln.

Andere Bürger beschweren sich in ihren Briefen über einen vor ihrer eigenen Haustür geplanten Supermarkt, der doch die eigene Umgebung fundamental verändern werde, weil damit das Aus für den kleinen Tante-Emma-Laden alsbald besiegelt sei. Wieder andere aber schreiben äußerst sensibel, fühlen sich geradezu ein in die Politikerin, die bestimmt viel um die Ohren habe, die sich aber trotzdem doch bitte ihres Anliegens annehmen möge, schließlich erinnere sie sich bestimmt noch daran, die Schreiberin dieser Zeilen zu einem früheren Zeitpunkt einmal,»schon lange her«, bei einem Vortrag kennengelernt zu haben, schließlich habe man doch nach dem Ende der Veranstaltung noch eine ganz Zeit lang zusammen gestanden und darüber geredet, wie es ist, in einer Großstadt zu leben, Kinder zu erziehen und dann keinen Platz in einem Hort zu finden.

Das sind Erinnerungen, die in eine Zeit zurückreichen, in der Petra Roth bestimmt auch schon Oberbürgermeisterin gewesen ist. Gewesen sein muss. Wie sagte eine ältere Dame kürzlich in einer Straßenumfrage des Deutschlandfunks:»Petra Roth – die macht das schon seit dreißig Jahren.« Mindestens.

Andere Politik

Petra Roth ist anders. Petra Roth macht anders Politik und Politik anders. Petra Roth macht»Gefühlspolitik«. Aus dem Bauch heraus, wie Kritiker immer wieder moniert haben. Doch Gefühlspolitik bedeutet in diesem Kontext etwas anderes – ganz in dem Sinne, den kürzlich die Historikerin Ute Frevert im Zusammenhang mit einer Würdigung Friedrichs II. in ihrer Anfang 2012 veröffentlichten Biographie des Königs beschrieben hat. Wenn von »Gefühlspolitik« die Rede ist,»liegt der König nicht auf der imaginären Couch von Psychologen oder Analytikern, die seine seelischen Verletzungen rekonstruieren und politische Entscheidungen aus der konfliktreichen Vater-Sohn-Beziehung ableiten«. Für Ute Frevert meint Gefühlspolitik vielmehr»Politik mit Gefühlen und um Gefühle«. Oder auch: mit Gefühlen, die einen Eindruck von Umgänglichkeit vermitteln.

Barack Obamas Wahlsieg 2008 und seine von Leidenschaft bestimmte Kampagne»Yes we can« gelten als Beleg der Gegenwart dafür, dass Politik nicht auf Gefühle verzichten kann. Denn, das setzt Frevert in ihrer ausgezeichneten Studie über Friedrich II. hinzu,»affektive Empfindungen und Einstellungen sind nicht Motive, sondern Ressourcen, Werkzeuge und Objekte politischen Handelns«.

Gefühlspolitik im Sinne Petra Roths wäre eine Politik, die so weit durchdringen kann, dass sie aufs Gemüt schlägt, Menschen mitnimmt, die nicht mit ihren Emotionen spielt, wohl aber an ihren Gefühlen andockt wie ein feiner Sensor, der in der Lage ist, Einstellungen zu ergründen. Das gilt für nahezu sämtliche Situationen der Politik Petra Roths im öffentlichen Raum: So vermittelt sie bei Würdigungen individueller Leistungen im Sinne des Gemeinwesens den Ausgezeichneten ein Gefühl des ganz Besonderen, das sich mit diesen Leistungen verbindet. Es ist eine Auszeichnung im wörtlichen Sinne, ein Augenblick des Herausgehobenseins, den die Oberbürgermeisterin im Namen der Stadtgesellschaft vermitteln kann. Gefühlspolitik zielt auf die Vermittlung von Anerkennung.

Aber auch von Trost. Oder von Anteilnahme. Deswegen geht Petra Roth in der Einkaufszone der Frankfurter Innenstadt spontan auf eine um Geld bittende junge Frau zu. Sie will wissen, warum sie bettelt, gibt ihr eine Visitenkarte und lässt nicht gelten, dass das Geldsammeln auf den Knien eine angemessene Geste ist, um den eigenen Hund zu ernähren. Die junge Frau bettelt nahe des Liebfrauenbergs kurz vor dem Zugang zur Zeil. Alte Frauen kommen an der Stelle vorbei. Sie erkennen die Oberbürgermeisterin und klatschen. Recht so, signalisieren sie, räumen Sie auf. Die junge Bettlerin sei eine Zumutung. Also ist das Volk zufrieden und Petra Roths Mission erfüllt?

Für Petra Roth ist das Betteln der jungen Frau eine Zumutung – für die junge Frau selbst. Sie soll sich um sich selbst kümmern, sagt das Stadtoberhaupt. Jeden Mittag gibt es wenige Meter weiter in Richtung Liebfrauenberg ein warmes Essen. Als wolle sie die Ernsthaftigkeit der Lage unterstreichen, spricht Petra Roth geradezu ruppig. Die junge Frau soll sich Essen holen. Und den Hund mitnehmen. Verhungern muss in Frankfurt keiner. Wirklich niemand, wiederholt Petra Roth, aber hin zu der Kirchengemeinde gehen, für sich selbst am Mittagstisch sorgen, das müsse die junge Frau mit dem bunt gefärbten Haarschopf dann doch schon selbst tun. Ist doch schließlich ihr Leben.

»Brummend vor Gefühlen« – an der Seite von Erwin Roth

Die Geschichte mit Erwin Roth geht auf den Sommer des Jahres 1967 zurück. Der Produktionsingenieur des Hessischen Rundfunks machte sich bei der jungen Frau bemerkbar, weil er auf dem Tennisplatz eine ausgesprochen schillernde Figur abgab.

Nicht auf irgendeinem Frankfurter Tennisplatz, sondern »bei 1880«. Das ist ein besonderer Tennisclub mitten in der Stadt. Die Sandplatzanlage verfügt über viele Plätze und grenzt direkt an den Hessischen Rundfunk. Neben Tennis bietet »1880« auch Hockey an. Wer etwas auf sich hält und selbst Tennisspieler ist, meldet sein Kind dort zum Hockey an. »1880«, das ist auch eine Chiffre für Geselligkeit, die Karl Feldmann, ehemals Vorstandsmitglied bei der Degussa AG, in seinem Beitrag zu dem üppig ausgestatteten Sammelband anlässlich des sechzigsten Geburtstags von Petra Roth eindringlich beschrieben hat: »1880« steht als Ortsbezeichnung für einen Treffpunkt von Menschen, die sich mochten und gut miteinander konnten.

Erwin Roth nutzte nach Feierabend den kurzen Weg vom Sender auf die Aschenplätze, um zu trainieren und fortan seine Augen nicht mehr von Petra Martin zu lassen.

»Er fiel mir auf, braungebrannt, guter Spieler«, erinnert sie sich an den Mann, der 1967 bereits 46 Jahre war. 46 – damit war er zu diesem Zeitpunkt doppelt so alt wie sie selbst. Wieder ein erheblich älterer Mann.

Erwin Roth sprach sie an. An der Bar im Clubhaus. Gesellige Runde. Petra Roth weiß gesellige Runden bis heute überaus zu schätzen. Die gab es bei ihren Eltern früher auch. Geselligkeit und kommunikative Kompetenz – für Petra Roth sicher Gaben, die für ihr politisches Leben ganz entscheidend werden.

Ob sie vielleicht Lust habe, mit ihm zu spielen, fragte Erwin Roth an. Hatte sie. So tat sich für sie die Gelegenheit auf, mit einem zu üben, der es konnte, der seine Rückhand flach die Linie entlang zu spielen wusste, der seine Gegner so in Verlegenheit brachte und schier unermüdlich laufen ließ. Das Spiel des Mannes mit der jungen Frau lief gut. Gleich für den nächsten Tag verabredeten sie sich wieder. Der Sommer war längst nicht zu Ende. Er fragte, ob sie mit ihm zum Tanz gehen möge. Mochte sie. Beim Tanzen erwischte sie eines Abends plötzlich »dieses kribbelige Gefühl im Bauch« und die Einsicht, sich wohl verliebt zu haben.

Erwin Roth beschloss, Petra Martin nicht mehr aus den Augen zu lassen. Deswegen konnte er den mit einem Freund geplanten Urlaub in diesem Augenblick auch gar nicht gut gebrauchen. Er musste sich etwas einfallen lassen. Er schlug seinem Freund vor, doch dessen Frau mitzunehmen, um seinerseits Petra Martin fragen zu können, mit in den Urlaub nach Südtirol zu kommen. Denn sie drei Wochen lang nicht zu sehen, das konnte er sich nicht mehr vorstellen, das war ein geradezu unerträglicher Gedanke.

Nach diesem Urlaub stellen sich die beiden auf die Probe: Für ein Jahr geht sie als au pair nach Großbritannien. Sie bestehen den Test. Im Sommer des Jahres 1970 lassen sich Petra Martin und Erwin Roth im Standesamt des Römers trauen. Das Paar bekommt zwei Söhne. 1971 kommt Claudius, drei Jahre später André auf die Welt.

Erwin Roth ist ihre große Liebe. »Wenn man spürt, dass die Verliebtheit bleibt und allmählich das Erkennen der Seele kommt«, sagt Petra Roth später, dann lasse sich das wohl kaum anders deuten, dann müsse man es wohl »große Liebe« nennen. Der Erwin, sagt Petra Roth dann in voller Vertrautheit, »war einer, der mich verstanden hat.« Erwin Roth sei für sie »der absolut richtige Partner gewesen«.

Nach der Geburt des ersten Sohnes tritt Petra Roth 1972 der CDU bei und engagiert sich vor ihrer eigenen Haustür im Norden Frankfurts für lokale Politik. Erwin Roth wirkt für sie wie ein Seismograf. Er ist für sie »die Stimme des Volkes«. In späteren Zeiten hätte sie ihn gern einmal gefragt, ob sie wirklich als Oberbürgermeisterin kandidieren, ob sie diese Strapazen tatsächlich auf sich nehmen solle. Sie konnte Erwin nicht mehr danach fragen, Erwin Roth ist am 15. März 1994 im Alter von 73 Jahren gestorben: »Ein überaus glückliches und zufriedenes Leben«, hieß es in der Todesanzeige der Familie, »ging plötzlich und unerwartet zu Ende«.

Also »musste ich diese Entscheidung ganz allein treffen«, erzählt Petra Roth. Wie so manche andere auch. Wie oft hätte sie seinen Rat gebrauchen können. Den Rat von einem, der genau wusste, wie sie tickt. Einer, der genug Erfahrung im Leben gewonnen hatte, den Freunde als ernsten, aber nicht durch den Krieg verbitterten Menschen beschreiben.

»Ich kenne außer Erwin keinen Menschen, der in diesem Ausmaß bereit gewesen wäre zurückzustecken, wenn er seinem Lebenspartner damit helfen konnte«, notiert Karl Feldmann als Freund der Familie: »Ohne ihn hätte Petra niemals die Zeit für das – zunehmend anspruchsvollere – politische Engagement gehabt, das ihr schließlich die Möglichkeit verschaffte, für das Oberbürgermeisteramt zu kandidieren.«

Nach ihrer ersten Wahl zur Oberbürgermeisterin der Stadt Frankfurt am Main 1995, daran denkt sie noch gelegentlich, hätten ihre beiden Vorgänger Rudi Arndt und Walter Wallmann sie vor der Tür ihres neuen Dienstzimmers in die Mitte genommen und dann gesagt: »Von jetzt an, Frau Roth, werden Sie ganz allein sein. Sie werden ganz viele Berater haben, aber Sie entscheiden, ganz allein.«

In Augenblicken wie diesen kann man auf einen wie den Erwin eigentlich nicht verzichten. Denn der Erwin, das hat ihr einmal der gemeinsame Bekannte Jürg Leipziger gesagt: Der Erwin, der brummt vor Gefühlen. Deswegen habe sie immer wieder an ihren Mann gedacht und sich gefragt: Ob der Erwin sich über ihre Karriere wohl freuen würde?

Freunde der Familie hegen keinen Zweifel: Erwin Roth würde sich nicht nur freuen, er wäre mächtig stolz auf seine Petra.

Bis heute begleitet Erwin Roth seine Frau täglich. Morgens und abends. Nach dem Aufstehen und vor dem Zubettgehen. Wenn Petra Roth die Treppe in ihrem Privathaus hinaufgeht, die das Erdgeschoss mit dem oberen Geschoss verbindet, kommt sie an Gemälden vorbei, die Erwin Roth geschaffen hat. Bilder, die vor allem Landschaften zeigen. Landschaften aus der unmittelbaren Frankfurter Nachbarschaft, Landschaften zu allen Jahreszeiten.

»Mein Erwin«, sagt Petra Roth, »ist ein guter Maler.«

3 Politische Beheimatung – Petra Roths Grundlagen

Das Prinzip »Tina«. Nur zu gut erinnert sich Klaus Töpfer an »Tina«. Die damalige Premierministerin Großbritanniens, Margaret Thatcher, hat dieses Prinzip stets bemüht, wenn es um die Durchsetzung von Politik ging, berichtet der frühere Umweltminister aus der Bundesregierung Helmut Kohls. Der Töpfer fällt vielen heute noch ein, und sie sagen dann: Das ist doch der, der in den Rhein gesprungen ist. Um Mut zu beweisen und sein Vertrauen in die Qualität des Wassers zum Ausdruck zu bringen. Ein Bild, das sich eingeprägt hat.

»Tina« ist nur ein anderes Wort für reinen Pragmatismus, für ein Verständnis von Politik, das sich an dem Grundsatz orientiert, schnell Entscheidungen zu treffen. Töpfer spricht über »Tina« an diesem frühen Nachmittag im Dezember des Jahres 2011 bei der Preisverleihung in der Frankfurter Paulskirche. Verliehen wird der »Preis Soziale Marktwirtschaft« der Konrad-Adenauer-Stiftung. Er redet über ein Leitmotiv. Bei dem Prinzip »Tina« handele es sich um ein Kürzel, setzt Töpfer hinzu, das den Satz zusammenfasst: »There is no alternative« – eine Alternative gibt es nicht, etwas lässt sich nur so realisieren, wie es jetzt gemacht werden soll. Und sollte das nicht möglich sein, wird daraus eben gar nichts.

Ganz offen gestanden, und daraus macht Klaus Töpfer auch überhaupt kein Hehl: Leiden kann er »Tina« nicht. Überhaupt nicht. Wie auch, wenn sich einer wie Töpfer als Vorstandsvorsitzender der Stiftung Schloss Ettersburg nahe Weimar mit Fragen des demographischen Wandels befasst und es dann um politische Weichenstellungen ähnlicher Dimension wie bei der Energiewende geht. Im Grunde hält er »Tina« für eine unzeitgemäße Betrachtung, weil die Gegenwart »Tina« eigentlich alles andere als gebrauchen kann und sich für Töpfer viel zu komplex darstellt, um bei allen Problemkonstellationen im Zusammenhang mit der Fortentwicklung der Industriegesellschaften nicht auch mit Alternativen rechnen zu müssen. Denn diese Maxime ist für den Mann, der die von Bundeskanzlerin Angela Merkel unmittelbar nach der Reaktorkatastrophe von Fukushima im März 2011 eingesetzte Ethikkommission geleitet hat, nicht geeignet, sich als zukunftsfähig zu erweisen. Darauf aber kommt es Töpfer an: So sollen die Ergebnisse seiner Expertenrunde und ihre Empfehlungen an die Bundesregierung nicht »dem Diktat der Kurzfristigkeit« zum Opfer fallen, das derzeit die Welt beherrscht. Schließlich, daran lässt Töpfer keinen Zweifel aufkommen, »werden wir uns die Zeit nehmen müssen, langfristig zu denken«.

Töpfer sagt diesen Satz über Perspektiven unseres Denkens mit großer Bestimmtheit, voller Überzeugung. Er sagt diesen Satz ganz im Sinne von Oskar Negt und Alexander Kluge: In ihren »Maßverhältnissen des Politischen« arbeiten die beiden Vordenker heraus, dass derjenige, der schnell entscheidet, sich für diese Entscheidung Legitimationsvorteile gegenüber dem Zögerlichen verschafft. Wer schnell entscheidet, muss mit dieser Entscheidung aber nicht deswegen richtig liegen, nur weil er am Ende auf »Tina« verweisen kann.

»Tolle Rede«, lobt Petra Roth ihren Parteifreund Töpfer dafür, den eigentlichen Kern des Politischen in diesem Augenblick an diesem angemessenen Ort markiert zu haben. Schließlich soll Politik grundsätzlich auf Wohlstand, Gerechtigkeit und die Erhaltung der Schöpfung zielen und sich die durchaus anspruchsvolle Aufgabe vornehmen, wie das alles zusammengehen kann. Zustimmend hat Töpfer auf den bei dieser Veranstaltung ausgezeichneten und mit einer Laudatio von Paul Kirchhof bedachten Preisträger, Reinhard Kardinal Marx, Bezug genommen: Töpfer zitierte den katholischen Geistlichen mit dem weitreichenden Hinweis, dass die wohl größte Fehlleistung der Gegenwart die

Abkehr von der Nachhaltigkeit ist. Zwar gehört der Begriff bestimmt zu den meistzitierten Termini, und kein Geschäftsbericht einer Bezirkssparkasse will darauf verzichten. Doch mit Leben gefüllt, das lässt sich mit Petra Roth als Verfechterin der sozialen Marktwirtschaft sagen, ist »Nachhaltigkeit« deswegen noch lange nicht.

Petra Roth ermuntert Klaus Töpfer ausdrücklich, seine Botschaft konsequent zu verbreiten, sie werde ihm zur Seite stehen, um die mit dem Begriff verbundene Programmatik hinaus in die Republik zu tragen und für ein Nachdenken über die Nachhaltigkeit zu werben. Petra Roth selbst versteht sich als eine Botschafterin der Nachhaltigkeit. Es ist eines ihrer wirklich großen politischen Themen. Und deshalb lässt sie keine Gelegenheit aus, für Nachhaltigkeit als einen an sich originären christdemokratischen Begriff zu werben. Nachhaltigkeit, sagt sie, sei der Schlüssel zur Erschließung der Zukunft. Dazu gibt es für sie »keine Alternative«, um jenseits aller Katastrophenszenarien über die Plünderung des Planeten die Verantwortlichkeiten von der Gegenwart aus zu erschließen: Petra Roth will nicht über den bisherigen Umgang mit der Umwelt klagen, sie will die Heutigen auf einen besseren Umgang in der nahen Zukunft einschwören. Den Städten schreibt sie dafür eine ganz besondere Bedeutung zu.

Lehren aus Rio

Apropos Klaus Töpfer. Bei der Hauptversammlung des Deutschen Städtetages im Mai des Jahres 2011 erinnert sich der CDU-Politiker Hans-Peter Repnik nur zu gut daran, mit wem zusammen er knapp zwei Jahrzehnte zuvor die deutsche Delegation zum Erdgipfel in Rio de Janeiro geleitet hat.

»Wenn es eine Lehre gibt, die ich aus den damaligen Erfahrungen ziehe, dann die, dass sich die politische Strahlkraft einer solchen Großveranstaltung ganz wesentlich durch das ergibt, was jenseits der formalen Tagesordnung geschieht: durch den Willen der zivilgesellschaftlichen Gruppen und der wirtschaftlichen Akteure zur gemeinsamen Verantwortung«, gibt der Vorsitzende des Rates für Nachhaltige Entwicklung den Delegierten der Hauptversammlung in Stuttgart mit auf den Weg zurück in ihre Rathäuser. Deswegen kommt es für ihn darauf an, dass es bei Nachfolgekonferenzen neue Impulse zur »green economy« geben wird. Dafür spielen Städte und die Repräsentanten der lokalen Demokratie eine exponierte Rolle, unterstreicht Repnik. Zwar sei der Begriff Nachhaltigkeit »heute in aller Munde«, doch dieser inflationäre Umgang führe zu Unschärfen und schade daher eher. Für ihn gehe es vielmehr um die Frage, »welche Schlussfolgerungen heute aus dem Prinzip der Nachhaltigkeit eigentlich für die Kommunalpolitik zu ziehen sind und wie die kommunale Nachhaltigkeitspolitik mehr Gewicht und Profil in der Bundespolitik erlangen kann«.

Eine Frage, die für Oberbürgermeisterin Petra Roth zum täglichen Brot gehört: Wie lässt es sich schaffen, Nachhaltigkeit vernetzt zu denken, also über die Grenzen einzelner Ressorts einer Stadtregierung hinweg? Dieses Problem gibt die Rathauschefin ihrem Magistrat ständig als Aufgabenstellung mit. In diesem Sinne unterstreicht sie in Stuttgart das Werben Repniks, das sich beispielhaft an verschiedenen Städten der Bundesrepublik orientieren kann: Freiburg als Stadt der Solarenergie, München als Kommune des gut ausgebauten öffentlichen Nahverkehrs, Frankfurt am Main als heimliche Hauptstadt des Passivhauses.

Die Rio-Agenda, das hebt Repnik hervor, habe schon 1992 ausdrücklich auf die lokale Politik gesetzt. Aber trotz vieler guter Ansätze hätten die kommunalen Aktivitäten noch nicht den Stellenwert, der ihnen gebührt. Sein Nachhaltigkeitsrat will die Stadtoberhäupter künftig stärker unterstützen, verspricht er. Es gehe um »eine nachhaltige Stadtentwicklung, die ökologische, ökonomische und soziale Belange gleichberechtigt und auf der Grundlage generationengerechter Finanzen betreibt«, betont der Vorsitzende des Gremiums. Repnik will es mit seinen Eckpunkten für eine nachhaltige Entwicklung in den Kommunen möglich machen, dass das Projekt Nachhaltigkeit die Bürger begeistert und Potentiale der Partizipation freisetzt. In diesem Sinne wäre dann auch über den Zustand der Kommunalfinanzen zu sprechen. Die nächste Nachfolgekonferenz zu Rio wird diesen Zusammenhang beraten, ist Repnik überzeugt.

Nach Städtetagen wie in Stuttgart oder nach Preisverleihungen wie in der Paulskirche fragt sich Petra Roth immer wieder, warum sich ihre Partei eigentlich bislang so überaus schwer damit tut, Zukunftsthemen anzugehen, die auch nur am Rande etwas mit Ökologie zu tun haben. Warum, grübelt das Stadtoberhaupt dann, überließ die CDU den Grünen dieses heute so viel Resonanz versprechende Feld des Politischen? Warum stellt ihre Partei nicht den Gedanken des Bewahrens ausdrücklich in den Mittelpunkt aller weiteren Überlegungen?

Eine Frage, die spätestens bei der Kommunalwahl in Frankfurt am Main gerade zwei Wochen nach der Reaktorkatastrophe von Fukushima zentrale Bedeutung bekommt: Auch aus der CDU laufen bürgerliche Wähler den Grünen zu. Das Unglück macht die Öko-Partei stark. Die Angst vor den Gefahren der Kernkraft treibt die Wähler in deren Arme – für einen Augenblick scheinen die Angst und das Gefühl der Unsicherheit selbst die im Mittelstand verbreitete Angst vor dem sozialen Abstieg zu überlagern.

Ökologische Kommunikation

Der Begriff der ökologischen Kommunikation geht auf Niklas Luhmann zurück. Dieser Soziologe, Intellektuelle und akademische Gegenspieler von Jürgen Habermas setzte sich Mitte der achtziger Jahre mit der Frage auseinander, ob sich moderne Gesellschaften auf ökologische Gefährdungen einstellen können. Eine Debatte, die die CDU damals nicht aufgenommen, allenfalls randständig behandelt hat. Vielmehr überließ die Partei das Unbehagen an der Moderne, ein klassischer Topos konservativen Denkens, allein der Linken und ihrer Kulturkritik.

Dabei gab es in der CDU mit Herbert Gruhl durchaus Kritiker der Kernenergie und der Politik ungehemmten Wachstums. Im

September 1975, knapp zwei Jahre nach dem ersten autofreien Sonntag Ende November 1973, veröffentlichte Gruhl sein Buch *Ein Planet wird geplündert – Die Schreckensbilanz unserer Politik*, das schnell zu einem Bestseller wurde, in der Union aber wenig öffentliche Resonanz fand. Enttäuscht wandte sich Gruhl wenig später von seiner Partei ab, widmete sich fortan allein dem Umweltschutz, gehörte mit seiner Gruppierung »Grüne Aktion Zukunft« 1980 zu den Gründern der Grünen und verlor sich selbst später im rechtskonservativen Milieu.

Luhmann stand für grundlegende Positionen eines konservativen wie christlichen Verständnisses von Verantwortung für die Schöpfung: Aus Sorge um die Zukunft muss man sich um die Schonung von Ressourcen bemühen. Apokalyptische Dimensionen blieben Luhmann anders als Gruhl fremd. Die Rückbindung des Politischen an die Idee der Schöpfung bringt es mit sich, Zukunft in der Verantwortung des Menschen denken zu können. Dann aber geht es nicht allein um ökologische Kommunikation, wie Luhmann gegen seinen Widersacher Jürgen Habermas und dessen auf den Austausch der Menschen über grundlegende Fragen setzende Diskurstheorie geltend macht, dann geht es vor allem um ökologisch orientiertes Handeln.

Petra Roth steht für diese Idee mit Praxisbezug: Nicht nur über ökologische Balance reden, sondern alles für ein entsprechendes Gleichgewicht tun. Ohne den Gedanken der Schöpfung kann keine Vorstellung von Rettung entstehen. Die gegen den Schöpfungsgedanken gerichtete Evolutionstheorie, das hat Henning Ritter in einem Aufsatz über den Philosophen Hans Blumenberg unterstrichen, »lässt den Gedanken der Bewahrung nicht zu«.

Das Denken in der Dimension der Bewahrung muss nach Überzeugung Petra Roths keineswegs der Idee des Fortschritts entgegenstehen. Bewahren, sagt sie, heißt doch nicht stillstellen oder alles so lassen, wie es ist. Ganz im Gegenteil: Ist etwas aus dem Gleichgewicht geraten, muss man es wiederherstellen. Aber, darauf beharrt das Stadtoberhaupt, Politik ist kein Reparaturbetrieb, kann nicht immer wieder in Ordnung bringen, was anderswo schiefgelaufen ist. Bewahrung ist für Petra Roth auf Nachhaltigkeit zielendes Wirken. Dann muss sich beispielsweise eine Stadtgesellschaft darüber einig werden, was sich zu bewahren lohnt. Dann macht man eine Brücke eher winterfest, anstatt sie grundlegend herzurichten, und erhält für den eingesparten, nach Millionen Euro zählenden Betrag für das Bauwerk lieber eine Stadtteilbücherei.

Oft kommt die reale Auseinandersetzung mit der Ökologie als Kulturpessimismus daher, stellt sich die Beschäftigung nach den Beobachtungen, die der Historiker Paul Nolte in seiner Studie *Generation Reform* gemacht hat, in der Konsequenz dar als »Lethargie anstatt positiv als Herausforderung an dynamische Fortentwicklung begriffen zu werden«. Nolte wollte nicht in Frage stellen: Es musste nach den grundlegenden Veränderungen etwas passieren, man konnte nicht so weitermachen wie bisher. Nicht nach der Reaktorkatastrophe in Tschernobyl 1986. Und erst recht nicht nach 1989. Nicht nach den Erhebungen in Europa, nicht nach dem Zusammenbruch des gesamten, auch ökologisch reichlich ramponierten Ostblocks.

»Nach dem Ende der großen Ideologien bleibt die populäre Ökologie als einzige geistige Kraft übrig«, notiert der Historiker Joachim Radkau in seiner Bilanz der *Ära der Ökologie*. Doch selbst wenn manche Medien behaupten, auch die Industrie sei am Ende des zwanzigsten Jahrhunderts zu einem Teil der Ökologiebewegung geworden, und selbst wenn tonangebende Großunternehmen wie General Electric und Siemens mittlerweile wie selbstverständlich die Entwicklung der Städte zur Green City als zentrales Geschäftsfeld ausweisen, stehen die Koordinaten der politischen Kultur insgesamt auf dem Prüfstand. Das führt über die Ökologie als bedeutendem Themenfeld hinaus. Selbst wenn sie sich als Wegbereiterin der Energiewende versteht – von einer solchen Engführung des Problembündels kann Petra Roth nur abraten. Vielmehr geht es für sie darum, sich auf zentralen Feldern der Politik über demokratische Grundwerte und die Zukunft der sozialstaatlich begründeten Republik hinaus mit dem politischen Konkurrenten wie mit den eigenen Parteifreunden grundlegend auseinanderzusetzen. Politik muss sich über ihre Orientierungen klar sein, fordert Petra Roth. Damit sollte man vor Ort anfangen. Vor Ort heißt: vom Römerberg aus.

In diesem Sinne hat der französische Historiker François Furet unmittelbar nach der Zeitenwende von 1989 über eine Zäsur gesprochen: Gerade an ihrem runden Geburtstag zwei Jahrhunderte nach der Französischen Revolution 1789 erlebte die Demokratie eine erhebliche Erschütterung, deren Auswirkungen bis heute nicht bewältigt sind. Es ging im Furetschen Sinne darum, politische Koordinaten neu zu bestimmen. Petra Roth versteht dieses Diktum als Aufgabe – der inhaltlichen Vermittlung wie der künftigen Gestaltung. Ein enges Korsett für das, was rechts ist, und für das, was links ist, hat es für sie nie gegeben. In der lokalpolitischen Konkurrenz geht es in ihrer Sicht der Dinge vor allem darum, wer bessere Ideen zu bieten hat. Die politische Kontroverse brauchte in der Sichtweise Noltes nicht die von tiefem Pessimismus geprägte Charakterisierung der gegenwärtigen Gesellschaft als Risikogesellschaft. Nolte hielt dem ganz im Sinne Petra Roths entgegen, die Risikogesellschaft baue »sich zu einer Bedrohung statt zu einer Herausforderung auf« und verwandele sich auf diese Weise in eine Risikovermeidungsgesellschaft.

Petra Roth findet das richtig. Denn wo, fragt sie, ständen wir nach 1989, wenn Helmut Kohl und Hans-Dietrich Genscher mit den deutschlandpolitischen Diskussionen im Hinterkopf nicht das Wagnis Vereinigung eingegangen wären? Helmut Kohl, der zwei Monate zuvor die interne Rebellion des Bremer Parteitags der CDU überstanden hatte und seitdem gestärkt wirkte, eigentlich aber schon nicht mehr als Kanzlerkandidat seiner Partei galt, bewies Ende 1989 Weitsicht: Er traf seine Entscheidung für die Vereinigung der beiden deutschen Staaten in einem historischen Augenblick, der keinen Aufschub duldete. Entgegen vieler Unkenrufe scheute er das Risiko nicht. Es gibt eben Augenblicke historischer Qualität, in denen nach Abwägung der Alternativen doch eine Entscheidung fallen muss. Dafür bietet die Geschichte vom Zusammenbruch des Ostblocks ein überzeugendes Beispiel, ist Petra Roth sicher. Von diesem Zeitpunkt an kreiste ihr eigenes Nachdenken um die Frage, wie sich Deutschland insgesamt wohl in diesem größeren Europa verorten, wo sich aber vor allem Frankfurt am Main, ihre Stadt, wiederfinden würde.

Schließlich ließen sich die Irritationen, die sich mit 1989 verbinden, nicht ohne weiteres aus dem Weg schaffen. Denn man verlagerte »einen erheblichen Teil der Kosten der deutschen Einheit auf die Solidargemeinschaften der Arbeitslosen-, der Renten- und seit 1999 auch der Krankenversicherung«, wie Gerhard A. Ritter in seiner Studie *Der Preis der deutschen Einheit* anmerkt. Längst nach 1989 bekamen die Deutschen zu spüren, dass die Regierung Kohl strukturelle Probleme aus der Zeit vor 1989 unbearbeitet gelassen hatte: »Bedingt durch die hohen Transferleistungen zur Finanzierung der Transformation von der Plan- zur Marktwirtschaft und deren sozialer Abfederung im Rahmen der Sozialunion wurden die vordringlichen Ziele der Regierungspolitik der Jahre 1982–1989 – Konsolidierung der öffentlichen Haushalte, Reduzierung des Anteils der Sozialausgaben am Bruttoinlandsprodukt, die stärkere Betonung der Eigenvorsorge im System der sozialen Sicherheit – faktisch aufgegeben«, schreibt Gerhard A. Ritter.

Doch trotz der Kostenbilanz ist historisch gesehen die Wiedervereinigung der beiden so unterschiedlichen deutschen Staaten ein großer Erfolg Helmut Kohls. Er knüpfte konsequent an die Vorgaben des Mannes an, der der Gründungsvater der nach dem Zweiten Weltkrieg entstandenen CDU ist: Konrad Adenauer. »Dass sich die Wiedervereinigung Deutschlands im Rahmen der westlichen Demokratie und unter Beibehaltung der Bindungen Deutschlands an den Westen vollziehen konnte, ist eine späte Rechtfertigung seiner Politik der Westintegration«, merkt dazu Kurt Sontheimer in seinem Rückblick auf die *Adenauer-Ära* an.

Unbehagen im Sozialstaat

Wegen der nach 1990 anhebenden Krise des Sozialstaats knöpften sich die Mittelständler in der CDU die Sozialsysteme vor. Sie drängen seit nunmehr einem Jahrzehnt auf eine Reform der sozialen Marktwirtschaft. Spätestens von dem Parteitag der CDU 2003 in Leipzig sollten Anstöße für sozialpolitische Reformen ausgehen, um die Partei als Gruppierung der Mitte zu behaupten. Mit der Union sollte man ein neues Maß dafür finden können, was eine angemessene Bezahlung ist, wie man Kinder am besten auf die neuen Herausforderungen der Welt einstellt und was in der bald Berliner Republik genannten Gesellschaft als gerecht gelten soll. In diesem Sinn hat der frühere Bundespräsident Roman Herzog wenige Jahre nach seiner auf die Mobilisierung optimistischer Kräfte setzenden Ruck-Rede im Berliner Hotel Adlon Klärungsbedarf angemeldet, wenn es darum geht, »auf welchen Gebieten und in welcher Form sich der Staat in die Probleme von Wirtschaft und Gesellschaft einmischen darf«. Damit wusste Merkels Mann für eine Reform der sozialen Sicherungssysteme den Akzent zu setzen: Herzog und mit ihm die Konservativen in der CDU pointieren das Marktwirtschaftliche in dem Modell, das einst Ludwig Erhard zum Kitt der Nachkriegsgesellschaft machen konnte.

Dagegen betonte der eher an den Interessen der Arbeitnehmer orientierte Flügel den Zusatz des »Sozialen« bei der Charakterisierung des Wirtschaftsmodells der Bundesrepublik als Marktwirtschaft: Soziale Marktwirtschaft begreifen sie als Gesellschaftsentwurf. Diesem Flügel der Partei fühlt sich Petra Roth zugehörig. Denn soziale Marktwirtschaft ist politisches Programm für das Ausbalancieren von Mitte und Maß mit dem Ziel, dass Bürger dieses Modell nicht nur plausibel finden, sondern auch bereit sind, dafür offen einzutreten.

Sämtlichen Reformkräften in der Partei ist die Sehnsucht nach dem Aufbruch in eine neue bürgerliche Epoche eigen. Das sich mit dieser Sehnsucht verbindende Gefühl eines tiefen Unbehagens hat der damalige Richter am Bundesverfassungsgericht, Udo Di Fabio, als Ausgangspunkt genommen, den Entwurf einer anderen Gesellschaft zu wagen. Eine Gesellschaft, die vor allem vom Bürger und seiner Freiheit aus gedacht ist. Dafür lohnt »der Aufbruch in eine neue bürgerliche Epoche«, schreibt Di Fabio und gibt damit den Tenor seiner Streitschrift *Die Kultur der Freiheit* vor. Diesen Bürger, der mit »der Geburt einer neuen bürgerlichen Epoche« in Deutschland rechnen soll, stellt er sich als einen Rebellen vor. Er liebt die Freiheit und seinen Eigensinn, also lässt er sich in kein »politisch korrektes Korsett« stecken. Dieser Bürger bricht mit allem, was sich heutzutage als individuelle Ressource etabliert hat und von Di Fabio als Konsequenz von 1968, »der Abkehr von Scham und Selbstdisziplin«, verstanden wird: mit dem radikalen Individualismus, der als Toleranz missverstandenen Beliebigkeit und dem absoluten Streben nach materiellen Werten. Dem entgegen steht die Leidenschaft für die Freiheit, ein geradezu erotisches Verhältnis, der Wille zur zwischenmenschlichen Bindung und der Abschied von jeder Zukunftsvergessenheit. Denn dieser Bürger, der einfühlsamer Zeuge einer nachhaltig wirkenden Zeitenwende ist, lebt in dem Bewusstsein grundlegenden Wandels, weil für ihn doch außer Frage steht: Die gegenwärtige, »überalterte, selbstgenügsame Gesellschaft, die die geringer werdenden Anteile am Weltwohlstand immer wieder umverteilt: Sie hat keine Zukunft«.

Di Fabio liebt das Grundsätzliche und haut mächtig auf den Putz. So ist sein Buch im Herbst des Jahres 2005 gerade ein paar Tage auf dem Markt gewesen, schon zeichnen sich Verwerfungen ab. Manche Kritiker halten ihm vor, er gehöre zu den Totengräbern des Sozialstaats. Damit sind die Konfliktlinien, wie sie sich seit 1989 ergeben, im Grunde noch einmal nachgezeichnet. Diejenigen, die eine Reform der Sicherungssysteme anstreben, gegen diejenigen, die als Bewahrer des Sozialstaats auftreten. Beide Linien bilden ideologisch aufgeladene Fronten.

Wenn Petra Roth etwas überhaupt nicht leiden kann, dann ist es Ideologie. Udo Di Fabio auch nicht. Mit nicht unbeträchtlichem Aufwand verrückt er Schnittstellen, bricht mit bislang bewährten, ganz offenbar aber schwerfällig gewordenen politischen Ordnungskriterien wie rechts und links. Sein Anspruch greift weiter: Es geht um die Rekonstruktion »deutscher Nationalkultur als Kultur der Freiheit«, getragen von sich selbst wieder vertrauenden Bürgern.

Di Fabios Denken knüpft an Paul Nolte und den später in der Paulskirche als Laudator für Kardinal Marx auftretenden Rechtswissenschaftler Paul Kirchhof an. Mit Nolte verbindet ihn das Verständnis der Solidarität als sozio-moralisches Substrat des Sozialstaats, mit Kirchhof teilt er das Bild des in staatlicher Verfasstheit lebenden Menschen als eines selbstbewussten, zur autonomen Gestaltung seines Lebens fähigen Wesens. Di Fabio wollte mit seiner Streitschrift die freudlose Republik ein bisschen erschüttern. Schließlich geht es Di Fabio, Nolte und Kirchhof nicht anders als Petra Roth darum, das gesamte Land aus den Städten heraus zukunftsfähig zu machen. Dagegen rechnen die Konservativen in der CDU grundsätzlich mit einem System ab, das für sie der gescheiterte Sozialstaat ist.

In diesem Zusammenhang wirbt der frühere Generalsekretär der CDU und ehemalige Ministerpräsident Sachsens, Kurt Biedenkopf, dafür, sich über die Interessen der Enkel »die entscheidende Zukunftsdimension« zu erschließen. In seiner Schrift *Die Ausbeutung der Enkel* warnt Biedenkopf davor, ihnen »die beste denkbare Begründung dafür zu liefern, ihre später so dringend benötigte Solidarität mit den Älteren zu verweigern«. Die Bürger hätten sich selbst in ein Dilemma manövriert, denn sie wünschten sich gleichzeitig mehr Freiheit und mehr Staat. Das aber könne nicht gehen. Dieses Land müsse sich vornehmen, Reformen anzugehen und nicht auch noch das Erbe der Enkel zu verfrühstücken.

Mit diesen Debatten nahm sich die CDU einen Erneuerungsprozess vor, um sich in der von nahezu allen politischen Parteien angestrebten Mitte behaupten zu können. Es ging darum, entlang zentraler Begriffe bundesrepublikanischer Verfasstheit eine

Neubestimmung des Politischen zu probieren. Was ist und zu welchem Zwecke würde man künftig christdemokratische Politik betreiben?

Zu dieser Fragestellung liefert Petra Roth einen weitreichenden Beitrag – aus der Sicht der Städte, in denen manche Entwicklung des 21. Jahrhunderts vorweggenommen wird. Was die Republik im Hinblick auf den klimatischen wie demographischen Wandel zu tun gedenkt, muss sie in den Städten erproben. Die Kommunen als Testfeld in Zeiten des Klimawandels – das ist eine Vorstellung, für die Petra Roth wirbt. Erst wenn in den Städten für die Ausbildung der nötigen Fachkräfte gesorgt ist, kann man sich der Probleme der schrumpfenden Dörfer annehmen; und erst wenn sich der Bau von Passivhäusern als tragfähiges Modell für den Klimaschutz erwiesen hat, muss niemandem mehr um die Energiebilanz bange sein. Über allem aber steht für Udo Di Fabio nicht anders als für Petra Roth: die Kultur der Freiheit.

Mitte – und vor allem Maß

An sich treue Parteigänger der CDU wie der frühere Leiter der Hessischen Staatskanzlei, Alexander Gauland, hatten Mitte des Jahres 2011 ganz gehörig die Nase voll von der Merkelschen Politik, die sie als fortwährende Überforderung des eigenen Wahlvolks charakterisierten. Ständig setze sie der CDU zwecks eigener Positionierung neue Themen vor, geißelte Gauland die Kursbestimmungen der Kanzlerin, die er von Eilfertigkeit angetrieben sah. Damit ließe sich kein Vertrauen schaffen. Gauland konnte sich sicher sein: Die Konservativen in der eigenen Partei, vor allem die Parteigänger in der hessischen CDU, würden ihm folgen. Spätestens die Energiewende hatte das Fass überlaufen lassen. Besser wäre es, die Regierungschefin würde sich im besten Sinne Helmut Kohls einer ausgefeilten Europapolitik besinnen.

Petra Roth tritt dem entgegen. Sie lobt Merkel für die alternativlose Energiepolitik und setzt sich für eine moderne Bildungspolitik ein. In der Tageszeitung *Die Welt* erscheint Roths Entgegnung auf die an gleicher Stelle angestellten Überlegungen Alexander Gaulands. Es geht um Grundsätzliches.

»Mitte und Maß – die meisten meiner Parteifreunde dürften mit dieser Formel beschreiben, was die CDU eigentlich ausmacht«, notiert Roth in ihrem Beitrag in grundsätzlicher Absicht: »Mitte und Maß, Betonung auf Mitte. Die Mitte ist nur ein anderes Wort für das Beständige, für das Sichere, für das Verlässliche.« Allein, schränkte Roth ein: »Was soll diese Mitte sein? Zumal doch Sozialdemokraten und Grüne ebenfalls auf die Mitte zustreben, weil auch ihnen die Verortung der Mitte als Verortung der Macht gilt. In dieser Sicht der Dinge ist die Mitte wohl eher ein Ort der Gefahr, weil man Sorge haben muss, von den Rändern aus bedrängt zu werden. Wenn alle Mitte sein wollen, verkommt sie zur Unkenntlichkeit.« Daraus ergeben sich nach Ansicht der Oberbürgermeisterin weitreichende Aufgaben: »Für die eigene Verortung im Spektrum des Politischen muss die CDU dann nicht mehr den Versuch machen, sich als Partei der Mitte zu präsentieren.« Vor allem aber sollte sie gerade in diesem Augenblick auf den zweiten Teil der Formel setzen. »Mitte und Maß – wenn die Mitte schon wegen Schwammigkeit und Unbestimmtheit abhanden gekommen ist, erscheint die Bestimmung des Maßes umso dringlicher.«

Damit ist die Bedeutung der Maßverhältnisse herausgearbeitet, jedoch noch nichts zu ihrer eigentlichen Bedeutung gesagt: »Was also soll dieses Maß denn sein?«, fragt Roth und setzt hinzu: »Schon bei der Formulierung der Frage zeigt sich, dass der Singular nicht weiterhilft. Die Bestimmung der Dimension dessen, was Maß sein soll, dürfte nicht minder anspruchsvoll ausfallen wie das Bemühen zu erklären, was Nachhaltigkeit sein soll. Dauerhaftigkeit wäre durchaus angemessen, um die zeitliche Dimension des Maßvollen im Sinne der Nachhaltigkeit zu bezeichnen: Wir sollten uns bei all den Dingen, die wir tun und uns politisch vornehmen, daran orientieren, ob diese Dinge und diese Vorhaben Bestand haben können, auf Dauer angelegt sind, also nachhaltig zu wirken vermögen. In diesem Sinne sind

Nachhaltigkeit und Dauerhaftigkeit nur Umschreibungen des christlichen Schöpfungsgedankens.«

Die Mitte soll nach den Vorstellungen Petra Roths ein Ort sein, an dem es ein rechtes Maß gibt, mit dem man sich selbst Orientierung verschaffen kann. Das Maßhalten gilt im übrigen für das Individuum selbst wie für die Technik als bedeutende Innovativkraft. In diesem Sinne könnte der Konservatismus und mit ihm die CDU nach den Beobachtungen Noltes »zum Vorreiter einer neuen Ethik der Behutsamkeit« werden.

Im Sinne Petra Roths wäre es. Von dem Grundsatz der Nachhaltigkeit aus, dass künftige Generationen wie gegenwärtige Generationen ein Leben nach eigenen Vorstellungen realisieren können, ohne von vornherein um Chancen gebracht zu sein, wäre die kommunalpolitische Agenda neu zu schreiben – in dem Bewusstsein, dass die Republik vor einer Zeitenwende steht. In diesem Augenblick müsse die Politik den Bürgern Orientierung anbieten, um sich als Bürger, als Betroffene, als Verantwortliche verstehen zu können. Nach der Vorstellung Petra Roths sollte die CDU als Großstadtpartei dieses Angebot machen: Auf keinem anderen Terrain wäre es möglich, auf konkrete Anliegen der Bürger direkt einzugehen. Lassen sich also Maßverhältnisse des Politischen bestimmen, heißt Demokratie in der Betrachtung Petra Roths: sich in die eigenen Angelegenheiten einzumischen.

Die eigenen Angelegenheiten sind mehr als individuelle Interessen, mehr als besondere Betroffenheiten, sie müssen sich stets mit dem Allgemeinwillen in Verbindung bringen lassen. Und zwar mit dem Allgemeinwillen in historischer Perspektive: Was die CDU in den Großstädten vorantreibt, muss zukunftsfähig und auch in diesem Sinne nachhaltig sein.

Petra Roth führt dafür in ihrem Beitrag für *Die Welt* ein Beispiel aus ihrer eigenen Stadt an, an dem sich zeigen lässt, wie sich eigene und allgemeine Interessen der Bürger eines Gemeinwesens gut austarieren lassen: das Projekt einer Einhausung der Autobahn A 661, die an einem Wohnviertel im Frankfurter Osten vorbeigeht. Dieses Vorhaben ist im Interesse dort wohnender Bürger, es ist aber auch im Sinne der gesamten Stadtgesellschaft, weil sich damit in einer kleinen, an Flächen armen Großstadt das Potential zur Stadtentwicklung, zum Wohnungsbau und zum Gewinn von Grünflächen findet: Mit der Einhausung, im Volksmund auch »Deckel« über der Autobahn genannt, gäbe es bis dahin nicht urbar zu machende Flächen für den Wohnungsbau.

Volksparteien in Großstädten

Auch die SPD findet das Projekt Einhausung gut. Über die Grenzen Frankfurts hinaus kann man über dieses Vorhaben wohl sagen: Wenn die Zunahme des Lärms und der Mangel an Wohnungen als schwerwiegende Probleme bundesrepublikanischer Kommunalpolitik zu werten sind, kommt diesem Projekt eine paradigmatische Qualität zu. Denn mit der Einhausung würde sich Lärm mindern und Wohnraum in beträchtlichem Umfang mehren lassen. Deswegen nehmen sich Partei und Oberbürgermeisterin gleichermaßen des Themas an: Gemeinsam mit Bundesverkehrsminister Peter Ramsauer macht sich Petra Roth zur Werberin für das Projekt und sieht sich vor Ort an der heute vierspurig ausgebauten Trasse die Lage an. Schließlich brauchen Projekte dieser Dimension Protagonisten, die sie entschlossen vorantreiben. Wie bei allen anderen Dingen des Lebens auch, hängt das Gelingen solcher Vorhaben davon ab, dass sich einer aus den Regierungsfraktionen im Römer den Hut aufsetzt.

Ideen wie diese findet Petra Roth großartig. Stadtplaner, die so etwas hervorbringen, können sich großer Bewunderung des wohl bekanntesten Stadtoberhaupts der Republik gewiss sein. Danach aber darf ein solches Projekt nicht in der Debatte und in den Beratungen der Ausschüsse steckenbleiben. Sonst droht der Idee das verbreitete Schicksal vieler anderer Ideen, schlicht Irrläufer zu werden. Gute Ideen aber, neue Akzente für die Stadtentwicklung, das ist so recht nach dem Geschmack der Oberbürgermeisterin.

Im Wahlkampf 2011 taten sich wieder die Linken hervor. Lautstark begleiteten sie die Erkundungstour des Berliner Ministers und des Frankfurter Stadtoberhaupts, um ihre plakative Forderung deutlich zu machen: »Deckel druff«, also einen Käfig aus Beton bauen, um die Autos und ihren Lärm zu zähmen.

Die Linken bemühen sich nach Kräften, die SPD ins Abseits zu drängen und sich selbst als die eigentliche Kraft der Opposition in Frankfurt darzustellen. So geht das lange Jahre. Bis plötzlich der Kandidat Peter Feldmann, den keiner auf der Rechnung hatte, das Rennen macht und Oberbürgermeister in Frankfurt am Main wird. In diesem Augenblick keimt bei den Sozialdemokraten die Hoffnung auf, die Serie von Wahlniederlagen, die Mitte der neunziger Jahre eingesetzt hat, könnte zu Ende sein. Seit dieser Zeit ist die Krise der ständige Begleiter der Großstadtpartei SPD gewesen. Damals setzte eine massive Parteiflucht ein. Bei der Kommunalwahl 1972 stimmten noch 50,1 Prozent der Frankfurter sozialdemokratisch, 1993 waren es gerade noch 32 Prozent. Bei der Bundestagswahl 1995 rutschte die SPD in Frankfurt mit 30,1 Prozent sogar auf die vorletzte Stelle aller großen Städte. Schlechter schnitt die Partei nur in Regensburg ab. Mit dem Beginn der Regierungszeit Petra Roths hatten die Genossen gar nichts mehr zu lachen, weil sie keinen vergleichbaren Sympathieträger zu bieten hatten. Petra Roth stellte sie in den Schatten.

Doch der Niedergang ist nicht allein ein Frankfurter Phänomen. Überall in der Republik schrumpften frühere SPD-Hochburgen. Frankfurt erlebte einen Strukturwandel. Während mit den Banken, den Versicherungen und den Kommunikationsagenturen die Dienstleistungsbranche boomte, gingen zunehmend Industriearbeitsplätze verloren. Deshalb schlug der damalige SPD-Parteichef Martin Wentz Mitte der achtziger Jahre Alarm: Die SPD solle sich öffnen und nicht den alten Zeiten hinterherlaufen. Es gebe nun mal weniger Blaumänner, als Zielgruppe müsse eine Großstadtpartei die Dienstleister in den Blick nehmen. Die kleinen Leute, meist Stammwähler der Sozialdemokraten, aber fühlten sich von Wentz nicht mehr angesprochen. Sie blieben bei den nächsten Wahlen zu Hause oder stimmten für eine Partei vom rechten Rand. Die Wähler aus der Mittelschicht, die die SPD eigentlich gewinnen wollte, wanderten zu den Grünen.

Eine ähnliche Erfahrung wie der einstige Hauptkonkurrent SPD hat die Frankfurter CDU im März 2011 schließlich bei den Kommunalwahlen auch machen müssen. Die Christdemokraten landeten gerade noch bei gut dreißig Prozent. Ohne Petra Roth, sagen alle, wäre es noch schlimmer gekommen. Vor zwei Jahrzehnten kämpfte die SPD um ihre Positionierung als Großstadtpartei, bilanziert Petra Roth angesichts der um sich greifenden Verluste in den deutschen Großstädten für die CDU: »Jetzt müssen auch wir über einige Grundsätze nachdenken.«

Mit weitreichenden Konsequenzen, denn mit den Mehrheitsverhältnissen in den Großstädten ändern sich die Gewichte beim Deutschen Städtetag: Selbst wenn die Lobbyorganisation der Kommunen auf eine überparteiliche Linie angelegt ist, treten ihre Repräsentanten auch als Gegenspieler der Berliner Regierungspolitik auf. Eine Chance, die Petra Roth zu nutzen wusste: Energisch trat sie für die Energiewende ein, die allein über Eckpfeiler wie die örtlichen Stadtwerke gelingen kann.

Als Großstadtpartei sieht Petra Roth ihre CDU vor einem Prozess der Erneuerung. Für den gilt aus der Sicht des Stadtoberhaupts: »Man kann sich nicht erneuern, ohne sich klarzumachen, aus welcher Tradition man kommt.« Die Partei dürfte niemanden verloren geben, »wir sollten auch die Menschen mitnehmen, die sich nicht ohne weiteres mit dem identifizieren können, was moderne Großstadtpolitik sein soll.« Schließlich darf man sich nichts vormachen: Eine Großstadt wie Frankfurt am Main, die traditionell eher linksliberal orientiert und nach dem Krieg über Jahrzehnte hinweg von Sozialdemokraten regiert worden ist, »kann man nicht mit einer entschieden konservativen Politik lenken«.

Aber ebenso, setzt Petra Roth hinzu, »wäre die CDU ohne konservative Menschen und Meinungen keine Volkspartei«. Beide Seiten desselben Phänomens sollte man besser nicht als Widerspruch verstehen, oder aber sie erscheinen einem als unüberwindlich. Dann aber wirkt die Analyse zur Lage der Dinge nicht anders als entmutigend. Für Petra Roth kommt das nicht in Frage. Für sie heißt diese Einsicht zur politischen Lage nichts anderes als: »Diese Spannung gilt es auszuhalten und fruchtbar zu machen.«

Was bedeuten soll: In Städten muss es einer Volkspartei gelingen, ein Panorama verschiedener Einstellungen abzubilden.

Leitfaden Roth

Petra Roth denkt Städte als Metropolregionen. Rhein-Main ist fünfmal so bevölkerungsreich wie sein Zentrum Frankfurt am Main. Als Metropolregion zählt der Ballungsraum insgesamt 3,5 Millionen Menschen. Sie leben in Wohlstand: Frankfurt/Rhein-Main gehört neben den Ballungsräumen Stuttgart und München zu den drei Boomregionen der Bundesrepublik. Um sich als konkurrenzfähig zu behaupten, setzten sich die politischen Repräsentanten des regionalen Verbandes zusammen, um den Ausbau des Flughafens, des Wachstumsmotors für den gesamten Ballungsraum, für alle verträglich zu gestalten. Die drei Mediatoren, der Pfarrer Kurt Oeser, der frühere Präsident des Europaparlaments, Klaus Hänsch, und der Präsident der Industrie- und Handelskammer Frankfurt/Rhein-Main, Frank Niethammer, versuchten, die unterschiedlichen Interessen zusammenzubinden: Ausbau ja, aber für sechs Stunden gilt eine strikte Nachtruhe für Rhein-Main. Ein solcher inzwischen höchstrichterlich bestätigter Kompromiss soll langfristig den Betrieb des Airports möglich machen, um nicht in der Konkurrenz zu Dubai zu verschwinden. Damit wäre niemandem gedient, dann hätte eine ganze Region verloren, wenn die Interkontinentalflüge über das Emirat laufen würden. Also verhandelt Frankfurt die wegweisende Frage, wie sich das Streben nach Wohlstand, das Ziel des Wachstums und der Anspruch der Bürger auf Wohlergehen unter einen Hut bringen lassen.

Wieder einmal könnte Frankfurt Modell stehen. Petra Roth gefällt das. Auf die Herausforderung Großstadt muss Frankfurt gemeinsam mit den Städten der Region zwischen Bad Homburg und Darmstadt Antworten finden. Das gilt für die Energiewende nicht anders als für den demographischen Wandel und die Realisierung von Großprojekten wie den Ausbau des Flughafens. Früher sind Städte vor allem damit befasst gewesen, sich im eigenen Ballungsraum gegeneinander zu behaupten. Dieses Ringen war typisch für eine Zeit, in der man Fortschritt beispielsweise daran festmachte, eine Regionalstadt zwischen Bad Homburg im Norden und Groß-Gerau im Süden mit einem Mittelpunkt Frankfurt am Main entwerfen zu können. So etwas sollte man planen können, denn was man planen konnte, ließ sich in dieser Sicht der Dinge auch machen. Nach den Eingemeindungen Anfang der siebziger Jahre dachte man, dass es allein eine Frage der Zeit sei, wann es weitere Zusammenschlüsse von benachbarten Kommunen geben würde. Heute ist dieses Thema von der Tagesordnung verschwunden, bemühen sich Stadtoberhäupter vor allem um interkommunale Kooperationen, wenn es beispielsweise um den Bau von Wohnungen und die Vernetzung von Universitäten geht. Über Prozesse des auch rechtlich geklärten Verschmelzens redet mittlerweile kein Mensch mehr.

»Es wird keine Eingemeindungen mehr geben«, sagt Petra Roth, »sie lassen sich heute nicht mehr durchsetzen.« Den Menschen scheint dies unzeitgemäß. Um zu wissen, wo man hingehört, kann es hilfreich sein, ein vertrautes Ortsschild zu erkennen. Ihr selbst geht das im übrigen nicht anders. In diesem Sinne müssen Metropolregionen ihr Miteinander regeln.

Dafür gehen zentrale Impulse von Frankfurt aus. Weil sich Frankfurt beispielsweise darum bemüht, dem Mangel an Erziehern etwas entgegenzusetzen. Das ließe sich bewerkstelligen, indem man in anderen auch nicht gerade mit Betreuern für Horte und Kindergärten gesegneten Gemeinden des Umlands Personal abwirbt. Damit aber macht man sich keine Freunde, Nachbargemeinden empfänden das Wildern auf ihrem Terrain als unfreundlichen Akt. Also bleibt nichts anderes als – selbst Erzieher auszubilden. Das wäre im Interesse aller, sowohl Frankfurts als auch seiner

Umlandgemeinden. Ein solches Projekt scheitert daran, dass die Anforderungen an die Ausbildung über die Maßen bürokratisch sind, kurzfristig deshalb kaum Erfolge erwartet werden können.

Aber Petra Roth kommt auf dieses Beispiel, das nach wie vor in ihrem Fokus liegt, immer wieder zurück. Wenn es um pfiffige Ideen geht und um die Frage: Was ist eigentlich eine gute und angemessene Politik für die Großstadt? Für Fragen dieser Art kommt die Bundes-CDU gern auf Petra Roth zu sprechen, dann fragt Generalsekretär Hermann Gröhe von Berlin aus an, um Impulse der Frankfurter Rathaus-Chefin für die Positionierung der Partei in den Großstädten zu bekommen. Schließlich geht es darum, den mühselig den Sozialdemokraten abgerungenen Status quo als Partei der Großstadt zu behaupten.

Kommunale Verfasstheit

Städte sind seit der Neuzeit zentrale Elemente europäischer Verfasstheit, hebt Petra Roth dann hervor. Daraus erwachsen für sie bis heute zentrale Forderungen an den demokratischen Prozess: In der Bundesrepublik wie in Europa müssen sich Städte und Metropolregionen wirklich und angemessen repräsentiert sehen, um in zentralen Fragen gesellschaftlicher Entwicklung wirklich mitreden zu können. Demokratie heißt: sich in die eigenen Angelegenheiten einzumischen. Und das auch zu können, setzt Petra Roth hinzu.

Aus der Perspektive der großen Städte bedeutet das: Man sollte sie nicht länger als Bittsteller abtun. Petra Roth sagt das mit Blick auf den Bund, vor allem aber an die Länder gerichtet. Lange genug saß sie als direkt gewählte Abgeordnete des Frankfurter Ostens im Wiesbadener Landtag und kümmerte sich um Wohnungspolitik. Seit ihrem Engagement in der Stadt am Main lässt sie an der Landespolitik selten ein gutes Haar, weil Frankfurt leiden muss und ständig zur Kasse gebeten wird. Hessen lebt von Frankfurts Wirtschaftskraft, die Kommune selbst aber bekommt nur wenig zurück. Im Land sagt man dann, es gehe um einen Akt der Solidarität, Wiesbaden müsse nun mal das gesamte Hessen im Auge haben – und das sei eben mehr als der reiche Süden.

Petra Roth ist seit 1972 in der CDU politisch aktiv. Zunächst in ihrem Stadtteil, dann alsbald auch im Römer: Sie war von 1977 bis 1989 und von 1993 bis 1995 Mitglied der Stadtverordnetenversammlung, in dieser Zeit sieben Jahre lang Vorsitzende des Sportausschusses und 1993/94 Vorsteherin der Stadtverordnetenversammlung. In den frühen Jahren, daran erinnern sich Weggefährten noch gut, brachte sie manchmal ihre Söhne mit in die Runden der Beratung. Da hätten manche aus der Honoratiorenriege »schon komisch geguckt«. Für Petra Roth allerdings sei das alles andere als ungewöhnlich gewesen. Für sie war es eine Selbstverständlichkeit.

In der Fraktion ist Hans-Jürgen Moog ihr erster Chef gewesen. An den späteren Bürgermeister und Stellvertreter Walter Wallmanns denkt Petra Roth gern zurück: »Er ist mein Lehrmeister in Sachen Parlamentarismus gewesen«, sagt sie dann über den Juristen, Jahrgang 1932, den man parteiintern immer noch »den Pflichtbewussten« nennt. Spätestens seine Distanz zu dem von vielen Bürgern als despektierlich bis ausländerfeindlich empfundenen Wahlkampf des späteren Ministerpräsidenten Roland Koch nahm Petra Roth für ihn ein. Denn Großstadt steht grundsätzlich für liberale Grundsätze. Frankfurt erst recht. Das gilt. Sagt Petra Roth: Stadt gründet auf liberalen Grundsätzen. Sie meint damit auch: Man kann nicht ständig in der Paulskirche Reden über die Universalität der Bürgerrechte halten und anderntags Wahlkampf machen mit der Ausgrenzung von Teilen der Stadtgesellschaft.

Das ist eine Botschaft, die sie gern an die Nachfolgenden übermittelt. Klare Sprache, klare Inhalte, klare Sache – nach diesen Grundsätzen wirbt man für eigene Überzeugungen, macht man Wahlkampf für die eigene Partei, vor allem aber für die Mitstreiter, mit denen man sich auf einer Wellenlinie weiß.

Petra Roth kann Wahlkampf. So etwas, sagt sie, kann man nicht lernen. Man muss Wahlkampf wollen. Da lässt sich kein

Helm aufsetzen, kein Umhang überziehen, kein Schild »Wahlkampf« umhängen. Stimmenwerbung muss man können. Man sollte ein Gespür haben für Gefühlslagen, wissen, wie man auf Menschen zugeht. Entweder das klappt, oder es klappt nicht.

Manchmal kann Petra Roth es nicht verstehen, warum sich Menschen in die Politik vorwagen, selbst aber von Menschen nicht zu viel wissen wollen. Politik ist etwas für Neugierige. Nichts für Menschenscheue. Wer nichts wissen will, kann nichts entscheiden. Politik muss aber entscheiden. Petra Roth will es wissen. Eigentlich alles. Eigentlich immer. Zu jeder Tageszeit, auch zu jeder Nachtzeit. Politik ist etwas für Fleißige. Man muss auch um fünf Uhr bei den Blumenhändlern sein, sonst ist der Markt schnell verlaufen. Überall fragt sie, was sich die Menschen vorstellen, was sie wollen, warum sie etwas fordern. Dann überlegt sie, ob das im Sinne der Stadt sein kann. An der Stadt hängt alles. Alles andere ist privat, nicht politisch. Zu klären ist, was gut für Frankfurt ist. Das Gemeinwesen ist der Maßstab. Deswegen will alles gut abgewogen sein.

Petra Roth spielt Varianten durch. Zumindest durchdacht haben will sie verschiedene Möglichkeiten. Das hält sie für ein probates Verfahren, der gegenwärtigen Komplexität angemessen. Früher wäre das nicht so gelaufen. Damals hatten die Honoratioren in ihrer Partei das Sagen. Zutrauen verbreiteten sie nicht, Zuversicht erst recht nicht. Petra Roth ist froh, dass das heute anders ist. Von wegen Prinzip »Tina«. Eine Alternative findet sich immer. Man muss sich nur die Zeit nehmen, über den Tag hinaus, also Zeit dafür, langfristig und nachhaltig zu denken.

Anders ließ sich Klaus Töpfer bei seinem Auftritt in der Paulskirche wohl kaum verstehen. Jeder Pragmatismus braucht ein Gerüst, eine tragfähige Basis. Schließlich geht es um den Kern des Politischen. Immer und überall.

4 An der Spitze der Stadtregierung

Der Professor aus Zagreb ist schuld. Ivo Josipović, Staatspräsident Kroatiens, kommt im Januar 2011 zu Besuch in den Römer. Im Kaisersaal trifft er mit der Hausherrin zusammen. Beide kommen bei dieser Begegnung schnell auf Europa zu sprechen, die Union, die Erwartungen seines eigenen Volkes an den Alten Kontinent und die vielen Landsleute, die heute eine starke Basis der Katholiken in Frankfurt am Main bilden. Der Professor trägt sich ins Goldene Buch der Stadt ein. So etwas passiert nicht alle Tage. Ein Eintrag ins Goldene Buch ist etwas ganz Besonderes. Weil dieser Eintrag prominenten Politikern, bekannten Schriftstellern oder aber berühmten Fußballspielern vorbehalten ist, man also wahlweise Helmut Kohl, Thomas Mann oder Franz Beckenbauer heißen sollte. Diese Herren haben sich längst im Goldenen Buch der Stadt verewigt.

Ein Eintrag ins Goldene Buch ist aber auch deshalb etwas ganz Besonderes, weil das Stadtoberhaupt dann die Goldene Kette trägt. Die Kette ist aus Feingold und wiegt fast ein Kilo. Sie stammt in ihrer Originalfassung aus dem Jahr 1903. Ein Hinweis auf den Mann, der zu dieser Zeit am Anfang des zwanzigsten Jahrhunderts von Berlin aus noch das Sagen in Deutschland hatte, findet sich an einem Glied der Kette: Wilhelm II. Unmittelbar nach dem Zweiten Weltkrieg hatten Alliierte festgeschrieben, dass das später eingefasste Hakenkreuz im mittleren Bereich des Machtschmucks verschwinden müsse. Das Relief des Römers hingegen durfte bleiben: Auf Elfenbein ausgeführt, findet es sich als lokales Zeichen der Macht im Zentrum der Amtskette. Wann man sie um den Hals des Stadtoberhaupts legen darf, ist in Paragraph acht der Hauptsatzung der Stadt Frankfurt genau geregelt: »Die Anlegung der goldenen Amtskette der Stadt Frankfurt am Main ist dem Oberbürgermeister, der silbernen Amtskette dem Bürgermeister bei feierlichen Anlässen persönlich vorbehalten.«

Ein Staatsbesuch ist nichts Alltägliches. Es ist vielmehr ein feierlicher Anlass. Sonst wäre das Protokoll wohl kaum auf die Idee gekommen, auf dem Römerberg im unmittelbaren Bereich des Hauptportals zum Rathaus an diesem Tag den roten Teppich auslegen zu lassen. Seit den späten Vormittagsstunden sind Mitarbeiter des städtischen Protokolls damit befasst, die ebenen Flächen zwischen den Stufen vom Eingang des Rathauses bis hinauf zum Entree des Kaisersaals mit dem robust wirkenden Teppich zu belegen. Eine besondere Ehrerbietung für den Professor aus Zagreb, der als feinfühliger Liebhaber klassischer Musik gilt. Mit ihm gerät Roths Zeitplan an diesem Freitag doch reichlich durcheinander. Beide Politiker vertiefen sich nach knapper öffentlicher Rede weiter in ihr gemeinsames Gespräch. Sie reden wieder über die Europäische Union und den zügigen Prozess der Demokratisierung. Petra Roth liebt Unterredungen dieser Dimension. Also ist Ivo Josipović nicht allein schuld, dass der Terminplan der Oberbürgermeisterin durcheinandergerät.

Eigentlich ist dieser Tag im Januar des Jahres 2011 beinahe ein Tag wie jeder andere im offiziellen Leben der Petra Roth, das reichlich mit Terminen vollgepackt ist. Ein typischer Tag für die Chefin des Rathauses und die 20 000 Mitarbeiter zählende Stadtverwaltung. Es ist Freitag.

Freitage starten mit den Beratungen des Magistrats. Zur Stadtregierung gehören im Augenblick neun Stadträte und die Oberbürgermeisterin. Petra Roth hat die Fachdezernenten berufen. Vorgeschlagen werden sie von ihren Parteien. Mitglied im Magistrat einer Stadt wie Frankfurt am Main zu werden, das ist schon etwas. Das bringt einen Politiker an die Spitze großer Verwaltungen, für die dann Verantwortlichkeit besteht, und setzt ihn der Erwartung aus, ständig im öffentlichen Leben der Stadtgesellschaft aufzutauchen. Politisch rückgekoppelt sind die Stadträte über die Fraktionen, denen sie parteipolitisch verbunden sind. Mindestens dreimal in der Woche sind die Dezernenten nicht anders als die Oberbürgermeisterin in politischen Unterredungen vertreten: dienstags in den Beratungen der Koalition, mittwochs in den Gesprächen der Fraktionen, freitags bei der Zusammenkunft des Magistrats.

An Freitagen wie diesem im Januar des Jahres 2011 kommen die Stadträte zunächst mit Repräsentanten der eigenen Partei zusammen, um in der Magistratsgruppe über den Neubau eines Schulgebäudes zu entscheiden, über die verkehrstechnische Anbindung einer Einkaufsstraße zu beraten oder über die Erweiterung eines Museums zu befinden. Selbstverständlich geht es an den meisten Freitagen auch eine Nummer kleiner, und dann sprechen die Dezernenten über erforderliche Reparaturen an einem Freibad und den Einsatz von Laubbläsern in städtischen Grünanlagen.

Allerdings sollte man auf gar keinen Fall den Einsatz von Laubbläsern für eine Marginalie der Kommunalpolitik halten. Alles andere als das. Nehmen Lokalpolitiker die Klagen über die Lärmbelästigung, die durch den zugegebenermaßen völlig unsinnigen Einsatz von Laubbläsern an späten Herbsttagen in Vorbereitung auf möglicherweise zu erwartende Schneemengen entstehen kann, nicht wirklich ernst, haben sie schon so gut wie verloren. Denn Schnee könnte das feuchte Laub bedecken, und dann stände einem Prozess der Fäulnis nichts mehr im Wege. Das Sensorium vieler Bürger ist für Fragen wie diese extrem ausgeprägt.

Grundsätzlich gibt es in der Kommunalpolitik keine Marginalien. Selbstverständlich ist nicht alles gleich bedeutend, muss man Beratungen über die künftige Energiepolitik anders gewichten als Überlegungen über die Häufigkeit der Straßenreinigung. Doch in der Kommunalpolitik gilt es, auf jeden Fall der ehernen Regel zu folgen: Es gibt kein Thema, das zu klein ist. Schließlich ist der Alltag der Bürger immer konkret. Deswegen muss man Besorgnisse dieser Art ernstnehmen. Wenn es vor Ort Ärger über die Schließung eines Tante-Emma-Ladens am Rande des Lohrbergs oder über die Misere bei der Lehrerversorgung an einer Grundschule im Süden der Stadt gibt, sollten Kommunalpolitiker ihre politischen Sensoren weit ausfahren.

Das kann Petra Roth eindrucksvoll. Und genau das macht eines der Geheimnisse aus, die diese Frau umgeben: Sie nimmt ernst, was die Leute sagen. Und sie trifft den richtigen Ton. Klagt jemand über seine Lage, sagt sie nicht, dass er bestimmt übel dran sei, Petra Roth fragt dann, was er denn wohl machen könnte, um seine Situation zu verändern. Oft kann Kommunalpolitik in diesen Lebenslagen gar nichts tun, um Besserung zu befördern, aber wann kriegt man beispielsweise eine für die Verteilung der Lehrer an den Grundschulen zuständige Bildungsministerin denn schon mal selbst zu sprechen, um sie mit der Lage in der Grundschule im Süden der Stadt zu konfrontieren. Kommunalpolitik ist immer auch ein Frühwarnsystem für politischen Unmut.

Vor allem aber ist lokale Politik ein Experimentierfeld, um in überschaubaren Räumen auszuprobieren, was im großen Stil etwa zur Förderung des öffentlichen Nahverkehrs und zur Wende in der Energiepolitik gelingen soll. Petra Roth nennt dieses Betätigungsfeld kommunaler Politik in diesen Augenblicken auch gern das Laboratorium. Das ist der Raum, in dem man sich etwas trauen darf. Petra Roth würde immer hinzusetzen: sich etwas trauen muss. Wenn man das Nachdenken über den Rückbau einer autobahnähnlichen Straße wie der Rosa-Luxemburg-Straße im Nordwesten Frankfurts nicht konsequent angeht, sondern mit dem Hinweis auf mangelnde Praktikabilität von vornherein erledigt, kommt man nicht voran. In dem an freien Flächen armen Frankfurt sollte man auch auf den ersten Blick ungewöhnlichen Ideen nachgehen, um Land für den Bau von Wohnungen identifizieren zu können. Petra Roth kann es gar nicht leiden, wenn jemand sich nicht die Mühe macht, diese Idee nachzuvollziehen.

Wenn die CDU-Stadträte in ihrer Magistratsgruppe zu ihren Beratungen mit der Oberbürgermeisterin an Freitagen zusammenkommen, dann ist es 9:30 Uhr. Eine gute Stunde bleibt ihnen, danach muss die Richtung für die anschließende Sitzung des kompletten Magistrats bestimmt sein. Zu der Stadtregierung zählen neben hauptamtlichen Dezernenten auch ehrenamtliche Stadträte. Man rechnet es grundsätzlich zu den guten Traditionen lokaler Politik, in der Stadtregierung das gesamte Spektrum der Fraktionen im Stadtparlament abzubilden. Es ist der Magistrat aller Frankfurter, wenngleich die zu Mehrheiten fähigen Koalitionäre, die Hauptamtlichen, schließlich doch den Ausschlag geben, wenn es darum geht, über den geplanten Neubau einer Schule oder den intensiveren Einsatz der Laubbläser abzustimmen. Aber immerhin – wer in der Stärke einer Fraktion im Stadtparlament vertreten ist, der hat Anspruch auf den Sitz eines ehrenamtlichen Stadtrats.

Danach folgen an diesem Freitag Ende Januar zwei Pressekonferenzen im Programm der Oberbürgermeisterin. Zunächst geht es um den Bau einer neuen Tribüne für einen Fußballzweitligisten, dann um die Errichtung eines neuen Hochhauses in zentraler Lage. Eigentlich sind es zwei höhere Häuser, in denen der US-amerikanische Investor Jerry Speyer Büros und Wohnungen in unmittelbarer Nähe der Taunusanlage unterbringen will.

Baumeister Jerry

Petra Roth und Jerry Speyer kennen sich bereits seit Jahrzehnten, freuen sich über ihr Wiedersehen in dem benachbarten Büroturm Galileo, von dessen 27. Stock aus man auf die Baustelle für das neue Hochhaus mit Wohnungen und Büros blicken kann. Man bekommt eine Ahnung des Ausmaßes, das dieses Projekt bekommen soll. »Da unten«, skizziert der Investor in groben Zügen die Silhouette des Neubaus, der prägend auf die Skyline Frankfurts wirken soll. Schließlich wolle er nicht irgendein Haus in der Stadt am Main platzieren. Schließlich sei er ja auch nicht irgendein Investor. Er werde nach den weit über die Grenzen Frankfurts hinaus bekannten Gebäuden Messeturm und Opernturm einen weiteren weithin sichtbaren Markstein in die Skyline setzen.

Es gibt Menschen, die bringen Petra Roth ins Schwärmen. Jerry Speyer gehört zu ihnen. Speyer ist ein umtriebiger Investor, der von New York aus überall auf dem Globus als Projektentwickler unterwegs ist. Seinen ersten Fuß in Deutschland setzte Speyer in Frankfurt am Main. Das ist drei Jahrzehnte her und hing damit zusammen, dass sein Vater aus dieser Ecke stammte und dort lebte, bevor es ihn in die Vereinigten Staaten verschlug. Speyer steht für das Real-Estate-Unternehmen »Tishman Speyer«, das sich in den vergangenen drei Jahrzehnten vor allem für den weiteren Hochhaus-Bau in Frankfurt engagiert hat. Dabei kam »eine Trilogie zustande, die sich sehen lassen kann«, befindet Petra Roth bei der dritten Grundsteinlegung für einen Büroturm in der Frankfurter City, den Jerry Speyer zu verantworten hat. Das Projekt heißt TaunusTurm und wächst seit Ende des Jahres 2011 allmählich aus dem Frankfurter Erdreich zur Wallanlage hin.

Zur Grundsteinlegung bittet Jerry Speyer an einem kalten Wintertag. Ziemlich genau ein Jahr liegt mittlerweile zwischen der Präsentation des Projekts von einem benachbarten Hochhaus aus und dem wirklichen Baubeginn. Da das Hochhaus in großer Tiefe grundiert werden musste, sollen die Festredner in einem Kasten in die Baugrube gebracht werden und, von einem Kran aus gesteuert, in der Baugrube einschweben. Die Oberbürgermeisterin, der Bauherr und der Architekt setzen auf der in Beton gegossenen Bodenplatte auf, von der aus der 170 Meter hohe Turm wachsen soll.

Eine ungewöhnliche Aktion vor mehreren hundert Gästen, die das Geschehen gut geerdet von einer eigens errichteten Zuschauertribüne aus verfolgen. Petra Roth liebt Grundsteinlegungen, weil man damit markieren kann, dass etwas vorangeht. Nach der Grundsteinlegung kann es im Grunde kein Zurück mehr geben, mit dem Grundstein wächst die Gewissheit, die Stadt, ihre Stadt, entwickelt sich weiter.

Nicht wenige der Gäste sind an diesem frostigen Vormittag allein deshalb gekommen, um das Stadtoberhaupt zu erleben. Im Laufe ihrer langen kommunalpolitischen Karriere legte Petra Roth unzählige Grundsteine. Schließlich ist das eine ganz besondere Aufgabe für Lokalpolitiker: Mit dem Grundstein in der Frankfurter Innenstadt oder auch mit der Eröffnung der neuen Schnellbahnverbindung in die Partnerstadt Lyon wächst die Gewissheit, dass Neues entstehen kann. In fortgeschrittenen Stadtgesellschaften steht dem Neuen mittlerweile oft Skepsis, gar Misstrauen gegenüber. Misstrauen ist nichts, was ein Politiker, schon gar nicht ein Kommunalpolitiker, brauchen könnte. Also ist eine Grundsteinlegung alles andere als eine Kleinigkeit. Schließlich geht es darum, das Neue mit dem Vertrauten in Verbindung zu bringen.

Das klappt an diesem Tag, weil Petra Roth den Grundstein setzt. Jerry Speyer wusste genau: Auf diese Fürsprecherin würde er im Zusammenhang mit seinem Projekt nicht verzichten können. Also lässt er Petra Roth gemeinsam mit dem Architekten in dem wenig komfortabel wirkenden Kasten einschweben. Für eine kurze Rede, in der sie Speyer für sein Engagement am Standort Frankfurt und den Bau seines bereits dritten Hochhauses im Zusammenhang der Skyline lobt. Wenn sich Petra Roth einer Sache annimmt, wachsen die Chancen erheblich, dass aus dieser Sache auch wirklich etwas wird.

Die Gäste wirken erleichtert. Die Oberbürgermeisterin wirkt souverän. Kein Mensch würde ihr gleich anmerken, dass diese Grundsteinlegung am ersten Arbeitstag nach einer vierwöchigen Zwangspause mit Lungenentzündung über die Bühne geht. Jetzt sehen alle: Petra Roth ist wieder auf dem Damm. Nach ihrer Krankheit in der Zeit zwischen den Jahren. Sie wollte Skilaufen. Daraus wurde nichts. Fieber setzte ihr auf einmal zu. Petra Roth gibt nicht gern klein bei. In diesen Tagen zwischen den Jahren aber ging es nicht mehr anders: Petra Roth, die an sich nie krank ist, hat es plötzlich umgehauen. Am ersten Arbeitstag nach der Lungenentzündung hätte es ja nicht gleich ein Auftritt freischwebend über tiefem Abgrund sein müssen, überlegen manche, die sich das Spektakel bei herrlichstem Sonnenschein an einem wirklich schönen Wintertag mitten in Frankfurt ansehen. Das Stadtoberhaupt nimmt es gelassen, bewegt sich angstfrei auf die provisorische Bühne in der Baugrube gewaltigen Ausmaßes zu. Die Chefin ist wieder an Bord. Frankfurt ist erleichtert.

Am Ende der Grundsteinlegung lässt es sich ein eigens engagierter Moderator des Hessischen Rundfunks nicht nehmen, Petra Roth auf das mittlerweile abzusehende Ende ihrer Amtszeit als Oberbürgermeisterin anzusprechen. Ob es nicht wehmütige Gefühle seien, die sie bei Grundsteinlegungen dieser Art befallen würden in dem Wissen, dass es perspektivisch keine Grundsteinlegungen mehr für sie geben werde.

Petra Roth wiegelt ab. »Wehmut«, sagt sie entschlossen, »Wehmut gehört nicht zu meinen Gefühlen.« Sie orientiere sich stets daran, was kommt.

Bloß kein langer Abschied

Mit ihrer Entscheidung, die politische Bühne früher zu verlassen, gab Petra Roth die Direktive aus: bloß keinen langen Abschied. Wenn der Tag kommt, kommt er, fertig, aus. Dann geht eine lange Geschichte zu Ende. Aber dann ist sie auch zu Ende. In dem Augenblick, in dem Petra Roth diese Sätze sagt, wirkt sie so gelassen wie bei der Pressekonferenz, bei der sie ihren Abschied als Stadtoberhaupt kundgetan hat. Ein für sie quälendes Ritual soll das nicht werden. Fortan stehen eben andere vor Mikrophonen der Reporter, tragen Jüngere Verantwortung, fertig, aus.

Doch geht sie wirklich so gänzlich unsentimental mit ihrem Abschied aus dem Amt um? Wird sie so einfach wegstecken, dass zu Ende sein soll, was sich anderthalb Jahrzehnte so eng mit ihr verbunden hatte?

Bloß kein langer Abschied, nicht bei jeder Gelegenheit hervorheben, dass es für sie die letzte Sitzung des Aufsichtsrats für die stadteigene Wohnungsbaugesellschaft, für den lokalen Energieversorger, die kommunalen Verkehrsbetriebe ist. Dabei wollen sich doch alle etwas Besonderes einfallen lassen, sie an einen ausgefallenen Ort bitten, ihr etwas bieten, was der Chefin in Erinnerung bleibt.

»Kommt nicht in Frage«, sagte sie schließlich harsch.

Man muss sie nicht gut kennen, um in diesem Augenblick zu wissen: Sie ist sauer.

Von Wehmut will sie auch nichts wissen, als sie Ende des Jahres 2011 in Höchst zu Gast ist. Petra Roth hat verwaltungstechnisch zu verantworten, was in den neun westlichen Stadtteilen Frankfurts geschieht, die zusammen mit gut 130 000 Einwohnern die Größe einer mittelgroßen Stadt haben. Im Bolongaro-Palast zieht sie an diesem Tag wie in all den Jahren ihrer Amtszeit zuvor auch kommunalpolitische Bilanz.

Der Westen der Stadt ist ein schwieriges Terrain, weil sich der Westen von der City ständig abgehängt fühlt. Wer dort wohnt, spricht davon, »in die Stadt zu fahren«, wenn er in der Innenstadt einkaufen geht. Diese Distanz hat historisch bedingte Ursachen, Höchst ist erst spät eingemeindet worden, liegt fünfzehn Kilometer von Frankfurts Innenstadt entfernt und konnte sich lange als eigenständige Kreisstadt behaupten: Das Autokennzeichen »FH« für Frankfurt-Höchst galt etwas in der Region, wer damals im heutigen Main-Taunus-Kreis Auto fuhr, tat das mit diesem Kennzeichen. Den Höchstern ging es ausgesprochen gut, weil sie die mächtige Hoechst AG auf ihrem Terrain wussten und meist selbst dort beschäftigt waren. Ein großer Industriekonzern, hervorgegangen aus der Zerschlagung des zeitweise mächtigsten Chemiekonzerns der Welt, »IG Farben«, entstanden unmittelbar nach dem Zweiten Weltkrieg. Die Hoechst AG pflegte ihre Arbeiter und zahlte tüchtig Gewerbesteuer. Im Frankfurter Westen entstanden Wohnungen und Häuser, um Fachkräfte zu binden. In der Hochphase der Industrialisierung konnte das Unternehmen auf diese, meist vom Konzern selbst gut ausgebildeten Arbeiteraristokraten nicht verzichten.

Heute verbindet sich mit dem Frankfurter Westen in der Kommunalpolitik der Name Petra Roth, in der Landespolitik der Name Alfons Gerling. Als Petra Roth an diesem Tag Ende des Jahres 2011 in Höchst die Leistungen ihrer Verwaltung für den Frankfurter Westen bilanziert, ist wie selbstverständlich auch

Gerling dabei. »Mein lieber Alfons«, begrüßt das Stadtoberhaupt den Landespolitiker auf ihrer letzten Pressekonferenz im Kapellensaal des Barock-Palastes.

Am 12. Dezember 1995, so erinnert sie sich in diesem Augenblick, habe sie erstmals als Oberbürgermeisterin eine Bilanz ihrer Stadtregierung für den Westen der Stadt präsentiert. Damals habe die Bevölkerung noch unter dem Schock nach dem »gelben Regen« zwei Jahre zuvor gestanden, dem letzten größeren Betriebsunfall der dortigen Chemieindustrie, der Teile des Westens, vor allem den Stadtteil Schwanheim, wegen flächendeckenden Niederschlags in große Sorge versetzte. Petra Roth ist zum Zeitpunkt ihrer ersten Leistungsbilanz im Bolongaro-Palast gerade ein paar Monate im Amt.

Mit Alfons Gerling, berichtet Roth siebzehn Jahre später der lokalen Öffentlichkeit an diesem Tag des leisen Abschieds, mache sie seit nunmehr 35 Jahren, seit 1977 Politik. Mit ihm gemeinsam nehme sie für diese Politik in Anspruch, sich in den Dienst der Bürger für die gemeinsame Sache zu stellen. Wehmut aber empfinde sie an diesem Tag nicht, macht Petra Roth deutlich, vielmehr bereite ihr Politik »nach wie vor unendlich viel Freude«. Zumal mit Weggefährten wie diesen – mit Mitstreitern wie Alfons Gerling.

Alfons Gerling, Weggefährte

Für die bundesrepublikanische Sozialpolitik ist 1944 ein bedeutendes Jahr gewesen. Das hängt damit zusammen, dass Petra Roth und Alfons Gerling das Licht der Welt erblickten. Roth ist gut drei Monate älter als Gerling, der wiederum hat zu dem Zeitpunkt, als sie in die Politik einsteigt, bereits mehr Erfahrung mit einer Aufgabe, die gemeinhin oft nur »Geschäft« genannt wird. Beide Politiker stehen für eine soziale Wohnungspolitik und begreifen Politik, gerade lokale Politik, nicht als »Geschäft«: So gehört der Wohnungsbau für sie zur Daseinsvorsorge, die eine Kommune zu leisten hat. Im sozialen Wohnungsbau wird immer auch die Frage mitverhandelt, was eigentlich in diesem Zusammenhang gerecht ist. Diese Diskussion ist aus der Sicht sowohl Gerlings als auch Roths tüchtig vorangekommen: In Frankfurt finden sich heute fünf unterschiedliche Förderprogramme, um beim Wohnungsbau voranzukommen.

Gerling ist ein überzeugter Bewohner des Stadtteils Zeilsheim und steht als Abgeordneter des Hessischen Landtags für den Westen Frankfurts, während Petra Roth in der gemeinsamen Zeit im Parlament in Wiesbaden für den Osten der Stadt gesprochen hat. Gedanklich gehören der Westen und der Osten unbedingt zusammen: Auf dieser Achse erlebt Frankfurt die zentralen Schübe der eigenen Entwicklung.

Unterschiedlicher in ihrem Äußeren können lokalpolitische Protagonisten kaum sein: Alfons Gerling wirkt bodenständig, unauffälliger Anzug, die verbliebenen Haare ordentlich zu einem Seitenscheitel gekämmt. Auf die berühmte Frage, ob man von diesem Mann einen Gebrauchtwagen kaufen würde, gibt es nur die eine Antwort: auf jeden Fall – und den Satz Winterreifen obendrauf. Der Frankfurter Westen kennt seinen Alfons Gerling, denn er ist dabei, wenn in Unterliederbach die Sanierung einer Schule zu Ende geht und in Höchst das »Haus des Jugendrechts« eröffnet wird. Ein Pilotprojekt, um straffällig gewordenen Jugendlichen zügig neue Wege zu zeigen, »Drehtür-Effekte« zu vermeiden und eine Rückkehr in die Stadtgesellschaft möglich zu machen. Seine Bodenständigkeit machte es ihm in jüngeren Jahren möglich, die mitunter zügig nach vorne stürzende Petra Roth zurückzuholen. Das möge man nicht falsch verstehen, hebt er hervor.

»Die Petra«, erzählt Gerling über die andere Hälfte seines politischen Tandems, sei auch in ihrer politischen Frühzeit keine Spinnerin gewesen und habe auch keine Flausen im Kopf gehabt, »aber Politik ist ihr oft doch ein bisschen zu langsam gegangen, und so hat sie aus einer gewissen Ungeduld kein Hehl gemacht«. In den Sitzungen der CDU-Fraktion im Römer habe man spüren können, dass ihr eine gewisse Neigung zum Ungestümen eigen sei. Das gelte für politische Inhalte nicht anders als für ihr persönliches Fortkommen: Mit einem Platz in den hinteren Reihen des Parlaments, den sie in den ersten Jahren innehatte, mochte sie sich nicht lange begnügen. In späteren Jahren vermittelt Petra Roth den Eindruck von Ungeduld, wenn sich in der Fraktion nicht auch in den hinteren Reihen eine gewisse Aufregung verbreitet. Wenn man etwas erreichen will, sagte sie dann, müsse man auch deutlich machen, dass man etwas erreichen will.

Im Grunde sei man zu einem guten Team geworden, das sich bis heute darauf verlassen kann, eine gemeinsame Basis zu haben, berichtet Alfons Gerling: großen Respekt voreinander und füreinander. Während es Petra Roth dazu brachte, das Gesicht der Stadt Frankfurt am Main zu werden, ist Alfons Gerling die Inkarnation der Verlässlichkeit, der Ausweis von Kontinuität in Zeiten der Sprunghaftigkeit.

An Petra Roth schätze er besonders die Fähigkeit, Problemlagen frühzeitig erkennen und analysieren zu können, berichtet Alfons Gerling. Etwa in der Drogenpolitik. Mit ihrem Perspektivwechsel, Drogenabhängige als Opfer zu begreifen und sich auf dieser Grundlage fürsorglich um sie zu bemühen, sei sie der Partei weit voraus gewesen. Der CDU habe das gutgetan, Petra Roth nicht immer. Es habe schon manche Parteifreunde gegeben, denen das Tempo der jungen Frau zu rasant erschien. Die sich vor allem an ihrer unkonventionellen Art gestoßen hätten. Vielen sei Petra Roth schlicht zu liberal gewesen, zu unkompliziert. Dabei lieferte sie doch jede Menge Impulse, sagt Alfons Gerling: Petra Roth habe der Partei gutgetan.

Mit ihrem Abtritt verbindet sich für ihn die Perspektive eines Generationenwechsels. Gerling schreibt Roth »große Verdienste« zu, die sie sich im Zusammenhang mit »einer außerordentlich positiven Entwicklung« für den Frankfurter Westen erworben hat: »Petra Roth hat sich immer wieder engagiert für die Belange der Bürgerinnen und Bürger im Frankfurter Westen eingesetzt und war stets für die Bürgerschaft ansprechbar, sei es bei ihren regelmäßigen Bürgersprechstunden, bei Vereinsfesten und

Stadtteilveranstaltungen oder als Schirmherrin des Höchster Schlossfestes.« Auf jeden Fall brachte sie den Westen näher an die Stadt heran.

Heimat Main

Der Fluss verbindet den Westen der Stadt mit dem Osten Frankfurts. Diese Verbindung gibt es seit der Industrialisierung. Von Westen aus nähert sich die Industrie, angeführt von der Chemiebranche, ganz allmählich der Stadt an. Geht man von dem Stadtteil Griesheim aus, lässt sich ein Bogen in den Osten der Stadt nach Fechenheim spannen. Den Bogen beschreibt der Main. An beiden Enden finden sich bis heute ebenso schlichte wie schmucke, aus Backstein gefertigte Häuser, die aus dem letzten Drittel des neunzehnten Jahrhunderts stammen. Beide Enden gehören für Petra Roth zusammen. In dieser Tradition der urbanen Ost-West-Beziehungen setzt sie dann auch die Hochhäuser, die sich westlich der Mainzer Landstraße aufbauen, mit dem Neubau der Europäischen Zentralbank im Osten in Verbindung. Will man die Stadt als Ganzes denken, müssen West und Ost zusammengehen – entlang des Mains. Nur als Ganze erschließt die Stadt jedem Neuankömmling auch die eigene Geschichte, in der Frankfurt längst eine industriepolitische Blüte erlebte, bevor die Finanzwirtschaft zu einer für diese Stadt bedeutenden Branche geworden ist.

Deswegen steht Petra Roth auch an der Spitze der SWAK. Das ist ein Kürzel, das man so spricht, wie man es schreibt. Es steht für ein Ungetüm von Wort: SWAK heißt Ständige Wirtschafts- und Arbeitsmarktkonferenz. In dem Gremium haben 1996 erstmals Gewerkschaften und Unternehmen zusammengefunden, um gemeinsame Überlegungen anzustellen, viele Industriearbeitsplätze in Frankfurt zu erhalten. Gleichsam als Antwort auf die sich zu diesem Zeitpunkt bereits abzeichnende Krise. Während die Zahl der Arbeitsplätze in der Metropolregion Frankfurt/ Rhein-Main in den vergangenen zwei Jahrzehnten gewachsen ist, gingen 130 000 Stellen des verarbeitenden Gewerbes verloren, davon 24 000 allein in Frankfurt. Aus diesem Grund dringt die SWAK mit tatkräftiger Unterstützung der Oberbürgermeisterin darauf, ein industriepolitisches Leitbild zu entwerfen, um für Gewerkschaften und Unternehmen, vor allem aber für die Arbeitnehmer Orientierung zu bieten. Frankfurt werde dieses bedeutende Thema angehen, verspricht Petra Roth. Dieses Thema sei für sie stets ein zentrales Anliegen ihres politischen Wirkens gewesen. In diesem Augenblick ist sie ganz nahe an ihren politischen Wurzeln – nahe am Arbeitnehmer, freundlich zu den Gewerkschaften.

Fachwerk und Beheimatung, die alten Kontroversen

Mit Petra Roth besinnt sich Frankfurt eigener Traditionen. Auf die Paulskirche, auf das Goethe-Haus, auf die Altstadt. Angelehnt an Vorbilder aus dem neunzehnten Jahrhundert soll die Altstadt nicht originalgetreu, wohl aber an den historischen Fassaden im großen und ganzen orientiert, rekonstruiert werden. Ein großes Projekt der Stadtentwicklung, das die Rathaus-Chefin Anfang des Jahres 2012 nach beinahe zehnjähriger Debatte startet. Mit einer Grundsteinlegung.

Walter Wallmann hatte dafür mit der in den Jahren zwischen 1980 und 1983 entstandenen Ostzeile des Römerbergs den Bezugspunkt geschaffen. An dieses Projekt knüpft jede weitere Diskussion an über den zentralen Platz der Stadt, der nach dem Krieg wahlweise als Parkplatz, als Raum für den Weihnachtsmarkt oder aber als Demonstrationsfläche für Ostermarschierer und Kennedy-Freunde genutzt worden ist. Gleich hinter der Ostzeile entsteht, eingefasst von Dom und Braubachstraße, die neue Altstadt. Fachkundige Beobachter wie der Architekturhistoriker Wolfgang Pehnt halten die Ostzeile für die Ankündigung eines Paradigmenwechsels: »Der Vorort der Postmoderne, die ehemals Freie Reichsstadt Frankfurt am Main, bot die Bühne, auf der die bis dahin umstrittenste Rekapitulation aufgeführt wurde, das Faksimile der Ostzeile des Frankfurter Römerbergs.«

Bis dahin standen in Frankfurt, nicht anders als in der gesamten Republik, Rekonstruktionen unter Verdacht. Niemand sollte so tun, als ließen sich die Lücken, die die Bomben des Zweiten Weltkriegs gerissen hatten, einfach wieder füllen. Diese Lücken, so zumindest stellten es sich viele Nachkriegsfrankfurter vor, blieben in dieser Sicht der Dinge wohl am besten als ständige Erinnerung bestehen. Kritischen Geistern der Stadt wie Walter Dirks drängte sich in den ersten Jahren nach dem Ende des Zweiten Weltkriegs der Verdacht auf, die Spuren der nationalsozialistischen Barbaren sollten zum Verschwinden gebracht werden. In diesem Sinne forderte der Mitherausgeber der *Frankfurter Hefte* 1947 von der Stadtregierung unter Oberbürgermeister Walter Kolb, auch die Rekonstruktion des weitgehend zerstörten Goethe-Hauses am Großen Hirschgraben bleiben zu lassen. Man sollte niemandem vorschwindeln, dass »das Goethe-Haus eigentlich doch noch da sei«, dieses Gebäude, das zusammen mit so vielen essentiellen Bestandteilen der originären Altstadt den Brandbomben des 22. März 1944 zum Opfer gefallen war. Mit einer Rekonstruktion lasse sich sicherlich kein neuer Anfang schaffen. Im Grunde seien die Trümmer der wirkliche Beleg dafür, was eigentlich passiert ist, zeigte sich Dirks überzeugt: »Das Haus am Hirschgraben ist nicht durch einen Bügeleisenbrand oder einen Blitzschlag oder durch Brandstiftung zerstört worden.« Wer einen Neuaufbau der Stadt wirklich wolle, möge dies »funktionsgerecht, sachgerecht, materialgerecht, bescheiden und ehrlich« tun, forderte der bekennende Katholik und engagierte Vertreter der katholischen Soziallehre, Dirks, energisch.

Dem hielten Befürworter des Wiederaufbaus entgegen, das Geburtshaus des größten Sohnes der Stadt nicht in Ruinen verkommen lassen zu wollen. Vielmehr sollte man die Bedeutung des in der Innenstadt gelegenen Gebäudes nicht unterschätzen. Schließlich habe der Nationaldichter doch nach wie vor identitätsstiftende Kraft, so dass die junge, nach Orientierung suchende Republik bestimmt nicht auf einen solchen Haltepunkt würde verzichten können.

Zur Ära Roth gehört die Rückbesinnung darauf, dass Frankfurt mehr ist als eine sich alle 25 Jahre neu erschaffende Stadt. Die Oberbürgermeisterin ließ keinen Zweifel daran: Eine Stadt muss ihren Bewohnern Bezüge des Bewahrens bieten, den Menschen nicht allein Wohnstätte und Arbeitsplatz sein, sondern auch die Möglichkeit eröffnen, den eigenen Anker werfen zu können. Was nichts anderes heißt als: eine Heimat zu finden.

Zu Heimat fällt vielen in Deutschland nach den mitunter hitzigen Debatten im ersten Jahrzehnt des 21. Jahrhunderts gleich »Leitkultur« ein. Um die Debatte von den geschichtspolitisch drohenden Fallstricken zu befreien, schlug Bundestagspräsident Norbert Lammert – unter dem Eindruck der Frankfurter Ausstellung über »die Kaisermacher« und das einigende Band der Goldenen Bulle – vor, sich doch zusammen »auf die Suche nach dem Gemeinsamen und dem Besonderen zu machen«. Das könne er den Frankfurtern, ob deutschstämmig oder »mit Migrationshintergrund«, nur empfehlen. Ihm ging es darum, das Eigene und das Andere zu bestimmen, Grenzen zu markieren, auch Verbindungen zu identifizieren und im Grunde der Frage nachzugehen, wie das eine mit dem anderen zusammengehen kann. An dem ehrgeizigen Vorhaben, einer breiten Öffentlichkeit zu erschließen, was dieses Land im Innersten zusammenhält, wollte Lammert 42 prominente Köpfe dieser Republik beteiligen. Zu ihnen gehört Seyran Ates. Die türkischstämmige Rechtsanwältin glaubt, dass die bisherige Kontroverse die Bürger dieses Landes doch eher in die Irre geführt habe. Und deshalb schlägt sie vor, perspektivisch besser auf den Begriff »Leitkultur« zu verzichten, um besser »über gemeinsame Werte und universelle Menschenrechte zu sprechen«.

Schon im zweiten Jahrzehnt des 21. Jahrhunderts spricht kein Mensch mehr von »Leitkultur«. Für Petra Roth gibt es »alte Frankfurter« und »neue Frankfurter«. Wobei man aus ihrer Sicht der Dinge anfügen sollte, dass es so viele »alte Frankfurter« doch nicht gibt, weil sich die Bevölkerung der Stadt in einem ständigen Prozess des Austausches befindet. So ist das eben an einem Ort, der Mittelpunkt ist und sein will. Frankfurter, egal ob alte oder neue, verorten sich heute in Europa. Zuallererst aber suchen sie etwas, was sie Heimat nennen. Deswegen hat sich für Petra Roth das Nachdenken über eine neue Altstadt gelohnt. Über einen Ort also, an dem Bewährtes und Neues, Zäsuren und Kontinuitäten zusammenfinden.

In einer Ausstellung in der Münchner Pinakothek der Moderne ist die gesamte Debatte 2010 gebündelt worden. Unter dem Titel *Geschichte der Rekonstruktion – Rekonstruktion der Geschichte* wählte Winfried Nerdinger, Direktor des Architekturmuseums der Technischen Universität München, auch Beispiele aus Frankfurt aus, um seine These zu untermauern: »Die gesamte Geschichte der Architektur wie auch der bildenden Kunst ist ein Geflecht von Innovation und Bewahrung, von Umbruch und Survival, von Avantgarde und Revival.« Insofern habe die Rekonstruktion von früher einmal errichteten Gebäuden mit einer besonderen Bedeutung für die Geschichte und die Erinnerungskultur einer Stadt »genauso ein Daseinsrecht in der Gegenwartsarchitektur wie schöpferische Neubauten«.

Petra Roth sieht das nicht anders. Für sie ging die Frage aber viel weiter. Denn so wie die gesamte Republik veränderten sich vor unseren Augen auch die Stadt und die Menschen in Frankfurt, die über ihre Stadt auf einmal sagen wollten: meine Stadt, meine Heimat. In diesem Sinne hat die Chefin des Rathauses die Diskussion über die neue Altstadt stets auch verstanden als eine Diskussion darüber, wie man sich selbst zu verorten sucht.

»Es gibt heute ein Verlangen nach Wiederherstellung, das mir gefällt«, hob sie im Januar des Jahres 2012 bei der Grundsteinlegung für die neue Altstadt hervor: »Denn Moderne und Rekonstruktion gehen durchaus zusammen.« Rekonstruktion bedeute ja nicht: nachbauen im Maßstab eins zu eins. Die neue Altstadt solle ihren Bewohnern eine Beheimatung bieten. Rekonstruktion heißt dann nichts anderes als Orientierung.

Für sie steht außer Frage: »Die neuen Altstadthäuser markieren künftig den Ort, den man recht bald Frankfurts neue Mitte nennen wird.« Schließlich lasse sich für übermorgen nur dann Standfestigkeit gewinnen, »wenn wir uns in historischen Zusammenhängen verorten«. In diesem Sinne wüssten doch die Modernen nicht anders als die Alten, die Früheren nicht anders als die Gegenwärtigen: »Die Geschichte ist unsere Lehrmeisterin.«

Roths Orientierungspunkte, vorbildliche Vorgänger

Anders als Stuttgart oder Hannover schreibt man Frankfurt am Main auch ein intellektuelles Format zu. Dann kommt alsbald Theodor W. Adorno ins Spiel. »Wie kaum ein zweiter in der Bundesrepublik« habe Adorno das Bild der Intellektuellen geprägt, sei für sie zum Vorbild geworden, sagte Jürgen Habermas am Ende einer Rede zur Rettung der Moderne, die er 1980 bei der Entgegennahme des Adorno-Preises gehalten hat. Habermas dankte ausdrücklich dem früheren Oberbürgermeister Walter Wallmann »für den liberalen Geist«, der sich mit Frankfurt verbinde. Die Stadt zeichnet mit dem Adorno-Preis hervorragende Persönlichkeiten aus.

Um allerdings ins Schwärmen zu geraten, wenn man über Frankfurt am Main und die Größen der Goethe-Universität spricht, muss man mittlerweile nicht mehr in vergangene Zeiten zurück und allein die Tradition des Instituts für Sozialforschung beschwören. Wer momentan über Frankfurt und die Hochschule redet, landet bald bei Rainer Forst. Als er im Jahr 2011 den Leibniz-Preis erhielt, würdigte Petra Roth sein Wirken. Der Philosoph habe in Zeiten der Unübersichtlichkeit Orientierung gestiftet, weil er zentrale Diskurse unserer Gesellschaft über die Gerechtigkeit nicht anders als über die Toleranz fortentwickelte, schrieb die Oberbürgermeisterin an den Mann, der die politische Philosophie in Europa entscheidend voranbringe. Am besten gefällt Petra Roth allerdings, dass Forst nicht in einem Elfenbeinturm abseits der urbanen Wirklichkeit verschwindet. Er mischt mit, macht mit, etwa bei der Bürgeruniversität, die das Thema Gerechtigkeit stadtöffentlich verhandelt hat.

Der Philosoph ist exponierter Repräsentant des Forschungsprojekts »Normative Ordnungen«. Nach bester Frankfurter Tradition ist es interdisziplinär angelegt, geht also über die Grenzen einzelner Fächer hinweg und macht deutlich, wie sich Denken grundsätzlich ausrichten sollte – als vernetztes Denken. Um den Herausforderungen einer modernen Stadtgesellschaft gerecht zu werden, kann es einen anderen Ansatz des Denkens nicht geben. Egal, welche Fragen aufgeworfen werden: Bei der Energiewende muss man nicht anders als im Zusammenhang mit neuen Mobilitätsstrukturen über frühere Grenzen hinweggehen.

»Es ist kein Zufall, dass wir heute wieder auf Köpfe wie Rainer Forst zurückgreifen können«, merkte Petra Roth an: »Sie wissen um das gegenseitige Durchdringen von Hochschule und Stadt, von wissenschaftlichen Impulsen und urbaner Entwicklung, von geistigen Akzenten und städtischem Wirken.«

Damit unterstrich sie die Einsicht des früheren Generalsekretärs der Vereinten Nationen, Kofi Annan: Die Herausforderungen des 21. Jahrhunderts spielen sich in den Städten ab. Also lassen sich nur in den Städten Antworten auf die Herausforderungen des 21. Jahrhunderts geben.

Frankfurt und Goethe – für dieses Verhältnis hat die Universität eine besondere Aufgabe übernommen. Die Hochschule ist der Bezugspunkt fortwährender Auseinandersetzung. Das ist alles andere als selbstverständlich. Lange Jahrzehnte des zwanzigsten Jahrhunderts lief der Betrieb der Hochschule an der Betriebsamkeit der Stadt vorbei. Auch die Universität der sechziger und siebziger Jahre schottete sich ab, wollte von Einflüssen der Tagespolitik unberührt bleiben, stellte das Interesse von Unternehmen sofort unter den Verdacht des kapitalistischen Verwertungsinteresses. Wäre Frankfurt in diesem Sinne zukunftsskeptisch geblieben, würde es bis heute keine neue Universität geben. Doch mit den Universitätspräsidenten Klaus Ring, Werner Meissner, Rudolf Steinberg und Werner Müller-Esterl gelingt der Wandel: Universität und Kommune bewegen sich aufeinander zu. In dem Wissen, dass Veränderung sonst nicht gelingen kann. Denn nur wenn die Frankfurter akzeptieren würden, dass ihr Westend künftig ein bedeutender Standort der Geistesgeschichte sein soll und dass der Riedberg auch Quartier neuer Forschungsaufgaben würde, ließe sich dieses Projekt der Neubegründung einer Universität inmitten einer gewachsenen Stadt verwirklichen.

Das ganz eigene Verhältnis zwischen Stadt und Hochschule stellten Ring, Meissner und Steinberg immer wieder heraus. Ist die Stadt gut zu ihrer Hochschule und ihren Studenten, dann sind es die Hochschule und die Studenten auch zu dieser Stadt. Frankfurt am Main kann dann damit rechnen, dass gut ausgebildete Botschafter für dieses Gemeinwesen überall in der Welt werben. Wer seinen Studienort als angenehm empfunden hat, wird nirgendwo schlecht über diesen Ort sprechen.

Nur in den höchsten Tönen über Frankfurt sprechen dürfte derjenige, der sein Studium an der neuen Goethe-Universität auf dem Campus Westend oder auf dem Campus Riedberg absolviert, davon ist auch Petra Roth überzeugt. Sie greift immer wieder das Credo auf, das Klaus Ring in der Studie *Frankfurt für alle* festgeschrieben hat: Kümmert man sich um die Studenten, gewinnt man Bürger.

Wer sich einmal mit den Geowissenschaften in den Neubauten entlang der Altenhöferallee auf dem Riedberg im Norden der Stadt befasst hat oder sich den Grundfragen der Religionsphilosophie in dem früheren IG-Farben-Haus am Grüneburgplatz widmen konnte, der kommt sogleich ins Schwärmen, wenn das Gespräch auf die Stadt am Main und ihre Universität kommt. Für »die neue Goethe« steht Rudolf Steinberg. Er hat »Frankfurt in ein anderes Zeitalter katapultiert«, und deswegen überreiche sie ihm auch die Ehrenplakette der Stadt, sagte Petra Roth in ihrer Lobrede auf den früheren Uni-Präsidenten Ende März 2012.

Was Steinberg wollte? Er zielte auf den Abschied von der Massenuniversität, er wollte mit der Universität zu Höherem hinaus, sagt Petra Roth. Frankfurt sollte in Forschung und Lehre Spitzenpositionen einnehmen, um sich auch wissenschaftlich in der internationalen Konkurrenz behaupten zu können. An der Seite von Wissenschaftsminister Udo Corts habe Steinberg das Projekt vorangetrieben.

»Plötzlich hatte Frankfurt eine Hochschule, die nicht mehr gammelig war, die manche als chic bezeichneten, die andere als postmodern schmähten«, betont Petra Roth. Das Entstehen der »neuen Goethe« sei durchaus mit dem Gründungsakt der Hochschule knapp ein Jahrhundert zuvor zu vergleichen. Mit der Hochschule verbindet sich eine rasche Entwicklung der Stadt.

Frankfurt mit großen Erwartungen: Franz Adickes und Wilhelm Merton

Für Frankfurts Aufstieg zu Beginn des zwanzigsten Jahrhunderts steht Franz Adickes. Er ist im Grunde der erste Oberbürgermeister der Neuzeit, das erste Stadtoberhaupt, das sich nicht aus der herrschenden Schicht der Stadtgesellschaft rekrutierte. Seine Parteifreunde bei den Nationalliberalen würdigten sein Wirken im Jahr 1915 posthum mit einer Postkarte. Dort heißt es wenige Monate nach seinem Tod: Adickes habe mit »bedeutenden Schöpfungen« überhaupt erst »die Größe und das Emporblühen Frankfurts« möglich gemacht. Die Postkarte ist im Sonnemann-Katalog des Historischen Museums abgedruckt und zählt bedeutende Projekte des Stadtoberhaupts der Jahrhundertwende auf: Neben der Erschließung der Altstadt führt die Agenda auch die Errichtung der Festhalle auf, die systematische Erweiterung der unter dem Druck der Industrialisierung stehenden Stadt durch gezielte Eingemeindungen sowie die Gründung der Universität. Der aus dem norddeutschen Altona stammende Adickes bemühte sich in Frankfurt darum, eine sich nach außen öffnende, prosperierende Stadt zu schaffen, die mit einem guten Bildungsangebot als großem Reiz auf Menschen wirkte, um nach Frankfurt zu kommen. Ein Impuls, den es zu Beginn des 21. Jahrhunderts nicht anders gibt als ein Jahrhundert zuvor.

Nicht selten bringt Petra Roth das Nachdenken über eigene kommunalpolitische Leitmotive mit dem Wirken von Adickes in Verbindung. Mit Adickes nahm sich Frankfurt vor, eine Metropole des zwanzigsten Jahrhunderts zu werden. In Frankfurt nicht anders als in Berlin oder Paris ging es zum Zeitpunkt seines politischen Wirkens darum, mit einem großen Plan oder einer Stadtvision große Bewegungen in Gang zu setzen, um zu Beginn der neuen Zeit nicht allein Stadterweiterung betreiben zu können, sondern um das Wachstum der Städte im Zeitalter der Industrialisierung in den Griff zu bekommen. Mit einer neuen Disziplin, dem Städtebau, die sich von früheren, zumeist ingenieurstechnischen Herangehensweisen löste und nach einem »multidisziplinären Zugriff« verlangte, wie es in dem Katalog zu einer Ausstellung heißt, die die Bemühungen um »Stadtvisionen« zu Beginn des vorigen Jahrhunderts bilanziert hat. Die Protagonisten des Städtebaus wollten zu diesem Zeitpunkt deutlich machen, dass es »urbane Alternativen zur überaus verdichteten Mietskasernenstadt, suburbane Alternativen in Form von Gartenstädten, eine bessere Organisation des Verkehrs durch ein System von Schnellbahnen und eine gesündere Umwelt durch mehr Freiflächen und Volksparks« geben könnte.

1910 und 2010 gelten heute als »zwei Schlüsselzeiträume des Städtebaus«: Für Frankfurt hieß das, vom Westen ausgehend in Richtung Osten entlang der Achse des Mains in die industrielle und verkehrstechnische Infrastruktur zu investieren, um sich schließlich in einem zweiten Schritt in rasantem Tempo dem Wohnungsbau zu widmen. Die Herausforderungen von 1910 lassen sich bei allen Unterschieden durchaus mit denen von 2010 vergleichen. Es geht um »die Wohnungsfrage, die Verkehrsfrage, die Freiflächenfrage, die Schönheitsfrage«, wie es in dem Katalog über »Stadtvisionen« heißt. Nach den Debatten über ein Zeitalter nach der Reaktorkatastrophe von Fukushima muss man heute wohl hinzusetzen – und um die Energiefrage.

Adickes ist der erste Schöpfer des modernen Frankfurts. Sein Wirken erschließt sich nur über die Kooperation mit Wilhelm

Merton, dem Industriellen, nach dem heute die Querachse auf dem alten Campus Bockenheim der Goethe-Universität benannt ist. Merton wirkte 1893 darauf hin, Arbeiter über die *Blätter für Sociale Praxis* alles wissen zu lassen, was sie für ihr Arbeitsleben brauchen würden. Er wollte Arbeitskräfte, auf die er sich verlassen konnte. Für seine unternehmerischen Bemühungen brauchte er selbst Arbeiteraristokraten, von ihrem eigenen Können überzeugte Fachleute. In diesem Zusammenhang gehört auch die Entstehung der Centrale für private Fürsorge, einer Einrichtung, in der die Bemühungen einzelner Bürger um wohltätige Leistungen gebündelt werden sollten.

An der Seite von Adickes machte sich Merton für die Gründung der Akademie für Sozial- und Handelswissenschaften stark. An dieser Einrichtung entstanden Lehrstühle für Geschichte, Philosophie, Germanistik und Wirtschaftsgeographie. Die Akademie gilt als Vorläufer der Goethe-Universität, die heute wesentlich dazu beiträgt, dass Frankfurt am Main eine Metropole ist. Was man schon alles über Metropolen gesagt hat: In ihnen zeige sich frühzeitig, was die Zukunft bringt, Laboratorien der Moderne seien sie. Eben avantgardistisch, weil sich in diesen großen Städten früher zeige, was später sein werde. In ihren Räumen vermessen wir die Zeit, zeigte sich der Kulturwissenschaftler Karl Schlögel überzeugt. Die eigene Zeit, wohlgemerkt.

Frankfurt am Main ist die einzige wirkliche Global City in der Bundesrepublik. Die Stadt wird in den kommenden Jahren weiter wachsen, 720 000 Menschen sollen es bis 2020 sein. Diese Daten sind für Petra Roth stets Orientierungspunkte kommunalpolitischer Praxis. Sie lassen sich in dem thematischen Dreieck bündeln, das man ihr in den kommunalpolitischen Fortbildungen der Konrad-Adenauer-Stiftung zu Beginn ihres politischen Wirkens vermittelte: Arbeit, Bildung, Wohnen müssten in einen Zusammenhang gebracht werden, um politisch Resonanz zu finden. Zuwanderer wählen ihre Ziele heute zumeist danach aus, ob sich in den angesteuerten Orten Arbeit finden lässt und ob das Bildungsangebot gut ist. Frankfurt am Main genießt mittlerweile überall auf der Welt unter Bildungshungrigen einen ganz vorzüglichen Ruf. Anders als in früheren Zeiten.

Aus der Existenz der Universität schöpften die Frankfurter Zukunftsgewissheit. In diesem Zusammenhang blickte Franz Adickes auf einen Besuch bei Bismarck zurück, unmittelbar bevor er in Frankfurt in sein Amt eingeführt werden sollte. Der Fürst, berichtete der Oberbürgermeister, habe sich nur zu gut an die Frankfurter Geselligkeit erinnert. Und an die Schönheit der dortigen Frauen, setzte Adickes hinzu. Vor allem aber ließ Adickes in dem Gespräch die Probleme mit der Gründung einer Universität Revue passieren und verwies auf die Bedenken, die beispielsweise der ärztliche Verein gegen die Akademie für praktische Medizin früher bereits erhoben hätte, so dass sich schwer kalkulieren ließe, ob die Lobbyisten nicht wieder schwere Geschütze auffahren würden.

»Geschlossener Widerstand nicht zu erwarten«, notierte Adickes dann aber doch mit einer gewissen Erleichterung und blickte gleich weiter auf die Verhandlungen mit der Senckenbergischen Gesellschaft über die künftige Koexistenz mit der Universität entlang der Jügelstraße. Im Grunde lieferte Adickes bedeutende Fingerzeige dafür, wie eine Kommune das Zusammenwirken der Wissenschaften zum gegenseitigen Nutzen hinkriegen kann. Adickes setzte sich durch. Gegen sämtliche Bedenken, gegen die kommunalen Finanzsorgen, gegen staatliche Hindernisse.

In dieser Hartnäckigkeit steht Petra Roth ihrem Vorbild in gar nichts nach: Wer heute über Schulden redet und über das Leben künftiger Generation spricht, so geht das Diktum des Stadtoberhaupts, sollte immer auch im Blick haben, was man Investition in die Zukunft nennt. Wer im Bereich Bildung und Kultur zuallererst den berühmten Rotstift ansetzt, wenn es um das Sparen geht, hat die Bedeutung des Städtischen nicht verstanden.

Seine persönlichen Erinnerungen diktierte Oberbürgermeister Adickes nach einem Bericht der Literaturwissenschaftlerin Gudrun Jäger in gesundheitlich bereits schlechter Verfassung. Wenige Monate nach der offiziellen Eröffnung der Universität starb

Adickes am 4. Februar 1915. Die Nachwelt erhält am Alleenring, Frankfurts zentraler Ost-West-Verbindung quer durch die Stadt, einen Hinweis auf den »Schöpfer des modernen Frankfurts«, mit dem sich »der Wandel zur anerkannten Großstadt« vollzieht: Der Straßenabschnitt zwischen Eschersheimer und Eckenheimer Landstraße heißt Adickesallee.

Mit der durch Bürger für Bürger betriebenen Gründung der Universität erreicht das im letzten Drittel des neunzehnten Jahrhunderts in Frankfurt anhebende Bestreben um Dynamisierung seinen Höhepunkt. Auch das Opernhaus wurde in dieser Zeit gebaut. Knapp fünf Jahrzehnte zuvor hatte sich der damalige Oberbürgermeister Mumm vorgewagt und verlangt, dass die Zeiten der Selbstgenügsamkeit endlich vorbei sein müssten und Frankfurt von nun an danach streben sollte, einer der zentralen Punkte des »großen Welt- und Verkehrslebens« zu werden.

Der Historiker Andreas Hansert beobachtete in diesem Zusammenhang einen »jahrzehntelangen Prozess der grundlegenden Transformation des städtischen Kulturlebens«, um Frankfurt besser zu positionieren. Franz Adickes brachte diesen Prozess schließlich entscheidend voran. Unter seiner Ägide trat »die Stadtverwaltung im Kulturleben erstmals als dominante und eigenständige Kraft in Erscheinung«. Frankfurt steckte zu dieser Zeit im Übergang »von der klassischen Phase der Bürgerkultur zur modernen städtischen Kulturpolitik«.

Der Oberbürgermeister wusste in diesem Zusammenhang Mentoren für sein wichtiges Projekt – die Gründung der Universität – anzusprechen. Etwa vierzig Millionen Mark, schätzt man, hat Adickes zusammengebracht, um die Schaffung der Universität angehen zu können. Allein noch einmal zwei Millionen Mark fielen der Kommune nach dem Tod der Bankiersfamilie Franziska und Georg Speyer zu. Beim Soziologentag 1910 in Frankfurt am Main wusste der Doyen seiner Disziplin, Max Weber, das Engagement der Frankfurter zu würdigen: Es gebe bislang nur eine Stadt in Deutschland, in der »in ganz großem Maßstab Mäzenatentum geübt worden ist für Zwecke der Wissenschaft ohne Staatseinmischung in einer Art, wie sie etwa in Amerika üblich ist, das ist Frankfurt a. M.«.

Mit den Spenden der Frankfurter Bürger, vor allem des jüdischen Bürgertums, entwickelte sich die Hochschule nach der Berliner Humboldt-Universität zu der am besten ausgestatteten Universität in Deutschland. Während Wilhelm II. die Hochschule in der Hauptstadt finanziell erst möglich gemacht hatte, blieb dem Staat in Frankfurt allein Einfluss über Regularien für Prüfungsordnungen und Berufungsverfahren. Frankfurt glänzte mit großen Namen: An der Akademie der Arbeit lehrten bis 1933 Hugo Sinzheimer, Franz Oppenheimer und Friedrich Pollock. Oppenheimers Nachfolger auf dem ersten Lehrstuhl für Soziologie wurde 1930 Karl Mannheim, aus Heidelberg folgte ihm sein Assistent Norbert Elias. Im Jahr der Berufung Mannheims übernimmt Max Horkheimer das 1924 geschaffene Institut für Sozialforschung. Bis heute steht die mit dem Institut für Sozialforschung verbundene Frankfurter Schule für die besten geisteswissenschaftlichen Köpfe.

Adickes hat verstanden, welche Bedeutung Hochschulen für die infrastrukturelle Entwicklung von Standorten haben. Von Städten, von Ballungsräumen, von Metropolregionen. Heute verortet sich Frankfurt in der Mitte Europas – das Frankfurter Kreuz ist das Sinnbild für den Knotenpunkt Frankfurt. Um über die Perspektiven der Mobilität im 21. Jahrhundert nachzudenken, gründeten private Unternehmen, das Land Hessen und die Stadt Frankfurt gemeinsam in Gateway Gardens, einem neuen Stadtteil Frankfurts in unmittelbarer Nähe des Flughafens, das House of Logistic and Mobility. Aus der Interdisziplinarität sollen Synergien erwachsen.

Dieses Gebot gilt auch für die Hochschulen der Region. Ihre Verbindungen sollen sich perspektivisch wie ein Netz über die Metropolregion legen, mit dem sich dann dessen Koordinaten abstecken lassen: von der Technischen Universität in Darmstadt aus über die Hochschule für Gestaltung in Offenbach, zur Goethe-Universität in Frankfurt bis hin zur Gutenberg-Universität in

Mainz. Damit sind mitunter sich hinderlich erweisende Grenzen zwischen Bundesländern längst übersprungen.

Von diesen Hochschulen gehen heute bedeutende stadtgesellschaftliche Impulse aus. Die Gründer der Bürgeruniversität hatten das vor hundert Jahren nicht anders erwartet. Ganz bewusst und aus wirklich guten Gründen knüpft Frankfurt an diese Tradition wieder an. Heute ist die Goethe-Universität eine Stiftungsuniversität, die sich bewusst als Teil des Gemeinwesens sieht. Stadtgesellschaft und Universität ergründen gegenseitig ihren Reformbedarf. Etwa über die Bürgeruniversität: In jedem Semester wenden sich Professoren der städtischen Öffentlichkeit zu, um über die Entwicklung der konkreten Kommune oder auch Fragen der Gerechtigkeit zu sprechen. Nach theoretischen Erwägungen geht es dann um die von Kommunalpolitikern zu erörternde praktische Frage, wann und in welchem Umfang man für die Allgemeinheit Wohnungen baut und ob das wirklich gerecht ist.

Adickes ist für den Zusammenhang von Stadt und Universität ein weitblickender Vorreiter gewesen. Er wusste um die gegenseitigen Einflüsse, die Hochschule und Kommune aufeinander haben können und haben sollten. Aus diesem Grund bemüht sich Petra Roth auch darum, ihn und sein Wirken in bester Erinnerung zu behalten. Deswegen ist es für sie selbstverständlich, die Goethe-Universität nach Kräften zu unterstützen. Eine nach Franz Adickes benannte Stiftung stattete Roths Stadtregierung mit fünfzehn Millionen Euro aus, um Nachwuchswissenschaftler zu unterstützen. Wenn sie nach ihrer Ausbildung in vernetztem Denken die Hochschule wie die Stadt wieder verlassen, sollen sie über die Goethe-Universität wie über Frankfurt am Main sagen können, sie hätten nur das Beste erlebt.

Die erste Phase

Zuerst ist in ihr dieses Pflichtgefühl gewesen. Daran erinnert sie sich noch zu gut. Erst allmählich entfaltete der Gedanke auch einen gewissen Reiz. Dann stellte Petra Roth sich die Frage, wie es wohl wäre, wenn die Frankfurter sie in ihrer Mehrheit zur Oberbürgermeisterin der ehemals Freien Reichsstadt machen würden. Sie ließ sich selbst nicht lange allein mit dieser Frage. Sie wandte sich vielmehr an Ernst Gerhardt.

In diesem Augenblick fragte sie ihn: »Sag mal, was ist denn, wenn ich gewinne?«

Wenige Tage vor der Wahl im Juni 1995 stellte sich für sie diese Frage eindringlich. Gerhardt habe darauf, wie Petra Roth heute sagt, »sehr klug« geantwortet: »Nun machen wir erst einmal weiter. Wenn du gewonnen hast, dann reden wir darüber, wie du regierst und wie wir das machen.«

Typisch Ernst Gerhardt. Sagen Weggefährten, die den alten Mann schätzen. Nichts überstürzen, machte er deutlich. Die Kandidatin würde in diesem Augenblick eine Perspektive brauchen, die über den Tag hinausgeht. Blenden lassen von Stimmungen, die ihr gut erschienen, sollte sie sich nicht. Auf gar keinen Fall. Mehr als einen kleinen Ausflug in gewisse Träumereien wollte er seinem Talent Petra Roth nicht zugestehen. Denn für Gerhardt, der zu diesem Zeitpunkt bereits die siebzig längst überschritten hatte, war völlig klar: »Seine Entdeckung«, die er stolz für sich reklamierte, kam bei den Frankfurtern gut an. Allein ihre Unerfahrenheit könnte ein Vorteil sein für ihren im Politikbetrieb äußerst umtriebigen Kontrahenten von der SPD, Andreas von Schoeler.

Ernst Gerhardt setzte Petra Roth Schranken. Sie möge gegen den unwirsch erscheinenden Andreas von Schoeler weiterhin gute Laune verbreiten und für eine Politik werben, die sich in den Dienst der Stadt und ihrer Bürger stellt. Niemand rechnete mit einem Wahlerfolg. Dass nach einem Sieg bei Frankfurts erster Direktwahl eines Stadtoberhaupts die Probleme erst anfangen würden, brauchte dem kommunalpolitischen Routinier keiner zu sagen. Bereits damals verehrte man den stets geschmackvoll gekleideten Herrn mit Hut und seidenem Tuch in der Brusttasche, der als Kämmerer der Stadt jahrelang an der Seite von Oberbürgermeister Walter Wallmann gestanden hatte, als »Grandseigneur der CDU« – über Parteigrenzen hinweg. Dem »alten Fuchs«, der bis heute weiß, wer was werden will, begegnet man eben mit Respekt. Seine Stimme hat Gewicht. Ernst Gerhardt sagt auch, wer was nicht werden sollte. Von seiner Kandidatin aber ließ er sich nicht abbringen. Petra Roth ist über jeden Zweifel erhaben gewesen.

Petra Roth gilt als Außenseiterin. Knapp über fünfzig Jahre alt, zwei Söhne, verwitwet. Sie ist nicht bange. Sie geht auf Menschen zu. Auf alte Frauen, auf arrogante Schnösel, auf Mitarbeiter der städtischen Müllabfuhr FES.

»Die 1 200 Männer aus der Entsorgung und Reinigung kenne ich alle«, sagt sie anderthalb Jahrzehnte später. Sie wirkt ganz so, als sei sie davon fest überzeugt. Zumindest hat sie ganz vielen die Hände geschüttelt und sich bei vielen von ihnen auch persönlich bedankt. Zuletzt Ende Februar des Jahres 2012. An einem Sonntag beim Karneval auf dem Römerberg mitten in Frankfurt am Main. Die Männer von der FES ziehen nicht wortlos vorbei, sie grüßen ihre Chefin, Hände werden gedrückt. Ein einfacher Tag ist das nicht. Für die Männer nicht, für die Chefin auch nicht. Sie wusste die ordentliche Arbeit dieser Männer zu ihrem Anliegen zu machen: Für Sauberkeit sollten sie in einer als schmuddelig geltenden Stadt sorgen. Das würde der Stadt guttun, den Menschen guttun und den Konservativen in ihrer Klientel auch. Petra Roth stellte sich ein sauberes Frankfurt nicht einfach vor – ganz so wie andere Politiker nach einem sicheren Frankfurt verlangen. Ihr Frankfurt soll sauber sein, das ist etwas ganz anderes, wenn sie das Büro verlässt, die Straßen ihres Frankfurts betritt und über den Römerberg geht, dann bückt sich Petra Roth, um eine unachtsam weggeworfene Zigarettenkippe aufzuheben und sie umgehend zu entsorgen. Deswegen glauben die Leute ihr auch, dass Petra Roth für die saubere Stadt eintritt.

Der öffentliche Abschied von den Männern der FES beim Faschingsumzug ist der Oberbürgermeisterin nahegegangen. Tags drauf spricht sie das Thema noch einmal an. Weil alle so rührend gewesen seien. Sie wolle jetzt nicht sentimental werden, aber beim anschließenden Kreppelessen im Römer habe sie am frühen Abend schließlich schon den Eindruck gewonnen, dass auch die

Vereine ihr Engagement für den Sport und die Freizeit in ihrer Stadt zu schätzen wüssten. Man spürt gleich: Da muss sich niemand verbiegen. Petra Roth macht das gern.

»Sie ist die Größte«, sagt eine Frau mittleren Alters, die an diesem frühen Abend im Römer darauf wartet, dass die Oberbürgermeisterin an ihr vorbei über den breiten Flur in den Magistratssitzungssaal geht. Petra Roth muss an ihr vorbei, und deswegen richtet sie sich darauf ein, vom Stadtoberhaupt ein Foto zu machen: »Sie ist die Größte in Frankfurt, in Hessen, im ganzen Land.«

An Abenden wie diesen fallen Petra Roth vergangene Zeiten ein. Als sie Ernst Gerhardt irgendwann 1995 vor der ersten Direktwahl danach gefragt hat, was denn wohl wäre, wenn alles anders komme, wenn eintrete, womit niemand, schon gar nicht in ihrer eigenen Partei, rechne, und Ernst Gerhardt nur sagte, dass man das dann sehen müsse, in diesem Augenblick spürte sie zum ersten Mal: Es verschiebt sich offenbar etwas, die Kraftfelder geraten durcheinander, die Stimmung in der Stadt spricht nicht gegen sie. Weil sie das merkte, hat sie Gerhardt gefragt.

Im Augenblick großer Sympathien denkt sie an frühere Irritationen. Plötzlich gab es dieses Gefühl, dass diese erste Direktwahl eines Stadtoberhaupts in Frankfurt am Main alles andere als entschieden wäre. Ein Gefühl, das ihren Widersacher Andreas von Schoeler in den Tagen vor der Abstimmung auch irgendwann befallen haben dürfte.

Ernst Gerhardt wusste: Einfach wird das alles nicht. Nach einem möglichen Wahlsieg für Petra Roth stände sie als Stadtoberhaupt ganz allein da, könnte sich nicht auf eigene Parteigänger stützen. Denn eine Oberbürgermeisterin von der CDU würde sich einem allein von Roten und Grünen besetzten Magistrat gegenübersehen. Ihre Stimme wird Gewicht haben, bleibt aber nur eine Stimme. Diese Erfahrung begleitet ihr Denken bis in die Zeiten hinein, in denen sie sich schließlich einer soliden Mehrheit im Magistrat sicher weiß.

Allein gegen acht

Anfangs hingegen entsteht nach der ersten Direktwahl eines Stadtoberhaupts, die eine Reform der hessischen Gemeindeordnung vorsah, eine eher kuriose Konstellation: Rot-Grün verfügt im Stadtparlament über eine Mehrheit von drei Stimmen, im Magistrat sieht sich Petra Roth einer Mehrheit von acht hauptamtlichen Stadträten gegenüber, die rote oder grüne Parteibücher haben und in den meisten Fällen nicht anders als das neue Stadtoberhaupt bis zum Jahr 2001 gewählt sind. Roth hat in diesem Kollegialorgan das Recht der »abweichenden Meinung«, ansonsten nichts. Sie kann jederzeit überstimmt werden. Im Grunde bleibt ihr die Hoffnung auf die nächste Kommunalwahl 1997: Bis dahin dürften SPD und Grüne, die zu diesem Zeitpunkt in ihrer Koalition bereits reichlich abgenutzt wirken, manches dafür tun, das eigene Profil jenseits aller Rücksichten auf den Bündnispartner zu stärken. Die Lage ist alles andere als einfach. Die Stadtregierung sieht sich einem gigantischen Finanzloch gegenüber. Auf 8,3 Milliarden D-Mark beziffert man den Stand der Schulden. Das wären reichlich vier Milliarden Euro. Zum Vergleich: Zu Beginn des Jahres 2012 gibt es kommunalpolitischen Knatsch um das aktuelle Schuldenmachen. Mehr als 1,5 Milliarden Euro dürften es wegen der sinkenden Einnahmen aus der Gewerbesteuer nicht werden.

Die Situation anderthalb Jahrzehnte zuvor ist eine ganz andere. Mit dem Schuldenberg von mehr als acht Milliarden D-Mark ist Frankfurt am Main die am höchsten verschuldete Kommune in Deutschland. Roths Parteifreunde in Magistrat und Fraktion wollen deshalb auch den Grünen Tom Koenigs, den von Schoeler 1993 zum Finanzdezernenten gemacht hatte, unbedingt loswerden. Roth möchte das auch. Im Rathaus erzählt man sich nach einem Bericht der *Frankfurter Allgemeinen Zeitung* die Geschichte, dass sie Koenigs einmal zu sich rufen und im Vorraum warten ließ. Schließlich sei sie aus ihrem Büro gekommen, stellte dem Kämmerer einige Fragen und kehrte dann wieder in ihr Dienstzimmer zurück. Nach einiger Zeit hätten dann der frühere Kämmerer Gerhardt und der ehemalige Kämmereileiter Hesse das Büro verlassen. Roth habe Koenigs dann nur noch mitgeteilt, dass sie gegenwärtig keine weiteren Fragen habe.

Sie will sich nicht von diesem Kämmerer trennen, ohne die Sozialdemokraten aus der Verantwortung zu entlassen. Die SPD-Stadträte schrecken aber vor einem solchen Schritt zurück, bei den bevorstehenden Kommunalwahlen soll die Finanzmisere nicht an ihnen kleben bleiben. Bleibt sie aber: Mit 29,2 Prozent der Stimmen landet die SPD auf dem einstweilen tiefsten Punkt ihrer Nachkriegsgeschichte in Frankfurt am Main. Die CDU schafft 36,3 Prozent, die Grünen erleben bei 16,9 Prozent kräftigen Rückenwind. Die Botschaft der Petra Roth ist angekommen: »Der Wähler weiß, dass er im letzten Jahr nur den ersten Schritt getan hat mit meiner Wahl«, betont die Oberbürgermeisterin noch kurz vor der Abstimmung. Und sie setzt hinzu: »Wenn er meine Inhalte in politisches Handeln übersetzt haben will, muss er jetzt CDU wählen.«

Petra Roth setzt auf Ernst Gerhardt, ihren Vertrauten. Er ist – anders als der PR-Experte Jürg Leipziger, der Mann für die Außendarstellung, und der Jurist Rüdiger Vollhard, der Mann für die kulturellen Fragen – vor allem in der Anfangszeit des Rothschen Wirkens an der Spitze der Frankfurter Stadtregierung der Mann für das originär Politische. Über die Perspektiven der Grünen und die Orientierung der Sozialdemokraten spricht Petra Roth mit ihm. Gerhardt weiß, wie sich ein Netz der Macht entfalten lässt. Bis heute berichtet er gern, als Kämmerer damals keine Sitzung der christdemokratischen Fraktion verpasst zu haben. Selbst wenn er mal bei der Kommunalpolitischen Vereinigung in Bonn gewesen sei, habe er alles darangesetzt, am Abend im Römer bei der Fraktion dabeizusein. Denn nur wenn man bei den Stadtverordneten dabei ist, weiß man, Stimmungslagen einzuschätzen, kann man sich vorstellen, wie Argwohn entsteht, wann Zweifel an der Verlässlichkeit eines Koalitionspartners wachsen. Das ist heute nicht viel anders als vor zwei Jahrzehnten.

In der Krise siebzehn Jahre zuvor muss die Oberbürgermeisterin scharfe Kritik einstecken. Der *Spiegel* hält ihr »Führungsschwäche, mangelhaftes Profil und kulturelle Provinzialität« vor. So sei Roth mit der Streichung von 6,6 Millionen D-Mark für das Theater am Turm (TAT) zur Entlastung des Haushalts schnell bei der Hand gewesen, dabei wisse sie doch gar nicht, was im TAT eigentlich los ist. Die CDU-Politikerin lässt sich von den harschen Anwürfen nicht beeindrucken. Ähnlich wie konservative Medien arbeiten die Hamburger Journalisten mit der Unterstellung, Petra Roth mangele es an einer angemessenen Bildung. Im Interview mit der *Frankfurter Rundschau* rechnet sie ihren Kritikern vor, dass es mit Hilfe der SPD immerhin gelungen sei, für 1995 einen Nachtragshaushalt hinzukriegen und für das folgende Jahr einen Haushaltsplan sowie für 1997 Sparvorschläge zu verabschieden. Nach der Hälfte ihrer ersten Amtszeit fragt die *Frankfurter Neue Presse* nicht ohne ein gewisses Mitgefühl, wie lange Petra Roth denn wohl noch durchhalte.

1997 verabschiedet sie sich von Kämmerer Koenigs. Anschließend krempelt sie den Magistrat nach Kräften um: Der wirkungsmächtige Martin Wentz muss das Planungsdezernat abgeben, Roths Stellvertreter, Bürgermeister Joachim Vandreike, bleibt nicht länger Sozialdezernent. Beide SPD-Politiker müssen sich mit weniger angesehenen Ressorts, Bauen und Umwelt, künftig bescheiden. Die CDU beansprucht mittlerweile mit Edwin Schwarz (Planung), Albrecht Glaser (Finanzen), Horst Hemzal (Soziales) und Nikolaus Burggraf (Gesundheit) vier Posten in der Stadtregierung. An der Spitze der Partei verspricht der als künftiger Mann geltende und von viel Sympathie getragene Udo Corts, die CDU zu einer modernen Großstadtpartei zu machen.

Die Süddeutsche Zeitung schreibt Petra Roth bald zu, sich auf jeden Fall aus guten Gründen als Siegerin fühlen zu können, schließlich habe sie bekommen, »was sie wollte: den Posten der Oberbürgermeisterin, eigene Leute im Magistrat – und eine kooperationswillige SPD, die sich in alter Begeisterung weiter selbst zerfleischt«.

Auf eigenen Wegen – über die Toleranz

Diese Positionierung steht für eine Zäsur. Alfons Gerling sagt das anderthalb Jahrzehnte später, nicht ohne Petra Roth großen Respekt zu bekunden. Denn der Mitstreiter erinnert sich noch gut daran, wie sich gerade in der eigenen Partei manche vor den Kopf gestoßen fühlten, der Frankfurter Rathauschefin ob dieses Projekts Kühnheit vorhielten. Denn Petra Roth wagte sich ganz weit vor, weil sie nicht länger akzeptieren wollte, dass junge Menschen in den Straßen des Frankfurter Bahnhofsviertels verreckten.

»Die bundesweit bekannte Drogenszene in Frankfurt hat gezeigt, wohin ein falscher Begriff von Toleranz führen kann, nämlich in einen Abgrund von Kälte und Missachtung«, sagte sie. Mit dem Verweis auf die Hintergründe begründete sie, warum es eine kontrollierte Abgabe von Heroin geben sollte: »Heroin aus Nächstenliebe«, schrieb das Magazin *Der Spiegel* über ein Interview zum Wirken der jungen Frankfurter Oberbürgermeisterin und Präsidentin des Deutschen Städtetages: Deswegen sei es ein Gebot der Nächstenliebe, »diesen Menschen den Ausstieg zu erleichtern«.

Erste Erfolge bieten deutliche Hinweise: »Seit wir den Süchtigen Angebote machen, mit denen sie sich aus dem Teufelskreis der Szene lösen können, ist die Zahl der Drogentoten in Frankfurt deutlich gesunken – von 147 im Jahr 1991 auf zuletzt (1997) 31.« Diese Bilanz lasse sich vor allem auf das Methadonprogramm zurückführen und auf die Gesundheitsräume, in denen sich Abhängige hygienisch und ohne Angst vor Verfolgung ihren Schuss setzen können – »übrigens im Einvernehmen mit dem Staatsanwalt«, setzte Roth hinzu.

Mit diesem Projekt wagte sich Petra Roth auf Neuland vor. Zumal in ihrer eigenen Partei. Immer wieder gab es weitreichende Versuche, dieses Reformvorhaben in Frage zu stellen. Für Petra Roth stand außer Frage: Jedes Nachlassen bei den Bemühungen im Frankfurter Bahnhofsviertel würde dazu beitragen, die Kriti-

Petra Roth,
4 Jahre alt, 1948

Am Strand von Juist,
1962

Standesamt Römer,
Sommer 1970

Mit Ehemann Erwin Roth und den Söhnen Claudius und André, 1987

Nach dem Sieg von Eintracht Frankfurt, der den Klassenerhalt bedeutete:
Tanz mit Jan Aage Fjörthoft, Mai 1999

Besuch im Polizeipräsidium, Dezember 2004

Eröffnung des neuen amerikanischen Konsulats in Frankfurt am Main,
Oktober 2005

Enthüllung einer Gedenktafel für verfolgte jüdische Ensemblemitglieder an
der Außenwand der Oper, November 2005

Lesung für die Aktion »Buch auf – Meinung ab«, Januar 2006

Besuch in der Merkesz Moschee in Frankfurt am Main, Januar 2006

Mit Helmut Kohl auf dem Deutschen Opernball, 2006

Tanz mit Friedrich von Metzler auf dem Sportpresseball, November 2006

CDU-Kreisparteitag November 2006, rechts neben Petra Roth:
Ernst Gerhardt, links: Udo Corts

Vor einem Poster der Frankfurter Skyline im Rahmen des Hochhausfestivals,
Mai 2007

Amtseinführung, Juni 2007

In der Frankfurter Börse, Februar 2007

Mit Angela Merkel auf dem Frankfurter Römerberg, Mai 2009

Verleihung der Ehrenplakette an Jean-Claude Trichet im Frankfurter Römer, September 2009

Testfahrt mit einem Elektroroller, September 2009

Mit Jutta Ebeling beim Jubiläum des Tigerpalasts in Frankfurt am Main, September 2009

Auf dem CDU-Parteitag, Dezember 2009

Die »Kameruner«
begrüßen Petra Roth auf
dem Frankfurter
Faschingsumzug,
Februar 2010

Verleihung der Ehrendoktorwürde in Seoul, September 2010

Als Diskjockey bei »Frankfurt legt auf«, Dezember 2010

Begutachtung neuer Schutzmaßnahmen gegen das Hochwasser mit Frankfurts Feuerwehrchef Reinhard Riess, Januar 2011

Im Kinder- und Jugendheim Frankfurt Buchenrode, Dezember 2011

Mit Josef Ackermann, Davos, Januar 2012

Vereidigung der
Dezernenten im Frankfurter
Römer, Februar 2012

Stadtverordnetenversammlung, März 2012

ker zu stärken, Wasser auf ihre Mühlen zu schütten, weil die Einmischung der Stadt kein einfaches Unterfangen ist, sich das gesamte Netz konkreter Hilfe schnell als fragil erweisen könnte. Für Petra Roth kam es deshalb darauf an, das Quartier rund um den Hauptbahnhof nicht wieder in die alten Verbindungen von Prostitution, Drogenhandel und Elend zurückfallen zu lassen. Wenn es heute Hinweise gibt, das Bahnhofsviertel könnte wieder kippen, dann läuten bei Petra Roth sofort sämtliche Alarmglocken.

Im Vorfeld der Internationalen Automobil-Ausstellung im Herbst 2011 gab es entsprechende Indizien. Das gesamte Viertel wirkte in Unruhe, bulgarische Gangster brachten Boulevardberichten zufolge neue Frauen auf den Straßenstrich an der Messe und damit das gesamte Gefüge im Bahnhofsviertel durcheinander. Was sich bis dahin in der Abgeschiedenheit der Fixerstuben abspielte, drängte wieder auf die Straße. Petra Roth machte ihren Ordnungspolitikern deutlich, dieser Verlagerung der Szene nicht nachgeben zu dürfen.

Frankfurt in der Weltgesellschaft

Frankfurt ist eine internationale, weltoffene Stadt. Das Zusammenleben der mehr als 700 000 Einwohner muss klappen. Das ist der eherne Grundsatz der Oberbürgermeisterin. Davon hängt für Petra Roth alles andere ab. Nur auf der Grundlage des Zusammenhalts kann eine multikulturelle Gesellschaft gelingen. Ohne Respekt kann es kein Zusammenleben geben. Wer aber Zusammenhalt will, muss Teilhabe möglich machen und den Willen zur Partizipation anspornen. Zuwanderung müsse endlich als Chance begriffen werden. Entsprechende Würdigungen mochte Petra Roth nicht allein den Stiftungen überlassen, die sich für Deutsch als Sprache aller Frankfurter einsetzen. Immer wieder hat Petra Roth den integrationspolitischen Rahmen viel weiter gesteckt als ihre Partei bislang: »Nur wenn wir jungen Bürgern das volle Wahlrecht geben, bleiben die Städte wie bisher Zentren des freien Denkens, das die gesamte Gesellschaft voranbringt«, sagte sie gegenüber dem *Spiegel* und setzte damit bereits nach kurzer Amtszeit 1997 einen Eckpfeiler.

In späteren Jahren wird sie dieses Thema variieren, stets aber bei dem Grundtenor bleiben: Wer in Frankfurt eine gewisse Zeit lebt, soll auch wählen dürfen. Allein über das Wahlrecht lasse sich den Zugewanderten das Gefühl vermitteln, dazuzugehören und sich deshalb auch ihrer eigenen Angelegenheiten annehmen zu sollen. Im Sinne des Gemeinwesens gehören Zusammenhalt und Zusammengehörigkeit für Petra Roth zwingend zusammen, lässt sich das eine nicht ohne das andere denken.

Für Daniel Cohn-Bendit wäre es angemessen, diese Sichtweise ließe sich in der Partei Petra Roths durchsetzen. Dann müsste sich die Kommunale Ausländervertretung vielleicht nicht noch weitere zwei Jahrzehnte mit einer Existenz abseits des parlamentarischen Systems begnügen, sagte der Grüne im Dezember des Jahres 2011 voller Sarkasmus. Cohn-Bendit trat als Redner bei einem Festakt zur Gründung eben jener Kommunalen Ausländervertretung auf.

Wenn Petra Roth an Daniel Cohn-Bendit denkt, fällt ihr gleich der Protest der Kurden ein. Einfach ist das nicht gewesen. Mit einer solchen Radikalität hatte sie bis dahin keine Erfahrungen gemacht. Die Protestierenden klagten Ankara an, weil die Kurden verfolgt würden und die radikale PKK (Arbeiterpartei Kurdistans) zerschlagen werden sollte. Um den Ernst ihrer Forderungen zu unterstreichen, drohten die Protestierenden damit, Gasflaschen in Brand zu setzen. Ein schauerlicher Abend in der Innenstadt. Bis spät in der Nacht sei nicht klar gewesen, ob sich diese gefährliche Situation würde entschärfen lassen. Ließ sie sich. Verletzt wurde niemand.

»Wir kamen miteinander aus«, sagt Petra Roth grundsätzlich über ihr Verhältnis zu Cohn-Bendit, dem »Revoluzzer«. Nicht mehr, nicht weniger. Vielleicht doch eher mehr, setzt Petra Roth ihrer Betrachtung aus den frühen politischen Jahren hinzu. Beim Boulespielen im Westend habe sie damals Daniel Cohn-Bendit intensiver kennengelernt, eingehender mit ihm geredet. Viel hatte sie bis dahin von dem »roten Dani« gehört, den bis heute die Aura des Unbequemen umgibt. Wenn einer zu diesem Zeitpunkt integrationspolitischen Weitblick bewiesen habe, dann dieser Mann, der gemeinsam mit seinem damaligen Weggefährten Thomas Schmid 1992 das Buch *Heimat Babylon* vorgelegt hatte. Eine Grundsatzschrift des Multikulturalismus. Ein Plädoyer für »Multikulti«. Experten sagen heute, damit sei damals der Bann gebrochen. Er sage bis heute »Multikulti«, sagt Cohn-Bendit fast ein bisschen trotzig an diesem Abend im Kaisersaal des Frankfurter Rathauses. »Multikulti« klinge besser, dagegen höre sich Integration zu viel nach arbeiten an. »Ich bin altmodisch«, hebt der Grüne hervor, deswegen bleibe sein Begriff »Multikulti«, bevorzuge er, dass sich mit dieser Begrifflichkeit noch immer ein wenig Wucht verbinde. Im Jahr der Zeitenwende habe der Terminus durchaus noch mehr Dynamik zu entfalten vermocht, setzt Cohn-Bendit hinzu: Sie reichte, um schließlich das Amt für multikulturelle Angelegenheiten zu gründen. In den Anfangsjahren, von 1989 an, leitete Cohn-Bendit diese Behörde.

Damals sei »Multikulti« für ihre CDU »ein Kampfbegriff« gewesen, erinnert sich Roth. Mit dieser Sicht habe sich ihre Partei allerdings nicht auf dem Stand der Dinge bewegt. »Wir haben damals einen rot-grünen Magistrat gehabt, der sich wegweisend mit dem Thema Integration befasst hat«, setzt die Oberbürgermeisterin voller Anerkennung hinzu. Sie kann politischen Kontrahenten Anerkennung zollen, sie dafür loben, wenn ihnen etwas Gutes eingefallen ist. Sie kann es gar nicht leiden, wenn sich ihre eigenen Parteigänger abfällig und überheblich über politische Konkurrenten wie die Grünen äußern.

Petra Roth steht zu einer Reform des Wahlrechts. Ihre Partei jedoch tut sich damit nach wie vor schwer. Petra Roth hat sich im Laufe der Jahrzehnte daran gewöhnt. Sie weiß, dass sie ständig vorwegmarschieren muss. Kritiker haben ihr oft vorgehalten, ihre Politik nicht systematisch genug anzugehen, es an Visionen fehlen zu lassen. Oft genug eilte sie durch den politischen Raum, um Akzente zu setzen. Allein ihre Parteifreunde hielten das Tempo gelegentlich nicht durch.

Frankfurt ist eine internationale Stadt, in der niemand Einwanderer nach ihrer Herkunft fragt. Sie sollen sich in Frankfurt heimisch fühlen. Viele tun das. Dann sprengen sie mitunter Grenzen. Das Integrationskonzept, über das die Kommune seit 2009 diskutiert, skizzierte neue Wege: Wer in Frankfurt Zuwanderung als Chance begreift, will irgendwann besser wohnen, einen kleinen Garten haben, den Kindern eine gute Ausbildung zukommen lassen. Frankfurt ist, das hebt Roth hervor, auf dem Weg zur Aufsteigerrepublik, von der Nordrhein-Westfalens früherer Integrationsminister Armin Laschet gesprochen hat, bereits ein beträchtliches Stück vorangekommen. In Laschets Sinn gehe es darum, sich Talente und Potentiale zu erschließen. Aus der Sicht Petra Roths muss man sich Frankfurt als Wegekreuzung für Offenheit und Gastfreundschaft vorstellen. Integration könne nur auf der Grundlage der demokratischen Kultur und in der Tradition der Ideale gelingen, für die die Paulskirche bis heute steht. Das 2010 schließlich vom Parlament beschlossene Integrationskonzept ist für das Stadtoberhaupt eine Grundlage von Selbstvergewisserung und Selbstverpflichtung.

»Dieses Integrationskonzept ist selbst ein Zeichen, und es ist ein Auftrag an uns alle: an Politik, an die Verwaltung und die Bürgerinnen und Bürger dieser Stadt«, unterstreicht Petra Roth. »Dieses Konzept beschreibt dabei einen Anspruch für die Zukunft: Auf seiner Basis haben wir uns von Mal zu Mal über einzelne Ziele und konkrete Vorhaben zu verständigen.« Auf der Grundlage dieses Konzepts gilt für Petra Roth das Prinzip: »Wer in dieser Stadt lebt, gehört zu uns und ist Teil unseres Gemeinwesens.« Integration und kommunale Selbstverwaltung gehören zusammen.

In diesem Zusammenhang zitiert die Rathauschefin gern den berühmtesten Sohn Frankfurts, Johann Wolfgang von Goethe. Er besuchte 1814 seine Heimatstadt und erinnerte daran, »dass einer freien Stadt ein freier Sinn gezieme und dass man … sich vor allen Dingen von veralteten Vorurteilen zu befreien habe«.

Darum geht es für Petra Roth auch heute. Wenn in den Städten die Herausforderungen des 21. Jahrhunderts entschieden werden, dann sind die Kommunen die zentralen Orte jeder Integration. »Die Grundlage unseres Miteinanders ist Freiheit«, gibt Roth vor – städtische Freiheit: »Kern von Integrationspolitik sind die Rechte und Pflichten der einzelnen, ihre Teilhabechancen und Gleichberechtigung.« Damit variiert Petra Roth ein moralphilosophisches Diktum, das Charles Taylor, Philosoph und Vordenker der multikulturellen Gesellschaft, auf den Punkt gebracht hat: Es gehe nicht um die Frage, »welches Dasein gut ist, sondern die Frage, welches Tun richtig ist; es geht nicht um die Bestimmung des Wesens des guten Lebens, sondern um die des Inhalts der Pflicht«.

Aus integrationspolitischen Überlegungen, das macht Petra Roth als Rednerin eines bildungspolitischen Kongresses der Bundes-CDU 2011 in Wiesbaden deutlich, »ergibt sich das Ziel unserer Bildungspolitik. Wir wollen nicht den neuen Menschen schaffen, wie er in den Vorstellungen selbsternannter Revolutionäre am Beginn einer neuen Zeit stehen soll. Wir wollen den für sich selbst, andere und die gesamte Gesellschaft verantwortlich handelnden Menschen. Mit diesem Ziel müssen wir diesem Menschen vermitteln, warum es bei aller Individualität Beziehungen zu anderen geben muss, warum Loyalität notwendig ist und warum man Traditionsbestände nicht einfach wegwischen kann. Wir wollen nicht neue Menschen, wohl aber selbstverantwortliche, leistungsbereite und gemeinwohlorientierte Menschen.«

Global denken, lokal handeln – Frankfurter Verbindungen

Für Bundeskanzler Helmut Kohl schien der Fall klar. Wenn aus der Formel vom globalen Handeln und vom lokalen Denken wirklich Substantielles entstehen sollte, wenn man also deutlich machen wollte, dass globale Ideen stets an lokale Bezugspunkte rückgekoppelt werden mussten und erst damit ihre Bedeutung gewinnen könnten, würde man in der Welt auch nicht auf den Auftritt lokaler Repräsentanten verzichten können. Also stand für den Kanzler außer Frage, er werde Lokalpolitiker im Mai 1998 mit zum G-8-Gipfel nehmen. Einem ganz besonderen Treffen, weil Russland zum ersten Mal dabei sein würde und der Zweite Weltkrieg in diesem Augenblick wirklich zu Ende ist. Ein Treffen an einem ganz besonderen Ort: Helmut Kohl, Jacques Chirac, Romano Prodi, Ryutaro Hashimoto, Jean Chrétien, Bill Clinton, Tony Blair und Boris Jelzin sollten in Birmingham zusammentreffen.

Mit Birmingham pflegt Frankfurt am Main eine Städtepartnerschaft, was liegt da näher, als die aufstrebende Frau aus dem Römer mitzunehmen: Petra Roth. Sie weiß das Globale und das Lokale in aufregender Weise in Zusammenhang zu bringen. Daran orientiert sie sich an Saskia Sassen. Petra Roth schätzt die Stadtsoziologin als gute Denkerin und führt sie in dem Augenblick an, wenn sie mit dem Irrglauben aufräumen will, mit dem Fortschreiten der Informationstechnologie am Ende des zwanzigsten Jahrhunderts lasse sich auch das Ende des Raumes und damit das Ende der Städte markieren, weil Grenzen zeitlos zu überwinden sind: Global Cities sind nicht allein Zentren des Handels, sie sind Sassen zufolge auch Zentren der Bildung, Punkte der Verknotungen. Selbst wenn Saskia Sassen, die oft an der Seite ihres Mannes, des Soziologen Richard Sennett, nach Frankfurt am Main gekommen ist, New York und London ausdrücklich als Beispiele für »Global Cities« anführt – sie muss, davon ist Petra Roth überzeugt, für ihr Buch *The Global City* Frankfurt am Main vor Augen gehabt haben.

Ein aufregendes Treffen, erinnert sich Petra Roth an ihre Reise nach Birmingham. Mit den Clintons. Und mit Tony Blair. Sie stehen als Protagonisten für das aufbrechende neue Jahrhundert. Ihnen stellt sich der Lauf der Welt ganz anders dar als noch den Vorgängern George H. W. Bush und Margaret Thatcher, die mit Kohl um die deutsche Einheit gerungen hatten. Maggie Thatcher, das ist die Frau, der immer wieder männliche Attribute zugeschrieben worden sind. Eisern sei sie gewesen, sagt man über die Lady aus der Downing Street.

Vielleicht, sagt Petra Roth, sei ihr Wirken ein überaus wichtiger Beitrag zur Emanzipation der Frauen gewesen. Sie zögert in diesem Augenblick ein bisschen und setzt dann hinzu: »Nicht vielleicht – ganz bestimmt.« Denn Margaret Thatcher gehört für Petra Roth zu einer von ihr geschätzten Tradition »großartiger Frauen«, sagt sie – willensstark und von einem unglaublichen Willen zur Freiheit motiviert. Politische Frauen, angetrieben von dem Gedanken an eine universelle Freiheit. Vor allem Hillary Clinton stand aus Roths Sicht für diesen Anspruch. Roth fand sie faszinierend, mit ihrem Händedruck hat sie alles gewonnen, sagt Petra Roth, der dieser Begrüßungsakt in bester Erinnerung geblieben ist. Hillary Clinton hatte Petra Roth augenblicklich für sich eingenommen. Starke Frau, sagt Petra Roth noch einmal. Und Meilen von ihrem Mann entfernt. Ein freundlicher Mensch, der Mister President, aber gemessen an seiner Frau …

Das G-8-Treffen in Birmingham stand unter dem Leitmotiv Bill Clintons, die Welt auf das 21. Jahrhundert vorbereiten zu wollen. Dazu gehörten die zielstrebig wirkenden Bemühungen der US-Regierung, offene Fragen im Zusammenhang mit den nationalsozialistischen Beutezügen durch Europa während des Zweiten Weltkriegs endlich zu klären. Ansprüche im Zusammenhang mit Raubgold und entgangenem Lohn für NS-Zwangsarbeit sollten bis zum Ende des Jahrhunderts der Gewalt endlich erledigt sein. Eine Perspektive friedlichen Umgangs würde es in der globalen Welt nur geben können, wenn die Menschen in die Lage versetzt werden, sich diese Welt selbst zu erschließen. Helmut Kohl und Petra Roth haben in diesem Zusammenhang an Städtepartnerschaften gedacht.

Gute Frankfurter, Europa verpflichtet

»Ein guter Frankfurter«, merkt Petra Roth in einer politischen Biographie über ihren Vorgänger Rudi Arndt an, »ist auch ein international orientierter Mensch.« Aus diesem Grund sind Städtepartnerschaften für sie eine Selbstverständlichkeit. Europa fing lange Jahrzehnte für Frankfurter in Lyon an. Deswegen ist für Petra Roth die neue Verbindung des TGV (Train à grande vitesse/ Hochgeschwindigkeitszug) in Richtung Lyon von Bedeutung. »Dieser Tag«, hebt die Oberbürgermeisterin Ende März 2012 bei der Ankunft des Zuges im Frankfurter Hauptbahnhof hervor, »ist ein zentraler Tag der Bahngeschichte, ein wichtiges Datum der Städtepartnerschaft, vor allem aber ein wichtiger Tag für Europa.«

Wer bisher per Zug schnell von Frankfurt nach Lyon wollte, musste über Paris fahren. Die Zeiten für eine solch beschwerliche Reise sind mit diesem Tag endlich vorbei. »Wir wollen mit der neuen Verbindung unsere Beziehungen vertiefen«, sagt das Stadtoberhaupt«, so wolle man im Bereich Energieeffizienz kooperieren: »Wenn wir Projekte dieser Art gemeinsam angehen, können wir unsere Bedeutung in Europa unterstreichen. Perspektivisch kann kein Weg daran vorbeiführen, den Städten einen größeren Einfluss in Europa zu verschaffen. Frankfurt–Lyon ist eben eine Formel für das gesamte Europa.«

Auch Gérard Colomb, Roths Amtskollege in Lyon, ist begeistert: »Sie wissen doch«, schreibt Le Maire de Lyon, »wie wichtig mir die Partnerschaft zwischen unseren beiden Städten ist.«

Europa, dachten manche in schwieriger Zeit zu Beginn des zweiten Jahrzehnts des 21. Jahrhunderts, das dürfte am Ende eben doch nur ein Kerneuropa sein, für das Bundeskanzlerin Angela Merkel und Frankreichs Präsident Nicolas Sarkozy stehen sollten. Europa könnte wieder zurückfallen auf die Gemeinschaft der Antikriegserfahrung, entstanden nach dem Schock über den Zivilisationsbruch, den der Historiker Dan Diner für die Zeit der »zwölf ewigen Jahre« zwischen 1933 und 1945 diagnostiziert hatte.

Für Petra Roth steht außer Frage: Der Zivilisationsbruch bleibt der stete Bezugspunkt der Geschichte und jeder Aktualisierung. Diese Geschichte aber gilt es spätestens seit 1989 in einem umfassenderen Sinn aufzuarbeiten. Ganz so wie es mehr als zwei Jahrzehnte später der US-amerikanische Historiker Timothy Snyder in seiner brillanten Studie *Bloodlands* in Osteuropa getan hat. Es geht um das Europa, in dem Hitler und Stalin in unvorstellbarer Dimension Menschen ermorden ließen. Die Morde geschahen auf einem Gebiet zwischen Deutschland und Russland, einbezogen sind vor allem die Ukraine und Polen. Dieses Gebiet nennt Snyder »Bloodlands«. Der Historiker knüpft an seinen britischen Kollegen Ian Kershaw an, der den zeitlichen Radius für das Jahrhundert der Gewalt noch weiter fasst: »Die immer noch kaum fassbare, kolossale Gewaltexplosion zwischen 1914 und etwa 1950 ist das Hauptmerkmal der ›großen Katastrophe‹.«

Was der Historiker Snyder beschreibt, wusste Polens früherer Außenminister Wladyslaw Bartoszewski in Polen wie in Deutschland an bedeutenden Orten schon früher in gehaltvolle Reden über das Gemeinsame zu fassen: Was die einen in Europa mit den anderen in Europa vereine, das sei die zentrale Erfahrung vieler Menschen im zwanzigsten Jahrhundert – Opfer geworden zu sein. Bartoszewski gehörte zu diesen Menschen. Er zählte in seinem Heimatland zu einer Generation, die beide totalitären Regime des zwanzigsten Jahrhunderts erlebt hatten: Die Deutschen sperrten ihn in dem Vernichtungslager Auschwitz ein, die Kommunisten inhaftierten ihn gleich nach 1945 und in späteren Jahren als engagierten Gewerkschafter der »Solidarność«. Bartoszewski hatte vor Augen, wie Deutsche und Polen jemals zusammenfinden könnten. Bartoszewski wollte Versöhnung. Dieser Aufgabe wandte er sich mit großem Engagement und in zahlreichen Reden zu, die er in Berlin und Frankfurt am Main gehalten hat. Versöhnung kann gelingen. In diesem Sinne hat Bartoszewski auch im fünfzigsten Jahr nach dem Ende des mörderischen Zweiten Weltkriegs als polnischer Außenminister im Deutschen Bundestag gesprochen: Selbst das größte Unrecht, das seinen Landsleuten angetan worden sei, könne keine Rechtfertigung sein – »für das Böse, das wir selbst anderen zugefügt haben«.

Neue Qualitäten in Krakau

Versöhnung hängt also vor allem von denen ab, die bereit sind, sich im Namen ihrer Gemeinwesen versöhnen zu wollen. Ein gutes Beispiel dafür liefern Petra Roth und Krakaus Stadtpräsident, Professor Jacek Majchrowski. In seinem Rathaus kommen sie Anfang Juni des Jahres 2011 zusammen. Für den Stadtpräsidenten wie für die Oberbürgermeisterin ist das mittlerweile ein Akt großer Routine, vieles ist inzwischen nahezu selbstverständlich geworden, seit sich die Europäische Union in Richtung Osteuropa erweitert hat und im Zuge der Wiedervereinigung in Deutschland doch zahlreiche Probleme wie die lange Jahrzehnte ausbleibenden Zahlungen an ehemalige NS-Zwangsarbeiter geklärt worden sind.

Im Zusammenhang mit Städtepartnerschaften heißt Routine: Längst ist man über eine offizielle, wenn man so will: diplomatische Ebene, hinausgelangt, längst wendet man sich gemeinsamen Problemen des kommunalpolitischen Alltags zu. In den als vielversprechend geltenden Beziehungen zwischen Krakau und Frankfurt gehört dazu der Katastrophenschutz, konkret gesagt: der Schutz vor dem Hochwasser, und die intensive Zusammenarbeit im Bereich der Sozialverwaltungen. Beim Hochwasserschutz haben die Frankfurter ein paar gute Ideen zu bieten, wie sich das Übergreifen des Wassers über Sandsäcke hinaus durch flexibel einzusetzende, aus Plastik geformte Überlaufbecken vermeiden lässt. Das System heißt Aquariwa. Für diese Idee hat sich Frankfurts Feuerwehrchef Reinhard Riess gemeinsam mit seinem Vater vielleicht von Wasserrutschen für Kinder inspirieren lassen. Es geht um flexiblen Hochwasserschutz. In Frankfurt klappt das. Warum also nicht auch in Polen. In der Sozialpolitik wollen die Verantwortlichen in beiden Städten voneinander abgucken, was sich in den Bereichen Jugend und Alte perspektivisch noch besser machen lässt.

Nach dem Treffen der beiden Stadtoberen kommt Roths Delegation am Abend mit Vertretern Krakaus zusammen. Bevor man gemeinsam zu einem imposanten, auch von Frankfurter Künstlern gestalteten Happening mit Bildern an der Fassade der Burg geht, folgt man den Worten der beiden Stadtoberhäupter. Petra Roth hebt hervor, dass sich Städte wie Frankfurt und Krakau zu Beginn des 21. Jahrhunderts mit ähnlichen Herausforderungen konfrontiert sehen, die sich in ihrer Dimension durchaus mit denen von 1989 vergleichen ließen. Während 1989 eine neue Epoche der Weltgeschichte aufgezogen sei, gehe es nun vor allem darum, das Gemeinsame zu entdecken: Wie lässt sich ein angemessener Umgang der Städte mit den demographischen und klimatischen Herausforderungen des 21. Jahrhunderts schaffen, ohne unsere Freiheit damit womöglich einzuschränken?

Vielleicht, in diesem Augenblick setzen Petra Roths Überlegungen am Anfang Juni des Jahres 2011 in Krakau an, vielleicht »haben wir das wirkliche Ausmaß dieser Veränderungen noch nicht verkraftet«, nennen die Zäsur deshalb auch nur wenig liebevoll einfach »Wende«. 1989 aber steht für eine Revolution, 1989, »das ist der Beginn einer neuen Zeit«, setzt sie hinzu. Deswegen werde 1989 für das gesamte Europa auch ein Markstein bleiben, den man als historisches Pfund werten möge, ehe man sich in finanzpolitischen Desillusionierungen ergehe. Zusammen sollen Krakauer und Frankfurter »unsere Koordinaten neu bestimmen, neue Überlegungen zu einer Orientierung anstellen«. Das Tolle daran könnte es sein, ein solches Projekt »gemeinsam anzugehen«, hebt Roth hervor: »Wir suchen gemeinsam nach Leitlinien, um unser künftiges Zusammenleben in Gemeinschaft gestalten zu können.«

So etwas, das unterstreicht sie energisch, »ist eine historisch völlig neue Qualität«. Europa könne in der Gegenwart gedeihen, wenn Krakau und Frankfurt als Mittelpunkt ihrer jeweiligen Metropolregionen Schrittmacher blieben: »Wenn es um das Klima, die Energie und die Demographie geht, fühlen sich die großen Städte als Zentren dieser Metropolregionen überall in Europa angesprochen.« Denn »für das Zusammenwachsen beider Völker und die Förderung des gegenseitigen kulturellen Verständnisses sind die kommunalen Partnerschaften von entscheidender Bedeutung«.

Zum Gelingen einer Städtepartnerschaft mit Krakau trägt zweifellos in großem Maße bei, dass es sich von Anbeginn um das Engagement von Bürgern gehandelt hat. Ohne ein solches Engagement sähe es um die Partnerschaft nicht gut aus. Sie selbst sei ausgesprochen optimistisch, auf der Grundlage einer solchen Kooperation auch wirklich etwas schaffen zu können. Wenn es nach dem Willen der beiden Stadtoberhäupter ginge, könnten sich ruhig noch mehr Krakauer und Frankfurter an dem Austausch beteiligen als die Bürger, die vor Jahrzehnten den Anstoß für diese Städtefreundschaft gegeben hatten. Gerade Jüngere müsse man perspektivisch für die Erkundungen anderer Stadtgesellschaften begeistern.

Europa und die Welt

Frankfurt wagt sich vor. In Japan begründet Petra Roth eine neue Freundschaft. Als »beste Grundlage der neuen Städtepartnerschaft« zwischen Yokohama und Frankfurt würdigt sie »die vielen Gemeinsamkeiten« der beiden Kommunen. Daraus ließen sich »verbindende Potentiale machen«, sagt Petra Roth im September 2011 in einer grundlegenden Rede im Stadtparlament von Yokohama. Die Japaner haben sie eigens darum gebeten. Beide Städte wüssten sich im Wettbewerb der weltweiten Ökonomie zu behaupten, ständen zu ihrer Verantwortung in Zeiten des Klimawandels und förderten ein reichhaltiges kulturelles Leben, betont Roth. Mit ihrer Amtskollegin Fumiko Hayashi unterzeichnet sie anschließend den Vertrag über eine wirtschaftliche, ökologische und kulturelle Kooperation, der der neuen Städtepartnerschaft zugrunde liegt.

Beim Nachdenken über die Gründung einer Städtepartnerschaft zwischen Japans zweitgrößter Kommune und der Stadt im Mittelpunkt der Metropolregion Rhein-Main habe sich schnell gezeigt: Beide Gemeinwesen verbinde vieles Gemeinsame, aus dem die Kraft erwachse, »die wir für dieses 21. Jahrhundert brauchen«, betont Petra Roth. Bei Städtepartnerschaften sei es eine Selbstverständlichkeit, hob Roth hervor, sich gegenseitig zur Seite zu stehen. Nach der Katastrophe vom 11. März in Fukushima seien die Frankfurter in großer Sorge gewesen und hätten lieber heute als morgen konkrete Hilfe geliefert. Es sei gut, dass man jetzt in der Stadt Sendai, mit der auch Yokohama freundschaftlich verbunden ist, gemeinsam Anstrengungen für den Wiederaufbau unternehmen kann. Die Frankfurter Stadtverordnetenversammlung hatte einer Spende von 250 000 Euro zugestimmt, um dieser japanischen Kommune nach Tsunami und Reaktorunfall zu helfen. Mit diesem Geld soll eine weitgehend zerstörte Werkstatt für Behinderte in Sendai wieder aufgebaut werden. Sendai war von dem Unglück im März 2011 besonders schwer betroffen.

Roths Amtskollegin Hayashi dankte für die Geste der Frankfurter. »Wir werden die Zusammenarbeit zwischen unseren beiden Kommunen nach Kräften befördern«, unterstrich die Oberbürgermeisterin Yokohamas. Über konkrete Projekte im Bereich der Kultur gebe es intensive Gespräche.

Dazu gehört die Japan Week in Frankfurt. Wenige Wochen nach Roths Besuch in Yokohama trifft Hayashi am Main ein, um die Kulturwoche zu eröffnen. Petra Roth empfängt sie abends zu einem Essen im Goethe-Haus. Hayashi wirkt bewegt. Das ist etwas ganz Besonderes. Ein Abendessen an dem Ort, an dem der so verehrte Dichter die ersten Jahre seines Lebens verbrachte.

Wieder zurück in Yokohama dankt sie ihrer Kollegin mit einem Brief, an dessen Ende sie einen Wunsch setzt: Beim nächsten Zusammentreffen mit Petra Roth möchte sie nicht mehr »Frau Roth« sagen, beim nächsten Mal möchte sie sie bitte mit »Petra und du« ansprechen.

Beseelt von Politik

Ein bisschen schuld ist der Professor aus Zagreb doch. Denn die Unterredung mit Ivo Josipović, dem Staatspräsidenten Kroatiens, dauerte viel länger als geplant. Der Tagesplan der Oberbürgermeisterin war mittlerweile vollends durcheinandergeraten. Petra Roth aber hätte am Ende des turbulenten Tages im Januar 2011 längst im Höchster Bolongaro-Palast sein sollen.

Beim Neujahrsempfang im Westen der Stadt darf die zuständige Dezernentin, die Oberbürgermeisterin selbst, nicht fehlen. Jetzt ist sie zu spät, viel zu spät. Mehr als eine Stunde ist sie überfällig. Ihr Fahrer fährt den sanierungsbedürftigen Barock-Bau von der Gartenseite aus an. Einige Gäste, die gekommen waren, um sie unbedingt zu sehen, sind wieder gegangen, andere kommen ihr bereits auf der mit Sandstein belegten Treppe zum Aufgang in den ersten Stock entgegen. Mit wenigen Blicken erfasst das Stadtoberhaupt sofort, dass niemand mehr in den Kapellensaal zurückzuholen ist. Dort hatte Roths Gesandter in Frankfurts westlichen Stadtteilen, Henning Brandt, die Ansprache der Oberbürgermeisterin an sich vorgesehen. Zu spät.

Petra Roth spürt das gleich. Sie bleibt im Flur. Im Kapellensaal stehen geladene Bürger längst am kalten Buffet, rechnen gar nicht mehr mit »der OB«. Petra Roth hält im Treppenhaus inne, verschafft sich über die gewohnte Tieflage ihrer Stimme schnell Aufmerksamkeit. Nachsehen möge man ihr doch bitte die Verspätung, sagt sie, stellt die rechteckige, schwarze Handtasche ab und findet kurzerhand ihren Platz auf der vierten Stufe der Treppe hinauf in den zweiten Stock.

Im Römer habe sie den Staatspräsidenten der Republik Kroatien, Professor Ivo Josipović, zu Gast gehabt, der sich anlässlich seines offiziellen Besuches in der Bundesrepublik in das Goldene Buch der Stadt eingetragen habe, berichtet sie. Selbst wenn die Zeit mittlerweile knapp scheint, sagt sie dann: »Für Höchst müssen wir sie uns nehmen.« Um das Beste für diesen Stadtteil zu tun, setzt sie hinzu und weiß in diesem Augenblick: Von jetzt an wird kein Mensch mehr diesen Neujahrsempfang verlassen. Sie kommt auf die Sanierung des Bolongaro-Palastes zu sprechen, sagt ebenfalls zu, sich auch um die Sanierung des Bahnhofs zu kümmern. Alles andere als glücklich ist sie darüber, dass die Bahn dieses Projekt erst 2014 angehen will. Dort, wo die Stadt im

Bahnhofsbereich selbst zuständig ist, sollen die Arbeiten bis dahin bereits abgeschlossen sein.

Die Umgestaltung des Bahnhofsvorplatzes ist eines von insgesamt fünfzig Projekten des Programms »Schöneres Frankfurt«, das der Magistrat mittlerweile beschlossen hat. Neben dem Bahnhofsvorplatz in Höchst wurden auch der Griesheimer Bahnhofsvorplatz, der Sindlinger Kirchplatz, der Ettinghausenplatz und die Illumination in Höchst, die Straße Alt-Nied und das sogenannte Nieder Tor in Nied in diese Liste aufgenommen.

Petra Roth zählt das alles auf. Projekt für Projekt, Vorhaben für Vorhaben. Kein Mensch hält sich mehr an Häppchen auf, niemand verlangt mehr nach einem Schoppen. Sie allen wollen nur mehr Roth.

Und auch der verfluchten Spielhallen, die an allen Ecken und Enden im Westen ihrer Stadt eröffnet würden, werde sie sich annehmen. Roth spricht jetzt im Stakkato. Und sie spürt: Alle sind froh, geblieben zu sein. So gehe das nicht weiter. Das lasse sie sich nicht bieten. Und wenn ihr etwas nicht passt, kann sie pampig werden. Es kann nicht sein, setzt sie hinzu, dass mancher Betreiber mit seinen Stätten des Glückspiels einfach glaube, machen zu können, was er wolle.

»Ein großartiger Auftritt«, erinnert sich später der Gastgeber des Abends, Ortsvorsteher Manfred Lipp, gern.

»Dieser Auftritt hat ihr viele Sympathien gebracht«, fällt Alfons Gerling noch ein Jahr später ein. Wieder einmal habe sie deutlich machen können, »beseelt von Politik zu sein«.

»In diesem Sinne machen wir weiter«, sagte Petra Roth am Ende ihrer dreißig Minuten dauernden Ansprache: »Mit Ihnen allen. Mit einer Vielzahl neuer Projekte.« Und, setzt sie hinzu, sie habe sich gefreut, dass nun doch noch so viele Höchster geblieben seien und ihr Aufmerksamkeit geschenkt hätten. Für diese dreißig Minuten.

»Eine halbe Stunde, die sich gelohnt hat«, sagt einer und steigt die Treppen des Palastes hinab. Beseelt von Roth, gehen sie nach Hause.

5 Im Deutschen Städtetag

So kann das nicht gehen. Dass es eine Reform des Föderalismus in Deutschland geben müsse und die Städte mehr Kompetenzen bekommen sollten, bezweifelt Bernhard Vogel zwar nicht. Doch die Vorstellungen der Petra Roth aus Frankfurt am Main gehen dem früheren Ministerpräsidenten Thüringens doch zu weit: Die von ihm geschätzte Kommunalpolitikerin denke die künftige Verfasstheit der mit grundlegenden neuen Fragen konfrontierten Republik zu sehr von Frankfurt aus. Eben aus der Sicht einer nach wie vor wohlhabenden Großstadt, hält Vogel dem Stadtoberhaupt entgegen.

Beide CDU-Politiker, Vogel und Roth, kennen sich seit Jahrzehnten. Ihre Verbindung zur Partei gründet sich nicht zuletzt auf ihre Beziehungen zur Konrad-Adenauer-Stiftung: Vogel lenkte die Einrichtung 1993 bis 1995 als Vorsitzender, Roth machte sich gut zwei Jahrzehnte zuvor bei der Konrad-Adenauer-Stiftung mit den Grundlagen der Kommunalpolitik vertraut. Ein Arbeitsbereich, der damals im Fokus des Interesses der Stiftung stand, weil es darum ging, Schlüsselpositionen in den Großstädten mit Politikern der CDU besetzen zu können. Dann platzte die Zeitenwende in das Programm der Bildungseinrichtung, und die Wiedervereinigung musste auch intellektuell verarbeitet werden. In jüngerer Zeit kümmert sich die Stiftung um die Demokratiebewegungen in den Nachbarländern Europas und entdeckt gegenwärtig auch die Kommunalpolitik in Deutschland wieder.

Als spät, hoffentlich nicht zu spät, schätzt mancher zur CDU gehörende Oberbürgermeister den thematischen Wandel der Stiftung ein. Schließlich brauche man unbedingt Möglichkeiten der Verständigung über den Alltag hinaus, was großstädtische Politik eigentlich sein soll. Es geht um Wegmarkierungen, die nicht allein pragmatisch geprägt sind. Darum kümmert sich der Arbeitskreis Kommunalpolitik.

Petra Roth tritt Mitte des Jahres 2012 auch an der Spitze des Deutschen Städtetages ab, ihren bestens vertrauten SPD-Kollegen Christian Ude zieht es in die bayerische Landespolitik. Was kommt nach diesen beiden Großstadtregenten, die lange Jahre den Deutschen Städtetag zu einer festen Größe der Politik gemacht hatten, zu einer als Korrektiv wirkenden Instanz, der man auch im Bund Gewicht zuschrieb, die man als Schrittmacher großstädtischer Politik zu schätzen wusste?

Petra Roth wagte sich vor. Mit einer pointierten Sicht der Dinge und dem Ziel, den Städten im Gefüge des Föderalismus wieder mehr Stärke zu verschaffen.

»Wir müssen die Länder abschaffen«, wirbt sie 2011 für ihre Überlegung, denn ein konsequenter Sparkurs ließe sich nur mit starken Städten ansteuern: »Gestärkte Städte können ihre Defizite verringern, wenn sie konsequent Prioritäten setzen, um sich als zukunftsfähige Gemeinwesen zu erweisen.«

Für Petra Roth geht es darum, lokale Politik auf eine neue Grundlage zu stellen, um den Herausforderungen der Gegenwart begegnen zu können: »Uns steht der klimatische wie der demographische Wandel bevor, darauf müssen wir reagieren.« Doch es fehle an wirklichen Fürsprechern, »die Landtage werden dominiert von Politikern, die sich in Kreistagen etabliert haben«. Sie bekämen die Interessen der Städte nicht in den Blick. Deswegen gehe es darum, sich zügig an eine Reform zu machen, um »auf die bevorstehenden Wandlungsprozesse zuallererst in den Städten reagieren zu können«. Schließlich spiele sich dort das 21. Jahrhundert ab. In den Städten ließen sich Modelle für die energieeffiziente Sanierung des Wohnungsbestandes, für das Zusammenleben und die Energiewende schaffen. In diesem Sinne wären die Städte systematisch zu fördern, selbst wenn dies zu Lasten der Länder ginge.

»Auf der Grundlage dieser Prioritäten können wir künftig Politik machen und Wege aus dem Defizit ausloten«, gibt Petra Roth als Marschrichtung vor – als Weg raus aus der Schuldenfalle.

Kein Geld, kein Schwimmbad

Bereits im Jahr fünfzehn nach der deutschen Wiedervereinigung hätte eine Kehrtwende durchaus gutgetan. Doch anderthalb Jahrzehnte nach 1989 wissen die Kieler Forscher vom Institut für Weltwirtschaft nichts Gutes über die wirtschaftliche Entwicklung zu verheißen. 1,4 Prozent Wachstum würde sich für das Jahr 2005 in den zwölf Ländern der Eurozone erwarten lassen, prognostizierten die Forscher. Einzig Irland könne mit einem Zuwachs des Wirtschaftsvolumens von satten 4,3 Prozent rechnen. Allein Deutschland müsse mit einem Wachstum von gerade mal 0,6 Prozent auskommen. Ein bequemes Polster wäre das nicht. Der chronisch zur Kritik neigende Deutsche Städtetag ist ob dieser Aussichten alles andere als begeistert, weil schlechte Aussichten für die Konjunktur nichts anderes bedeuten als sinkende Einnahmen bei der Gewerbesteuer. Diese wiederum ziehen Einschnitte bei der städtischen Infrastruktur nach sich. Aber zur Hauptversammlung Ende Mai 2005 in Berlin will unter den kommunalen Interessenvertretern keiner schlechte Stimmung verbreiten. Erst recht nicht die Präsidentin.

Lieber würdigt Petra Roth pünktlich zum hundertsten Geburtstag der Lobbyorganisation die Rolle der Städte im deutschen wie im europäischen Modernisierungsprozess. So gelte es, die Bedeutung der Kommunen für die demokratischen Grundwerte, für die gesellschaftlichen Entwicklungen, für den wirtschaftlichen Fortschritt, für Bildung und Kultur herauszustellen. Die Bedeutung der Städte sei »weitaus größer als der politische Stellenwert, der ihnen zugebilligt wird«, betont die Präsidentin des Städtetags und nutzt die Gelegenheit, Reformbedarf für den in die Jahre gekommenen bundesrepublikanischen Föderalismus anzumelden.

An diesem Punkt lässt sie überhaupt nicht locker. Denn der Bedeutung der Städte angemessen wäre es, sie an zentralen Entscheidungen zu den weitgreifenden Fragen des 21. Jahrhunderts zu beteiligen – also zum Klimawandel, zur Energiepolitik, zum demographischen Wandel, der im Grunde die künftige Sozialpolitik bestimmen und somit zentral für die Frage nach dem Zusammenhalt des Gemeinwesens wird.

2005 ist für den Deutschen Städtetag ein ganz besonderes Jahr. Ein Jahrhundert zuvor ist der Zusammenschluss mittlerer und großer Städte in Berlin gegründet worden, um gemeinsame Interessen zu bündeln, sich über die Grenzen von Parteien hinweg Gehör zu verschaffen und sich für staatliche Institutionen auf der Ebene der Länder wie des Bundes als Instanz des konstruktiven Widerspruchs zu erweisen. Immer wieder standen nach dem Zweiten Weltkrieg auch Regierungschefs aus dem Westen des geteilten Berlins an der Spitze des Städtetags, zuletzt Willy Brandt bis zum Jahr 1966.

Beiden Jahreszahlen, die ein gesamtes Jahrhundert der allmählichen Pazifizierung des Menschen umfassen, schreibt der Städtetag eine außergewöhnliche Bedeutung zu: 1905 markiert den Übergang zum großen Industrieland mit starken Städten, 2005 steht für die Schwelle, an der nicht wenige Städte und Gemeinden von ihren überhandnehmenden, vor allem sozialpolitischen Aufgaben doch reichlich erschöpft wirken.

Im Kaiserreich ist die Stadt »Kernbereich und Höhepunkt der Selbstverwaltung«, hält Thomas Nipperdey in seiner *Deutschen Geschichte* für die Zeit bis zum Ende des Ersten Weltkriegs fest. Die Städte erleben ihre bauliche und siedlungsgeographische Erweiterung als »Veränderung der sichtbaren und sozialen Realität«, mit der sich »der administrativ-politische Vorgang der Eingemeindung verbindet«. Diesen Vorgängen gingen gelegentlich wie in Frankfurt am Main »umfangreiche Landkäufe der Stadt in den Randgemeinden voraus«. Die Städte nahmen sich mit der Schaffung einer Infrastruktur für die wachsenden urbanen Gebilde im Augenblick der raschen Industrialisierung etwas Grundlegendes vor – sich selbst zu gestalten. Sie wollten ihre eigene Entwicklung nicht mehr dem Zufall überlassen. Sie verwalteten sich, anders als ländliche Regionen, selbst, um steuernd in Prozesse eingreifen zu können, die über die Industrialisierung eine ungeheure Dynamisierung erfahren hatten. Die Infrastruktur, also der Bau von Wegen und die Elektrifizierung der Straßenbahn, sollte den Städten Einfluss auf den Gang der Industrialisierung und die Dynamik der weiteren Entwicklung verschaffen. Zwar gab es übergeordnete Instanzen staatlicher Aufsicht, die polizeiliche Befugnisse und die Rechtsaufsicht zu ihren Aufgaben zählten, die Planung und der Bau der Städte sowie deren Stabilisierung und Zusammenhalt aber blieben deren originärer Gestaltungsbereich.

Die Entwicklung der deutschen Städte rechnet Nipperdey »in die Erfolgsbilanz Deutschlands und des deutschen Bürgertums vor 1914« ein. Denn die Städte hätten es geschafft, vor allem über eine aktive kommunale Bodenpolitik »Hauptträger der modernen Daseinsvorsorge« zu werden: Zur Daseinsvorsorge gehörte es, für die Stadtbewohner Dächer über den Köpfen zu schaffen. Die Kommunen nutzten ihre Bodenpolitik als gesellschaftliches Regulativ, um Einfluss auf die Bebauung des Grunds nehmen zu können und Spekulation zu verhindern. Das trug dazu bei, dass es den Städten wie ihren Bürgern an Selbstbewusstsein nicht mangelte: Auf einer großen Ausstellung in Dresden 1903 präsentierten sich die Städte als zentrale Orte des modernen Lebens. Zwei Jahre später entstand der Deutsche Städtetag. Der Stolz des Bürgertums manifestierte sich im öffentlichen Raum und in seinen das Stadtbild prägenden Bauwerken – in Frankfurt am Main beispielsweise mit der Festhalle und dem Gesellschaftshaus des Palmengartens.

Und doch mangelte es nicht an tiefgreifender Kulturkritik. Analytiker wie Georg Simmel haben sie zu der Ausstellung in Dresden in Reflexionen, etwa in den Aufsatz über »die Großstadt und das Geistesleben«, gepackt: »Der moderne Geist ist mehr und mehr ein rechnender geworden. Dem Ideale der Naturwissenschaft, die Welt in ein Rechenexempel zu verwandeln, jeden Teil ihrer in mathematischen Formeln festzulegen, entspricht die rechnerische Exaktheit des praktischen Lebens, die ihm die Geldwirtschaft gebracht hat; sie erst hat den Tag so vieler Menschen mit Abwägen, Rechnen, zahlenmäßigem Bestimmen, Reduzieren qualitativer Werte auf quantitative ausgefüllt. Durch das rechnerische Wesen des Geldes ist in das Verhältnis der Lebenselemente eine Präzision, eine Sicherheit in der Bestimmung von Gleichheiten und Ungleichheiten, eine Unzweideutigkeit in Verabredungen und Ausmachungen gekommen – wie sie äußerlich durch die allgemeine Verbreitung der Taschenuhren bewirkt wird. Es sind aber die Bedingungen der Großstadt, die für diesen Wesenszug so Ursache wie Wirkung sind.«

In Konkurrenz

Städte inszenieren Ereignisse. Denn es geht darum, sich in der Konkurrenz zu behaupten. Das ist heute nicht anders als in Zeiten der Industrialisierung. Wer in der Konkurrenz der Industriestandorte mithalten wollte, musste Vorteile zu bieten haben: gute Transportwege, gute Produktionsstätten, gute Arbeiter. Petra Roth, früher wohnungspolitische Sprecherin ihrer Partei, weiß nur zu gut, dass sich mit Wohnungsbau Politik machen lässt. In der Hochphase der Industrialisierung nicht anders als heute. So stand die ökonomische Komponente im Zentrum der Überlegungen von Frankfurts Stadtbaumeister Ernst May in den zwanziger Jahren des zwanzigsten Jahrhunderts.

»Die neuen Siedlungen, mit denen er sich anschickte, das historische Frankfurt zu erweitern, mussten zuallererst möglichst viele möglichst preiswerte Wohnungen enthalten«, wie Vittorio Magnago Lampugnani über das »Neue Frankfurt« anmerkt, dieses »Gesamtkunstwerk der klassischen Moderne« neben der Stuttgarter Weißenhofsiedlung und der »Weißen Stadt« in Tel Aviv. Allesamt Beispiele für Wohnungsbau als Teil kommunaler Daseinsvorsorge. Dafür lieferten die Fugger in Augsburg mit dem von ihnen angespornten Siedlungsbau ein viel früheres, aber nicht minder prägnantes Beispiel.

Heute aber geht die Konkurrenz unter den Städten noch viel weiter. Heute bietet der Fußball, die Kultur, bieten Großevents viel Material, das zu Identifizierung taugt. Es geht um Imagegewinne. Nach innen wie nach außen. Also konnte man doch nicht einfach zur Tagesordnung übergehen, bis die Frage nach dem Austragungsort des Finalspiels der Fußballweltmeisterschaft 2006 irgendwo in Deutschland geklärt wäre. Was genau im Vorfeld dieses Großereignisses, das als Sommermärchen in die Annalen einging und der Welt ein ungewohntes Bild vom lässigen Deutschen vermitteln konnte, hinter den Kulissen in München und Berlin passiert ist, dürfte die Öffentlichkeit niemals erfahren. Dass es jedoch Gerangel gegeben haben muss, das alles andere als von freundlichen Tönen geprägt war, gilt als sicher. Denn die beiden Städte stritten erbittert darum, in welchem Stadion das Finale der Weltmeisterschaft ausgetragen würde. Am Ende stand fest: Das Endspiel würde im Sommer 2006 in Berlin sein, der Hauptstadt des Gastgeberlandes, das Eröffnungsspiel der deutschen Mannschaft aber in München, an dem Ort, an dem die Nationalkicker 1974 den zweiten Titel nach dem Triumph von Bern im Jahr 1954 geholt hatten.

Das Gezerre um die Stätten bedeutender Fußballspiele ist typisch. Denn in der Konkurrenz der Städte geht es nicht um spielerisches Leistungsvermögen, es geht vor allem um das, was gut für das Image der Städte ist. Für Petra Roth ist es selbstverständlich, das neue Stadion im Frankfurter Stadtwald ziemlich genau ein Jahr vor dem Auftakt zum Sommermärchen 2006 zu eröffnen. An diesem Abend setzt sie zu einer kurzen Ansprache an und macht das Objekt der Begierde zu ihrem Thema: »Heute sind auch die Stadien Stars. Und dieses Stadion ist ein Superstar! Ein idealer Ort für nationale und internationale Fußballfeste und Kulturevents. Denn dieses Stadion ist ›mitten drin‹. Es liegt mitten in den Weltverkehrsachsen, mitten drin zwischen Flughafen, Intercity-Bahnhof, Frankfurter Kreuz. Nirgends ist man schneller aus den internationalen Metropolen als hier in Frankfurt. Mitten drin in Deutschland, mitten drin in Europa, hier ist die Welt zu Gast. Confed-Cup, Weltmeisterschaft, erste Liga: herzlich willkommen, wir freuen uns auf euch! Dies ist ein großer Tag für Frankfurt. Hiermit ist unser neues Stadion offiziell eröffnet!« Anschließend eröffnete Fifa-Präsident Joseph Blatter den Confed-Cup.

In der Konkurrenz der Städte gilt Berlin alles andere denn als zimperlich. Über das Bemühen um das Abwerben imageträchtiger Unternehmen kann in Frankfurt am Main keiner lachen. Deswegen ist Petra Roth auch gleich alarmiert, als es im Januar des Jahres 2011 heißt: Der Eichborn-Verlag will Frankfurt verlassen. Der Betriebsrat setzt sich mit Roth in Verbindung, bittet um ein Gespräch mit dem Stadtoberhaupt. Selbst wenn die Taktung zu Beginn des Jahres einige Wochen vor der Kommunalwahl wenig Spielräume lässt, »die Chefin« will die Arbeitnehmervertretung, so schnell es geht, treffen. Die Eichborn-Leute kommen zu siebt: Lektoren, Vertreiber, Buchmacher. Niemand will etwas vorjammern, sagen sie, aber sie möchten unbedingt an ihrem Frankfurter Standort bleiben, auf jeden Fall die befürchtete Zerschlagung des Verlags nach dem Zusammengehen mit dem Aufbau Verlag in Berlin vermeiden. In den kommenden Wochen nimmt sich Petra Roth immer wieder dieses Themas an, spricht mit Repräsentanten Eichborns, fragt nach Plänen großer Aktionäre – und erntet nicht mehr als den Hinweis auf die wirtschaftlich schwierige Lage des Verlages, in der es künftig darum gehe, Synergien zu erzielen. Was nichts anderes heißt als: Stellen zu streichen, um Reste des Programms, zu dem auch die überaus angesehene »Andere Bibliothek« gehört, an anderer Stelle mit weniger Personal weiterzubetreiben.

So etwas stinkt Petra Roth. »So kann man das nicht machen«, sagt sie. Schließlich haben Verleger eine besondere Verantwortung: zuallererst für ihre Mitarbeiter, dann aber auch für den Standort, von dem ihr Wirken ausgeht. Frankfurt ohne Eichborn? Geht nicht. Selbst wenn dieser Verlag zu den kleineren der Bran-

che gehört, Frankfurt am Main als Standort der größten Buchmesse der Welt gibt keinen Verlag preis. Dann gehen ihre Leute
eben mit der Geschäftsleitung zusammen auf die Suche nach
günstigeren Quartieren, verspricht Petra Roth. Einen weiteren
Fall Suhrkamp nimmt sie auf jeden Fall nicht kampflos hin.

Frankfurt ist die Stadt der Verlage, der Ort der Buchmesse.
»Die Lindenstraße«, also der damalige Verlagssitz von Suhrkamp
im Westend, hatte Petra Roth bei der Verleihung der Ehrenbür-
gerwürde an Siegfried Unseld gesagt, »die Lindenstraße ist die
intellektuelle Adresse Frankfurts und auch der Bundesrepublik«.
Von dieser Heimstätte des Geistes aus habe Unseld als die prä-
gende Verlegerfigur Nachkriegsdeutschlands die Geschicke der
Republik mitbestimmt und entscheidende Impulse gegeben. Die
Erfolgsgeschichte der Bundesrepublik als eines demokratischen
Staates wäre ohne einen solchen Verlag nicht möglich gewesen,
unterstreicht Roth.

Unselds Ehrenbürgerschaft hätte Anlass für einen großen
Empfang der Stadt im Kaisersaal sein sollen. Aber er erholte sich
nicht mehr von seiner Krankheit. Wenige Wochen nach der Verleihung der Auszeichnung starb er im Alter von 78 Jahren. Roth
würdigte Unseld in ihrem Nachruf als einen einzigartigen und
bedeutenden Frankfurter, der diese Stadt mit allen ihren Wider-
sprüchen verteidigt hat und nie einen Zweifel an seiner Verbun-
denheit gelassen hatte. Wie der Frankfurter an sich gehörte Unseld zu den Zugezogenen: Anfang der fünfziger Jahre kam er an
den Main. Dort ist der Suhrkamp-Verleger 2002 auch gestorben.

Frankfurt am Main, Berlin

Siegfried Unseld gehörte zu der seltenen Spezies Menschen, die
in der Anfangsphase der Republik freiwillig nach Frankfurt am
Main gekommen sind. Denn die Stadt hatte einen miserablen
Ruf. Sie wirkte in jeder Hinsicht schmuddelig: Gäste nahmen
Frankfurt als hässlich wahr, und dass führende Manager von
Geldinstituten ihren Familien die Stadt als Wohnort zumuten

konnten, kam nicht in Frage: Die feinere Gesellschaft wohnte grundsätzlich in der Nähe des Kronberger Stadtparks oder mit Blick auf die Königsteiner Burg.

Das ändert sich grundlegend unter der Ägide Petra Roths. Mit ihr setzt ein rasanter Imagewandel ein, kaum einen drängt es mehr mit Kind und Kegel an die Peripherie. Um diesen Prozess deutlich zu machen, erzählen Manager aus der Kreativszene gern die Anekdote von den mit ihnen durch die Welt tourenden Ehefrauen, die einen Umzug beispielsweise von Hamburg nach Frankfurt unbedingt vermeiden wollen: Kommt nicht in Frage, heißt es dann. Entscheiden sie sich dann doch für eine Ansiedlung am Main, nimmt die Geschichte eine überraschende Wendung: Alsbald lernen sie die Vorzüge der heute lebenswerten Stadt kennen, die über eine Vielzahl guter Schulen und eine aufregende Kulturszene mit internationaler Strahlkraft verfügt. Für alle künftigen Pläne, berichten die Kreativen weiter, gilt fortan die Direktive: Ein Wegzug aus Frankfurt kommt gar nicht in Frage.

Überraschung mit Hertie

Trotz des offensichtlichen Wandels sind manche Frankfurter, die an sich im Ranking der europäischen Städte erfahren sind, über die Ergebnisse der Hertie-Studie *Frankfurt/Rhein-Main* doch reichlich überrascht gewesen: Die Umfrage schreibt Frankfurt und seinem Umland gute Noten zu. Vor allem geben die Bewohner des Ballungsraums ihrer Heimat gute Noten, bessere als die, die Berliner kurz zuvor der Hauptstadt zugestanden. Bloß der Verkehr stört, finden die Bewohner des südhessischen Ballungsraums.

Achtzig Prozent der Frankfurter würden ihren Bekannten empfehlen, in die Stadt am Main zu ziehen. In Berlin fällt dieser Rat mit siebzig Prozent geringer aus. Erstaunlich findet Michael Endres von der Hertie-Stiftung dieses Ergebnis der Studie nicht. Für ihn selbst gelte das im übrigen auch: »Je länger die Menschen hier leben, desto lieber bleiben sie«, unterstrich der Vorstands-

chef der Hertie-Stiftung das Fazit der Expertise zur Befindlich-
keit der Menschen in der Metropolregion. In der Bundeshaupt-
stadt, für die seine Stiftung zwei Jahre zuvor eine ähnliche Studie
gemacht hatte, sei es mit der Zufriedenheit und dem Wohlfühlen
genau umgekehrt.

Zu diesem Zeitpunkt im Sommer des Jahres 2010 reden in Berlin viele über Parallelgesellschaften: Es geht um das gleichzeitige
Nebeneinander von Menschen verschiedener Welten. So verschiedener Welten, dass sie keine Schnittmengen haben, sich
nichts Verbindendes ergibt, eine Kommunikation also schlicht
unmöglich erscheint, Abgrenzung die Folge ist. Davon kann in
Frankfurt und im Rhein-Main-Gebiet insgesamt keine Rede sein.

»Frankfurt hat gar keinen Platz für Parallelgesellschaften«,
macht Konrad Götz deutlich, Mitautor der Hertie-Studie und Wis-
senschaftler am Institut für sozial-ökologische Forschung: »Die Region ermöglicht es in ihrer einzigartigen Vielfalt von Lebensstilen
und schroffen Gegensätzen ganz unterschiedlichen Menschen,
Heimatgefühle zu entwickeln und sich zu identifizieren.«

Für Klaus Hurrelmann, den die Studie leitenden Sozialwissen-
schaftler, ergeben sich aus der Befragung von insgesamt 3 000
Menschen klare Hinweise, dass »die Integration von Einwanderern von den Bewohnern Frankfurts und der gesamten Region als
gut gelungen empfunden wird«. In diesem Zusammenhang wirke
das Wirtschaftswachstum im Ballungsraum überaus positiv. Ent-
wickele sich die wirtschaftliche Dynamik allerdings künftig anders, »treten die Probleme offen hervor«. Darüber sollte man sich
besser nicht hinwegtäuschen. Im Augenblick aber gebe es keinen
Grund zur Sorge, in dem wirtschaftsstarken Ballungsraum funktioniere das Zusammenleben der Menschen.

Kopfzerbrechen bereiteten den Bewohnern vor allem die stei-
genden Preise. Das nehmen die Autoren als deutlichen Hinweis
auf Verunsicherungen in der Mittelschicht, wo seit Jahren die
Angst vor einer Inflation wachse. Gleichzeitig leiden viele Bewohner unter einem Zuviel an Verkehr und einem Zuwenig an
Kinderbetreuungsplätzen.

Dagegen wird der hohe Prozentsatz an Ausländern nicht als Problem gesehen. Tendenzen zu Ausgrenzung und Intoleranz seien deutlich zurückgegangen. Vielmehr verstünden die meisten Bewohner der Metropolregion ihre Nachbarschaft als international, weltoffen, selbstbewusst und lebensfreudig. Die große Mehrheit der insgesamt 3 000 für die Hertie-Studie Befragten erlebt Frankfurt/Rhein-Main als »eine zusammenhängende Einheit«, in der sie sich wohlfühlen und in der sie gern leben.

Petra Roth nimmt die Hertie-Studie als Ausweis für einen funktionierenden Prozess des Wandels. »Diese Studie ist ein Beleg dafür, dass unsere Politik des Strukturwandels richtig ist«, sagt sie: »Sie lässt sich als Bestandsaufnahme dessen lesen, was bereits ist, und sie liefert wichtige Hinweise auf das, was noch zu tun ist. So müssen wir uns gerade im Bildungsbereich noch einiges vornehmen, weil wir nicht hinnehmen können, dass viele Hauptschüler keinen Abschluss schaffen. Und wir brauchen mehr Kindergartenplätze und mehr Ganztagsschulen. Diese Projekte gehören ganz nach oben auf unsere kommunalpolitische Agenda.«

In diesem Zusammenhang dürften Bund und Länder allerdings nicht aus der Verantwortung entlassen werden, vielmehr wäre es »gut, wenn Bund und Länder im besten Sinne eines kooperativen Föderalismus mitziehen würden: Die Städte können perspektivisch nicht immer weiter belastet werden, ohne dass man ihnen für Aufgaben der Daseinsvorsorge nicht auch eine Entlastung verschafft.« Dass die Menschen in Rhein-Main positiv über ihre Lebenswelt dächten, sei doch ein überaus erfreuliches Ergebnis dieser Studie. Ihr Frankfurt, unterstreicht die Rathaus-Chefin, muss in Deutschland keine Konkurrenz fürchten: Die Wirtschaft läuft, die Menschen sind zufrieden.

Schlechte Nachrichten im Römer

Berlin passt das gar nicht. Die Hauptstadt, seit 1945 ein nationales Subventionsunternehmen, sucht nach einem Profil. Berlin hätte gern ein intellektuelles, wirtschaftliches und bürgerliches

Rückgrat. Berlin gräbt Wasser ab, betreibt Wirtschaftsförderung reichlich forsch. Und so mehren sich Hiobsbotschaften für den Standort Frankfurt. Nach Suhrkamp will der Verband der Automobilindustrie (VDA) aus Frankfurt verschwinden. Es geht um siebzig Arbeitsplätze. Deswegen aber wird im Römer eigentlich niemand nervös. An dem mächtigen Verband aber hängt die Internationale Automobil-Ausstellung, eine der beiden Frankfurter Leitmessen. Hannover bemüht sich seit Jahren intensiv um diese Ausstellung der Zentralbranche der Weltökonomie. Selbst wenn Verbandschef Matthias Wissmann nach Niedersachsen wollte, kann sich keiner einen Umzug so recht vorstellen: Die IAA bleibt in der Mitte der Republik. Zumal sich die Messe Frankfurt, deren Aufsichtsratschefin Petra Roth ist, doch kompromisswillig zeigte, um in den Verhandlungen mit Wissmann durchaus eine neue Perspektive für Frankfurt zu entfalten.

Die Erfahrung mit dem VDA zehrt an Petra Roth. Vergessen ist so schnell nichts. Ist ja auch leichtfertig gewesen, der Lobbyorganisation die kalte Schulter zu zeigen. Zumal nach diesem Imagewandel. So einen Prozess darf man doch nicht einfach aufs Spiel setzen. Die Diskussion über eine Fahrradmesse, die an die Stelle der IAA hätte rücken und die Vorzüge des Radfahrens preisen sollen, sorgte für nachhaltige Irritationen. Freunde macht man sich damit nicht, sagt sie, und einfach ist die erneute Vertrauensbildung auch nicht gewesen: »Der VDA gibt doch seine IAA nicht für ein paar blaue Augen.« Wenngleich, setzt sie selbstironisch hinzu, »ich doch blaue Augen habe«.

Messe und VDA schlossen langfristige Verträge. Nicht anders die Buchmesse, die sich zuvor immer mal von den Münchner Messebetreibern mit großen Versprechungen in Versuchung bringen ließ. Wie aber wollte man wirklich ernsthaft erklären, dass Frankfurt und die Buchmesse nicht länger zusammengehören?

Doch seit dem Entschluss der Deutschen Börse, den Standort Frankfurt wegen des Gewerbesteuersatzes aufzugeben und ins benachbarte Eschborn abzuwandern, wirkt die Stadt wie unter

Schock. Die Diskussion über das Niveau der Gewerbesteuer keimt seitdem immer wieder auf. Denn schließlich geht es um die Frage der Konkurrenzfähigkeit zu anderen Standorten. Dabei kommt es für Petra Roth darauf an, was man eigentlich miteinander vergleicht: Sich Eschborn im Norden oder Dietzenbach im Süden zum Maßstab zu machen, ist inakzeptabel, weil diese Gemeinden bis heute keine Kultureinrichtungen unterhalten und zumeist froh sind, wenn sie ihr Freibad offenhalten können. Insofern, sagt das Frankfurter Stadtoberhaupt dann, ist es schon immer ein bisschen teurer gewesen, einen guten Geschmack zu haben und im Frankfurter Opernhaus Sänger auf Weltniveau singen zu lassen. Wenn man einen Vergleich bei der Gewerbesteuer anstrengt, muss man die Großstädte nehmen: Dann aber ist Frankfurt, gemessen an München, günstiger.

Früher ist manches anders gewesen. Früher galt Frankfurt in bestimmten Branchen als Selbstläufer. Dazu passte manche Mentalität, die sich damals in der öffentlichen Verwaltung verbreitet hatte: Wer nicht in Frankfurt seinen Finanzgeschäften nachgeht, ist selbst schuld. In späteren Jahren, in denen auch die Wirtschaftsinitiative Frankfurt/Rhein-Main das Gefühl hatte, doch besser etwas für den Standort tun zu müssen, habe man dann versucht, die Region »wie einen Turnschuh oder ein Mineralwasser« zu präsentieren, um allmählich so etwas wie die Marke Rhein-Main zu formen. Inzwischen sei man zu der Einsicht gekommen, fasst der Zusammenschluss führender Unternehmen am Standort Frankfurt und Rhein-Main im Jahr fünfzehn nach der Wiedervereinigung zusammen: So kann das nichts werden, Zusammenhalt lässt sich auf diese Weise kaum schaffen. Darauf aber komme es an, um angesichts der internationalen Konkurrenz der Städte bestehen zu können.

Und deswegen erzählte man sich zu Beginn des 21. Jahrhunderts bei der Wirtschaftsinitiative, die die Protagonisten der Region aus Wirtschaft und Politik an einen Tisch brachte, lieber eine Story. Diese »narrative Strategie«, wie Werbetexter sie nennen, ziele darauf, dass »möglichst viele Akteure sich auf eine

Grundgeschichte einigen«, um sie anschließend mit vereinten Kräften überall in der Republik und überall in Europa vortragen zu können. Und dann sollten sie diese Geschichte erzählen: Rhein-Main ist ein Ballungsraum in der Mitte Europas, in dem Wissensnomaden hochspezialisierte Arbeitsplätze finden, ihre Kinder gut betreut wissen und über das Freizeit- und Kulturangebot nicht klagen können.

Mit einer solchen Geschichte lässt sich aus der Sicht der Manager die Region, wegen ihrer Affinität zur Finanzwirtschaft in Mitleidenschaft geraten, neu positionieren. Ein Muss, sagen sie. Selbst in Zeiten der Krise, die andere Metropolen wie London und New York noch viel härter zu spüren bekamen als Frankfurt/Rhein-Main, weil deren Finanzbranche zwischenzeitlich ins Bodenlose abrutschte. Aus dieser Flaute könnten für »mittelgroße Stadtregionen mit hoher Lebensqualität und überschaubaren Kosten« Chancen entstehen, versprechen Werbestrategen den Mitstreitern der Wirtschaftsinitiative. In der Krise, das empfahl deren aktuelles Informationsbulletin, könnte sich für Frankfurt die Möglichkeit ergeben, »sich als wirkliche Alternative zu London & Co. zu positionieren«. Eine Chance, die allerdings nur aus Veränderung erwachsen könne. Und da müsse man feststellen: Im Vergleich zu anderen Metropolregionen ist Frankfurt/Rhein-Main aus der Sicht der Wirtschaftsinitiative »nicht progressiv genug«. So müsste im Zusammenhang mit dem öffentlichen Nahverkehr und innovativen Wohnformen noch »manche Hausaufgabe« gemacht werden. »Wohlwollend beobachten« sollte man hingegen die sich entwickelnde Kreativlandschaft im Osten der Region. Zur »herrlichen Ironie der Geschichte« könnte es gehören, »wenn Offenbach plötzlich die Zukunftsjobs hat und Frankfurt einen Strukturwandel vornehmen muss«.

Für Petra Roth aber ist in der Region nicht Konkurrenz das Gebot der Stunde.

Längst vor dem Jahr fünfzehn hat sie darüber nachgedacht. Inzwischen ist die Frankfurter Oberbürgermeisterin daran gewöhnt, dass alles unendlich lange dauert, dass sich mit der Wiedervereinigung allenfalls im Osten des Landes Prozesse beschleunigten. Ihrem Pragmatismus geschuldet, findet sie Lob für die Anstöße der hiesigen Wirtschaftsinitiative. Vieles aber bleibt für sie im Ungefähren stecken. Sie vermisst Verbindliches. Im Städtetag stellt sie ihr neues Konzept vor. Es heißt »kooperativer Föderalismus«. Es ist von programmatischer Qualität und zielt auf die Zusammenarbeit der Städte in der eigenen Region. Die Beziehungen zu Offenbach sind für sie dafür ein gutes Beispiel: In früheren Zeiten lieferten sich die Frankfurter und die Offenbacher manche Frotzeleien, um alte Ressentiments zwischen der reichen Stadt und der armen Gemeinde zu pflegen. Das ist vorbei. Heute bauen die Frankfurter über ihre städtische Wohnungsbaugesellschaft ABG Wohnungen im Offenbacher Hafen. Gemeinsam wollen es beide Städte hinkriegen, künftige Verkehrsströme zu kanalisieren, die sich von 2014 an mit dem Umzug der Europäischen Zentralbank ins Frankfurter Ostend erwarten lassen: Der früher bereits hoffnungslos überlastete Knotenpunkt Kaiserlei, eine Drehscheibe des Autoverkehrs an der Grenze zwischen den beiden Kommunen, wird umgebaut, um den verstärkten Individualverkehr aufnehmen zu können.

Ort der Mitsprache

Ohne die Städte geht es nicht. Für diesen Grundsatz ihrer Überzeugung wirbt Petra Roth viele Jahre an der Spitze des Deutschen Städtetages. Integration und Partizipation – das sind die Leitlinien, mit denen die Präsidentin die Rolle der Städte im 21. Jahrhundert markiert. In einer Zeit des Umbruchs: Die für Deutschland schwierige Phase der Wiedervereinigung verbindet sich global mit einer sich seit den neunziger Jahren ausweitenden Finanzkrise, die allmählich das gesamte Ausmaß der Deregulierung deutlich macht. Eigentlich müssten Städte und Gemeinden »in Resignation verfallen«. Schließlich habe der Bund immer mehr von der kommunalen Selbstverwaltung genommen und zugleich stetig weitere Aufgaben, vor allem sozialpolitische, an die letzte Instanz des föderalen Systems delegiert. Kurzum: Den Städten bleibt viel zu tun bei knappen Kassen, und doch steckt man den Kopf nicht in den Sand, »sondern die Städte sind bereit, sich zu entwickeln, zu erneuern und zu modernisieren«. Petra Roth wird nicht müde, diese Perspektiven zu entfalten.

Einschätzungen, die wie aus einer anderen Zeit wirken. Kaum vorstellbar, dass Städte wegen der ständigen Finanzknappheit in Resignation verfallen in dem Augenblick, in dem keiner mehr an ihrer Renaissance zweifelt. Petra Roth will ihnen Selbstbewusstsein einflößen. Mit dem Leitbild für die Stadt der Zukunft, 2003 entworfen.

Es ist für den Städtetag die Antwort auf Bemühungen, die kommunale Selbstverwaltung einzuhegen. Mit dieser Agenda machten die Kommunen deutlich: Ohne die Städte, in denen sich gesellschaftliche Entwicklungen früher abzeichnen als an anderen Orten, kann es in dieser Republik keinen Zusammenhalt geben. Aus diesem Selbstverständnis schöpfen die Kommunen heute Zuversicht – in dem Wissen, dass es allein Ansiedlungen von Menschen in Städten sind, in denen mit einem Wachstum der Bevölkerung perspektivisch zu rechnen ist. Sonst lässt sich nichts anderes als Schwund verbuchen. Wohin man auch jenseits der Ballungszentren sieht – überall findet sich nichts anderes als Schwund.

In diesem Zusammenhang wuchern die Städte mit einem starken Pfund: ihren integrativen Fähigkeiten. »Die Gewährleistung von Ausgleich und Abstimmung, Gleichmäßigkeit und Ausgewogenheit in der Vielfalt der Angebote, von Toleranz und sozialer Chancengleichheit ist die Voraussetzung städtischen Lebens überhaupt und damit Kernaufgabe der Stadtpolitik«, heißt es in den Leitsätzen des Städtetages. Schließlich gehe es darum, »Ausgrenzung zu verhindern und Zusammenleben zu gestalten«. Das mag abstrakt klingen, liefert aber den Rahmen, in dem sich heute alle bewegen, die sich in der Region Frankfurt/Rhein-Main Gedanken über die Perspektiven des Ballungsraums als wirtschaftlichem Standort, als Raum nachhaltiger Entwicklungen wie eben auch als Ort multikulturellen Zusammenlebens machen.

Wo sich doch Integration auf Partizipation reimt. »Auf keiner anderen als der örtlichen Ebene«, notieren die Bürgermeister in ihren Leitlinien, gebe es »so große Chancen, das Gemeinwesen selbst zu gestalten«. In diesem Zusammenhang gehe es darum, unermüdlich kommunale Selbstverwaltung zu buchstabieren: »Kommunale Selbstverwaltung bedeutet die autonome Gestaltung des örtlichen Lebensumfelds und der örtlichen Aufgaben nach dem Willen der Bürgerinnen und Bürger, nach den Anforderungen des Gemeinwesens und nach den Voraussetzungen erfolgreichen Wirtschaftens.« Konfrontiert sieht man sich mit »dem Verlust von Gestaltungs- und Entscheidungsspielräumen«. Das allerdings kann so nicht bleiben. Zumindest nicht, wenn es einem ernst ist mit dem Bemühen um ein dem Zeitalter angemessenes Zusammenleben.

Als Präsidentin des Städtetags, die die Lage in sämtlichen Städten der Republik stets im Blick haben muss, zeichnet Petra Roth unermüdlich ein verheerend wirkendes Bild der gegenwärtigen Lage. So müsse man kurzfristig angesetzte Kassenkredite der Kommunen, die sich zu diesem Zeitpunkt bereits auf reichlich mehr als vierzig Milliarden Euro addiert haben, als »ein Alarmzeichen« deuten. Damit habe sich das Volumen der Mittel, mit denen Städte und Gemeinden laufende Ausgaben auf Pump finanzierten, in den vergangenen zehn Jahren verfünffacht. Gleichzeitig brechen die Einnahmen aus der Gewerbesteuer systematisch weg. Statt der bislang 41 Milliarden Euro aus dieser Quelle müssten die Kommunen im Jahr 2010, im Jahr der tiefsten Krise, mit mehr als sieben Milliarden Euro weniger auskommen. Das sei ein Rückgang um rund achtzehn Prozent, rechnet Roth vor. Angesichts dieser Lage müsse auch der schwarz-gelben Bundesregierung klar sein, dass die Kommunen »weitere Mindereinnahmen durch Steuerentlastungen definitiv nicht verkraften können«. Erst zu Beginn des zweiten Jahrzehnts in diesem neuen Jahrhundert wirkt die Lage wieder etwas entspannter, fallen die Einnahmen wieder üppiger aus.

Doch es bleibt ein Gefühl des Unbehagens. Die ständige Drohung, dass es recht bald schon wieder schlechter sein könnte. Bereits unmittelbar nach der Präsentation des nach der Bundestagswahl 2009 geschlossenen Koalitionsvertrags von Union und FDP hatte der Städtetag heftige Kritik geübt an freidemokratischen Überlegungen zur Abschaffung der Gewerbesteuer, die allein die Entlastung der Unternehmen im Blick hatten. Präsidentin Roth unterstrich, dass die Gewerbesteuer als wichtigste Einnahmequelle der Städte nicht angetastet werden dürfe. Die Kommission, die die Koalition zur Reform der Gemeindefinanzen einsetzen wollte, sollte davon unbedingt die Finger lassen.

Schräge Vögel, gute Köpfe

Damit ist der Anfang gemacht. In den beiden kommenden Jahren wird Petra Roth immer wieder zum Telefonhörer greifen, um mit Bundesfinanzminister Wolfgang Schäuble über die Bedeutung der Gewerbesteuer für die Städte zu sprechen. Petra Roth schätzt Wolfgang Schäuble, weil er ein ausgewiesener »Kommunaler« sei und Politik über den Tag hinaus denke. Die Präsidentin des Städtetags hat keinen Zweifel, dass es diesem Mann ernst ist, dass mit ihm die grundsätzlichen Fragen der Republik zu verhandeln sind. Einer wie Schäuble, sagt Roth dann, verspricht den Kommunen, dass der Bund für die Finanzierung der Grundsicherung im Alter eintreten werde, was zu Beginn des zweiten Jahrzehnts bereits vier Milliarden Euro pro Jahr ausmacht.

Aber einer wie Schäuble sorgt sich auch darum, wohin die Reise grundsätzlich geht. Für die Gespräche mit Schäuble folgt Petra Roth festgesetzten Vorgaben. Denn ganz klar muss sein: Der Grundsatz ist Selbstverwaltung, das Ziel ist Daseinsvorsorge. Dieses Credo ist die Grundlage für jedes weitere Nachdenken des Städtetages über die Zukunftsfähigkeit der Städte und Gemeinden. Aber im Augenblick der Krise ist das Themenspektrum weiter gespannt, werden die Protagonisten des Städtetags zum Manager der angestrebten Energiewende, zum Gralshüter der Sparkassen als Finanzagenturen der Kommunen, zum Bildungsplaner im Namen eines kooperativen Föderalismus, zum Sozialexperten bei der Grundsicherung gerade von bedürftigen Rentnerinnen, zum

Standortberater im Augenblick der Konkurrenz der Metropolregionen und zum Förderer des öffentlichen Nahverkehrs bei der Suche nach neuen Konzepten künftiger Mobilität.

In Augenblicken der Krise ist es gut, dass es im Städtetag viele unterschiedliche Typen, aber jede Menge guter Köpfe gibt. Davon ist Petra Roth überzeugt. Zu ihnen gehören Wolfgang Schuster aus Stuttgart, der seine Stadt in den Jahren der Finanzkrise auf Arbeitsplätzen der Exportwirtschaft auf solidem Fundament sah. Oder Herbert Napp als Stadtoberhaupt von Neuss, der, wie Schuster ein Mann der CDU, mit der Nachbarstadt Krefeld zusammen bei des Sanierung des Hafens gezeigt hat, was kooperativer Föderalismus heißen kann. Oder auch der SPD-Mann Ulrich Maly (Nürnberg), als künftiger Präsident des Städtetags im Gespräch, und auch Klaus Wowereit (Berlin), dem man längst zutraut, außerhalb seines Rathauses und dennoch in Berlin weiter Karriere im Namen seiner SPD zu machen. Oder auch Horst Frank aus Konstanz, Grüner wie Dieter Salomon aus Freiburg und darum bemüht, dass die Praxis der Energiewende in den Kommunen zu verhandeln ist. Oder auch Eva Lohse, Christdemokratin wie Roth, Stadtoberhaupt am Industriestandort Ludwigshafen. Eva Lohse ist Roths Favoritin für die Nachfolge als Präsidentin des Städtetages. Mit Ulrich Maly und ihr ließe sich bestimmt ein neues Tandem schaffen, ist Petra Roth überzeugt.

Orientiert hat sie sich selbst oft an einem ihrer Vorgänger an der Spitze des Präsidiums, an Manfred Rommel, der zwei Jahrzehnte lang die Geschicke der Stadt Stuttgart gelenkt hat. Für Petra Roth gehört er zu den Urtypen des liberalen Stadtoberhaupts im zwanzigsten Jahrhundert. Rommel ließ keinen zurück: »Es entspricht dem kommunalen Selbstverständnis und der gesetzlichen Aufgabenstellung der Stadt, die Ausländer und ihre Familienangehörigen in gleicher Weise wie die Deutschen in ihre Sorge um das wirtschaftliche, soziale und kulturelle Wohl ihrer Einwohner einzubeziehen.«

So einen wie den Rommel, sagt Petra Roth, konnte der Deutsche Städtetag in Zeiten tiefgreifender gesellschaftlicher Reformen gut gebrauchen. An so einem wie dem Rommel wusste Petra Roth sich zu orientieren: ein Mann der CDU, vor allem aber eine Persönlichkeit des urbanen Lebens.

Die Lobbyistin

Petra Roth hat »artig ja gesagt«. Passierte schließlich nicht alle Tage, dass man Helmut Kohl an der Strippe hatte. Im Frühjahr 1996, zu diesem Zeitpunkt ist sie gerade ein dreiviertel Jahr als Oberhaupt der Stadt Frankfurt im Amt, meldete sich der Bundeskanzler telefonisch, weil er auf der Suche war. Und weil er Petra Roth mochte. Das dürfe man nicht falsch verstehen, setzt sie gleich hinzu, als sie erzählt, der Kanzler fand sie sympathisch. Sehr sympathisch, nicht mehr, nicht weniger. »Er hat einen Narren an Petra Roth gefressen«, hieß das in der Diktion von Kohls damaliger Büroleiterin Juliane Weber. Schließlich hatte sich Kohl doch auch für Roths Kandidatur in Frankfurt am Main stark gemacht.

Nach dem Erfolg ließ Helmut Kohl nicht locker. Weil er sie als politisches Talent zu schätzen wusste. Politische Talente sind überaus selten. Sie müssen frisch wirken, unverbraucht, zugänglich, komplexe Zusammenhänge schnell erfassen und den Bürgern verständlich machen können. Das Gegenbild dazu ist der Karrierist, der Politik im wesentlichen als Verwaltungshandeln versteht, also glaubt, sich eher als Jurist denn als Politiker durchschlagen zu können. Der sein Fortkommen in Etappen institutioneller Hierarchie versteht, unter allen Umständen vermeiden will, irgendwo anzuecken, und meist schon im zarten Alter der Jugendorganisation einer Partei beigetreten ist. Während das politische Talent sich die Fähigkeit bewahrt, sich über das gerade Erreichte zu freuen, und somit in der Lage ist, in der Orientierung an Vorbildern diesen Vorbildern nicht blindlings auf einer wie vorgezeichnet erscheinenden Leiter beruflichen Aufstiegs folgen zu müssen, glaubt der Karrierist, mit dem Erreichen eines bestimmten Ziels gleich die nächste Etappe für alle auch nach außen hin sichtbar einleiten zu müssen.

Das Talent nimmt Eigensinn für sich selbst in Anspruch, den der Karrieremacher eher als lästig empfindet. Eigensinn aber ist die Ressource, die der politische Philosoph Isaiah Berlin meint, wenn er vom »krummen Holz der Humanität« spricht. Erst aus dem Eigensinn heraus lässt sich Politik nicht als Beruf, wohl aber als Berufung verstehen. Aus diesem Grund gehört der Eigensinn nicht anders als die politische Tugend zu den Grundfertigkeiten des politisch handelnden Menschen.

Helmut Kohl spürte genau, dass sich mit Petra Roth große Hoffnungen verbinden ließen. Der Regierungschef suchte nach einem geeigneten Stadtoberhaupt einer nicht unbedeutenden Kommune, um für die CDU das Amt der Präsidentin des Deutschen Städtetags zu übernehmen. Wer sich an der Spitze der Stadtregierung in Frankfurt behauptet, kann auch dieses mitunter fragile Gebilde Städtetag lenken, muss sich der damalige Bundeskanzler gedacht haben. Vielleicht könnte nach dem beliebten Manfred Rommel wieder jemand aus der CDU in der Kommunalpolitik, vor allem in den großen Städten, Sympathien verbreiten? Konnte sie.

Zuletzt im Mai des Jahres 2011. Bei der Hauptversammlung in Stuttgart. Der Versammlungsort war längst gefunden, bevor die Proteste gegen das umstrittene Bahnprojekt »Stuttgart 21« einem Höhepunkt zusteuerten. Nur Spötter glaubten, Witzchen damit machen zu können, der Städtetag wolle sich vor Ort informieren, wie sich künftig Partizipationsmodelle entfalten ließen. Längst vor Beginn der Konferenz gab es keinen Zweifel daran, dass Christian Ude als Vorgänger und Nachfolger von Petra Roth nun wieder die Rolle des Nachfolgers übernehmen werde. Münchens Oberbürgermeister dankte in seiner Antrittsrede artig und bemühte das Bild von einem Tandem, bei dem »es nicht wichtig ist, wer gerade vorne oder hinten sitzt, bei dem es vielmehr stets nur darauf ankommt, dass beide kräftig strampeln und dass vor allem die Richtung stimmt«. Als Ude schon einmal, nämlich 2005, die Nachfolge Petra Roths als Präsident des Städtetags antrat, »habe ich dich wegen deines Kampfes für bessere Kommunalfinanzen die ›Jeanne d'Arc der deutschen Städte‹ genannt.« Das kann er nicht mehr toppen.

Christian Ude ist schlagfertig und charmant. An der Seite von Petra Roth Politik im Namen der Städte zu machen, hat ihm sichtlich gut gefallen. Weil er mit Roth gemeinsam für das Anliegen der Städte auch manches erreicht hat. Und so kommt er in Stuttgart gleich nach seiner Hymne auf die scheidende Chefin auch darauf zu sprechen, was für eine Lust es sei, Kommunalpolitik zu machen – nicht jenseits der Menschen, sondern mittendrin. Über die in den Rathäusern spricht man eben anders als über die in Berlin. Was nicht heißen muss, dass die in den Rathäusern grundsätzlich bessere Politiker als die in Berlin sind. Aber wenn man Rathaus nicht kann, sollte man über Berlin besser gar nicht erst nachdenken.

Wenn man Rathaus kann, lässt die nächste Anfrage ohnehin nicht lange auf sich warten: Aus guten Gründen dürfte Volker Bouffier frühzeitig kundgetan haben, auf jeden Fall für eine zweite Amtszeit als hessischer Ministerpräsident Ende 2013 antreten zu wollen; sicherlich wollte er auch nicht den Eindruck erwecken, es könnte eine Leerstelle der Macht geben. Hätte sein können, dass Petra Roth noch einmal für das Amt der Wiesbadener Regierungschefin ins Gespräch gekommen wäre. Nicht in die Luft greifen musste Bundesverkehrsminister Peter Ramsauer, um kurzerhand eine Kandidatin für den 24 Stunden zuvor zurückgetretenen Christian Wulff für Schloss Bellevue und das Amt des Bundespräsidenten ins Spiel zu bringen.

Kleine Provokationen

Zu Beginn des Jahres 2011, gleichsam in Vorbereitung auf die Hauptversammlung des Städtetags in Stuttgart, zögerten die Stadtoberhäupter bei einem Treffen in Neuss: Sollten sie den Protest gegen »Stuttgart 21« von vornherein bei der Hauptversammlung vor mehr als tausend erwarteten Gästen selbst zum Thema machen? Oder könnten Demonstranten vor der Halle in der City der baden-württembergischen Landeshauptstadt und nicht weit vom Hauptbahnhof entfernt es ihnen erst aufdrängen?

Die Stadtoberhäupter zögerten, hielten sich zurück, wollten vor dem Besuch der Bundeskanzlerin Ruhe bewahren. Ein Forum zu der Frage, ob Deutschland mehr Möglichkeiten politischer Einflussnahme brauche, wollten sie beim Städtetag nicht eröffnen. Christian Ude formuliert die Frage zum Auftakt der alle zwei Jahre einberufenen Hauptversammlung des Städtetags in Stuttgart schließlich pointiert um: Muss kommunale Demokratie erst erfunden werden?

Unbestreitbar, setzt Ude an, gibt es Verdruss, sicherlich kann man über neue Formen direkter Demokratie nachdenken, und bestimmt ist eine solide Kommunikation von Bedeutung. Doch selbst wenn man einräumt, dass Verbesserungen möglich sind, setzt der neue Präsident hinzu: »Ich erhebe Einspruch gegen die These, der Verlauf der Stuttgarter Prozeduren habe ein neues Zeitalter der Demokratie eröffnet und der Wutbürger müsse als neuer Souverän etabliert werden.«

Da kann er sich des Beifalls seiner Amtskollegen sicher sein. Denn »lautstark behauptete ›Betroffenheit‹ darf nicht zur Privilegierung bestimmter Interessensgruppen führen«, hebt Ude hervor. Ebenso müsse klar sein: Die Demokratie schützt ihre Minderheiten, aber »sie haben noch lange kein Recht, anstelle der Mehrheit zu entscheiden«. Entscheidungen von Mehrheiten dürften nicht deshalb als unrechtmäßig erscheinen, weil es Minderheitenproteste dagegen gibt. Gleichzeitig stellt sich Ude die Frage, ob der Rückgriff auf die eher vormoderne und von antiparlamentarischem Ressentiment geleitete Figur des Schlichters eine die Demokratie fortentwickelnde Instanz werden könnte. Aus seiner Sicht der Dinge mag Ude sich und seinen Kollegen einen gewissen Langmut wünschen – zumal angesichts der zu erwartenden Proteste, die das Großprojekt Energiewende erst noch mit sich bringen dürfte.

Gute Rede, zollt Petra Roth ihrem Nachfolger Respekt. Mit seinen Ideen sieht sie ihn ganz auf ihrer Wellenlänge: Nicht den

Niedergang beschwören wollen, kann die Aufgabe eines so exponierten Vertreters der Städte und Gemeinden sein – neue Ideen in die Debatte bringen, nicht Verzagtheit kultivieren, sondern Optimismus verbreiten. Für Petra Roth ist der Städtetag stets auch ein Forum der Zuversicht gewesen. »In diesem Sinne ist Stadtpolitik immer auch Gesellschaftspolitik«, unterstreicht sie. »Schließlich erleben wir in den Städten immer einen Tick früher, was sich gerade abspielt.« Entsprechend hat Petra Roth den Städtetag stets auch als Möglichkeit zu nutzen gewusst, sich regional und deutschlandweit zu profilieren. In regelmäßigen Interviews als Spitzenfrau der Lobbyorganisation kam sie dem Publikum näher.

Sie vermochte es, Richtungen zu markieren. Übernehmen Ulrich Maly und Eva Lohse die Geschäfte des Städtetages perspektivisch, haben sie Weitreichendes zu erledigen. Denn die Energiewende, sagt Petra Roth, sei nun mal alles andere als eine Kleinigkeit. Bei der Energiewende schaut Brüssel den Deutschen akribisch auf die Finger: Erst wenn sie nachweisen können, dass die Energieversorgung auch in Zeiten des Engpasses gesichert ist, können sie das Projekt angehen.

Zusammenhalt und Zukunft

Gesellschaftspolitik der Gegenwart heißt: Europa steckt in einer tiefen Krise. Am vorläufigen Ende der finanzpolitischen Wirrungen zu Beginn des 21. Jahrhunderts steht im Augenblick die Staatsschuldenkrise, die sich zunächst noch mit Griechenland buchstabieren lässt. »Neben die Sorge um die finanzielle Stabilität Europas und des Euroraums traten immer stärker innereuropäische Spannungen«, beobachtete der Zeithistoriker Andreas Wirsching in seinem 2012 veröffentlichten Buch *Preis der Freiheit*. Seit 1989 ist Europa in immer knapperen zeitlichen Abständen mit Krisen konfrontiert. Dabei hatte doch alles schlagartig besser sein sollen, der Westen Überlegenheit demonstrieren wollen, die Europäische Union sich als Hort des Friedens erweisen mögen.

Jetzt wird alles anders, hat man 1989 über die damalige Epochenschwelle gesagt, als der Ostblock plötzlich verschwand, die früheren Blöcke unter dem Beifall des Volkes zusammenkrachten. Fortan müsse man die politischen Koordinaten neu bestimmen, zeigten sich viele überzeugt.

Petra Roth greift in ihrer Grundsatzrede beim Städtetag in Stuttgart Anfang 2011 auf, dass sich viele Menschen an große Verheißungen um die Epochenschwelle von 1989 erinnern. Das sollte vor zwei Jahrzehnten nichts anderes heißen als: Die Demokratien müssten sich weiterentwickeln, um als politisches System attraktiv zu bleiben, weil ihnen doch gerade eben das Feindbild abhanden gekommen war. Den Vergleich zur Diktatur der Kommunisten hatte man doch über Jahrzehnte hinweg nicht scheuen müssen. Jetzt aber würde sie beweisen müssen, dass Demokratie mehr ist als nur die Möglichkeit, die Regierenden in regelmäßigen Abständen in geheimer Wahl und mit eigener Stimme bestimmen zu können.

Die Gegenwart kennt die Konkurrenz der demokratischen Aufbrüche. »Das Aufbegehren der Jungen in Nordafrika, die Sehnsucht nach einem demokratischen Aufbruch jenseits veralteter Strukturen, die von Autokraten beherrscht waren, stößt uns unmittelbar auf einen Zusammenhang, den wir uns bislang wenig vorgenommen haben: Ich meine den Zusammenhang zwischen der demokratischen und der demographischen Frage, demokratische Gesellschaften müssen eine eigene Dynamik entwickeln, die vor allem von den Jungen in Bewegung zu setzen ist«, sagt Petra Roth. 1989 – »das haben wir gemeistert, da haben wir zusammengebracht, was in historischer Perspektive zusammengehörte«. Doch mittlerweile, setzt sie hinzu, »dokumentieren immer mehr Menschen öffentlich, dass sie der etablierten Politik immer weniger zutrauen, dass sie sich nach mehr Teilhabe sehnen«. Und zwar: klimatisch, demographisch, partizipativ.

»Mit diesem Dreiklang dürfte man perspektivisch auch die Zeitenwende markieren, in der sich Dinge fundamental verändert haben«, setzt sie hinzu.

Klimatisch, demographisch, partizipativ – damit ist ein Programm skizziert, auf das die junge, sich erst entwickelnde Demokratie wie die etablierte Republik gleichermaßen Bezug nehmen müssen. Eine Entwicklung, die von den Städten aus in Gang gekommen ist. »Dort haben wir die Herausforderungen des 21. Jahrhunderts zu meistern«, fügt Petra Roth hinzu: »Das ist jetzt unsere Perspektive für den weiteren Lauf der Dinge.« In diesem Zusammenhang müssten sich die Städte als belastbare Experimentierfelder anbieten: »Was sich global entwickeln soll, muss einen lokalen Ausgangspunkt nehmen, denn das Herantrauen an Neues lässt sich am ehesten in überschaubaren Räumen ausprobieren.« In diesem Sinne habe der Deutsche Städtetag in Vorbereitung seiner 36. Hauptversammlung weitsichtig sein Thema bestimmt: »Zukunft und Zusammenhalt – nur mit starken Städten«.

In historischer Perspektive haben die Städte für diesen Zusammenhang bereits gesorgt, bringt die Präsidentin den Delegierten in Erinnerung: »Vom Wohle der Städte hängt der Zusammenhalt unseres Gemeinwesens ab«, habe es vor knapp einem Jahrzehnt geheißen, ohne dass der Städtetag damals den Zusatz vergessen hätte: Die Städte sind »die Keimzelle und Schule der Demokratie«, allein an diesen durchaus besonderen Orten »haben Bürgerinnen und Bürger, gesellschaftliche Gruppen und Unternehmen so große Chancen, das Gemeinwesen selbst zu gestalten«.

Petra Roth empfiehlt Differenzierung, um zwei politische Dimensionen auseinanderzuhalten: zum einen Toleranz als soziomoralische Ressource, auf die keine Stadtgesellschaft verzichten kann, zum anderen eine Perspektive der Macht: »Die Präsenz der Städte muss im Zentrum europapolitischer Entscheidungen weiter gestärkt werden, das gilt für Brüssel im übrigen nicht anders als für Berlin – in dem einen wie dem anderen politischen Geflecht müssen sich die Kommunen politisch angemessen wiederfinden.« Eben: Ihrer Bedeutung im institutionellen Gefüge entsprechend politisch repräsentiert sein.

Ein neuer Föderalismus

Der 14. Februar des Jahres 2012 könnte ein bedeutender Tag gewesen sein. Zumindest aus der Sicht der Städte. Und vielleicht auch der Eltern. An diesem Tag verwirft das Landesverfassungsgericht Rheinland-Pfalz in Koblenz den rheinland-pfälzischen Finanzausgleich als verfassungswidrig. Die Zuweisungen des Landes reichten angesichts der stark gestiegenen Sozialausgaben schon seit längerem nicht mehr aus, um den Kommunen eine der Landesverfassung angemessene Finanzausstattung zu sichern, heißt es in dem Urteil. Deshalb müsse der Finanzausgleich bis zum 1. Januar 2014 neu geregelt werden.

In anderen Bundesländern dürfte diese Entscheidung mit großem Interesse aufgenommen worden sein, denn das Gericht wies die Argumentation des Landes zurück, dass die Kosten, um die es in diesem Fall ging, vom Bund verursacht worden seien und daher auch von Berlin aus übernommen werden müssten.

»Was das Gericht zur Mitverantwortung des Landes Rheinland-Pfalz ausführt, lässt sich im Grundsatz auf jedes andere Bundesland übertragen«, sagte der Finanzdezernent des Städtetages, Helmut Dedy, der *Frankfurter Allgemeinen Zeitung.* Der Streit um einen angemessenen Finanzausgleich macht sich immer wieder an drei politischen Feldern fest: den Sozialausgaben, etwa für die Grundsicherung im Alter, den Kosten für den Ausbau des gesetzlich garantierten Betreuungsangebots für unter dreijährige Kinder und der Fortschreibung der Beiträge des Bundes für den Städtebau.

Gerade mit der Übernahme der Kosten für die Kinderbetreuung müssen sich Gerichte immer wieder befassen. Erst vor zwei Jahren sprachen die nordrhein-westfälischen Verfassungsrichter dem dortigen Städtetag das Recht zu, das Land an das Konnexitätsprinzip zu erinnern. Nach diesem Prinzip gilt der in allen Landesverfassungen verankerte Grundsatz: »Wer bestellt, bezahlt!« Deswegen müsse dafür gesorgt sein, dass Bund und Länder die mit einem Gesetz verbundenen Kosten beachten.

»Leider müssen wir feststellen, dass viele Länder eine erstaunliche Kreativität an den Tag legen, wenn es darum geht, sich der Pflicht zum Kostenausgleich zu entziehen«, rügte Petra Roth immer wieder. Als Beispiel nannte sie den notwendigen, aber noch längst nicht ausreichend finanzierten Ausbau der Kinderbetreuung für unter Dreijährige. Vom Jahr 2013 an gibt es einen Rechtsanspruch auf einen Betreuungsplatz für Kinder ab einem Jahr.

Der Deutsche Städtetag habe in der Gemeindefinanzkommission immer wieder darauf hingewiesen, dass neue Belastungen für die Kommunen nur dann verhindert werden können, wenn die Kommunen verlässlich an der Gesetzgebung des Bundes beteiligt werden und die Kosten schon im Vorfeld verbindlich und transparent abgeschätzt werden, betonte Roth in diesem Zusammenhang und setzte hinzu: »Wir appellieren an Bundesregierung und Bundestag: Tragen Sie dafür Sorge, dass die Kommunen künftig zuverlässig und frühzeitig zu allen Gesetzesvorhaben gehört werden, die ihre Belange berühren. Das schützt die Kommunen nicht nur vor falschen Kostenschätzungen. Mit ihren praktischen Erfahrungen im Gesetzesvollzug können die Kommunen auch zu einer besseren Gesetzgebung beitragen. Es liegt also im Interesse von Bund und Ländern, die Kommunen frühzeitig und verlässlich an der Gesetzgebung zu beteiligen.«

Die Beschwerden über die gegenwärtige Praxis des Finanzausgleichs könnten sich als Ansporn erweisen, dieses Geflecht der Finanzierung staatlicher Aufgaben neu zu entfalten. Das allerdings, und an dieser Stelle spätestens empfiehlt Städtetagspolitikerin Roth, sich keinen falschen Vorstellungen hinzugeben, dürfte sich als ausgesprochen schwierig erweisen, da die Interessen zwischen Bund und Ländern sowie Ländern und Kommunen so weit auseinanderlaufen. Zumindest muss sich das Bundesverfassungsgericht mit einer Klage der Länder Bayern, Baden-Württemberg und Hessen befassen, die die Rechtsauffassung vertreten, Berlin und Bremen lebten, gemessen an der Hilfsbedürftigkeit aus dem Finanzausgleich, dann doch auf zu großem Fuß. Es ist kaum zu erwarten, dass Bund und Länder den Finanzausgleich zu einer grundlegenden Reform des Föderalismus nutzen wollen.

Das freilich, daran lässt Petra Roth keinen Zweifel aufkommen, erwartet sie als Fürsprecherin der Kommunen allerdings doch. Pointiert sagt sie deshalb: Schafft die Länder ab. Gemeint ist: Lasst uns darüber nachdenken, wie wir die Laboratorien der Moderne so ausstatten können, dass sie den Herausforderungen der Moderne auch wirklich nachgehen können. Formuliert Roth diese Forderung, hat sie nicht die so oft durchgespielte Zusammenlegung von Ländern vor Augen, dann will sie nicht zuallererst neue föderale Gebilde wie ein neues Bundesland Saarland-Hessen-Thüringen schaffen. Es geht ihr viel eher um den Zuschnitt der Bearbeitung von gesellschaftlichen Problemen, denn der Klimawandel trifft den Norden der Republik nicht anders als den Süden, und bevor eine Hochspannungsleitung, von Schleswig-Holstein kommend, Bayern erreicht, muss sie Nordrhein-Westfalen kreuzen.

Diese Herausforderungen wiederum fangen bei der Grundsicherung an, gehen über die Kinderbetreuung und die Sozialpolitik hinaus und landen schließlich bei einer Aufgabe, von der bislang alle nur das eher unbestimmte Gefühl haben, dass da einiges auf uns zukommt. Die Rede ist von der Energiewende.

6 11. März 2011, Fukushima

Es hat Vorboten gegeben. Zwei Tage früher bereits. Insgesamt 23 Erdbeben vor der nordöstlichen Küste der japanischen Hauptinsel Honshu. 23 Erdbeben der Stärke fünf, allesamt Vorbeben am 9. und 10. März des Jahres 2011. Die Katastrophe aber ließ bis zum Nachmittag des folgenden Tages auf sich warten. Das stärkste Erdbeben unserer Zeitrechnung erschütterte Japan. »Innerhalb von weniger als drei Minuten brach ein Erdsegment von geschätzten 400 bis 500 Kilometern Länge und 200 Kilometern Breite ab, das bis in 25 Kilometer Tiefe reichte«, fassen die Japan-Experten Florian Coulmas und Judith Stalpers erste Schäden zusammen: Dadurch rutschten betroffene Teile der Insel Honshu etwa vier Meter nach Osten, der Meeresboden hob sich um bis zu sieben Meter.

Erdbeben sind in Japan nichts Ungewöhnliches, die Menschen wuchsen auf der Insel mit der Erfahrung auf, dass »der Boden, auf dem man steht, nicht solide und stabil, sondern prekär und in Bewegung ist«.

Als Folge des gewaltigen Erdbebens fiel das Kühlsystem in den Reaktorblöcken des Atomkraftwerks Fukushima aus. In den Blöcken eins bis drei gab es Kernschmelzen, bei denen große Mengen radioaktiven Materials freigesetzt wurden. Mehr als 100 000 Menschen mussten in der Folge evakuiert werden.

Selbst Tage nach den Vorbeben bleibt das wahre Ausmaß der Katastrophe ungewiss. Gegen neunzehn Uhr, mehr als vier Stunden nach dem Tsunami, der die Atomanlage mit vierzehn Meter hohen Wellen überschwemmt hat, ruft die Regierung den atomaren Notfall aus. Im Umkreis von zunächst zwei, später drei Kilometern werden Anwohner evakuiert. Fernsehanstalten wiederholen die gesamte Nacht über Bilder der Katastrophe, die an apokalyptische Szenarien von Hieronymus Bosch erinnern. So muss das Ende sein, denken viele Menschen überall auf der Welt. So ist das Ende, sagen Kommentatoren immer wieder. Zuschauer wirken wie gelähmt. Sie schalten auch am nächsten Tag, am 12. März, einem Samstag, wieder das Fernsehen ein.

In einer Messehalle im fernen Deutschland erörtern Frankfurter zeitgleich währenddessen die Zukunft der Demokratie. Es ist ein Programm des Bundespräsidenten mit dem Ziel, das Vertrauen der Bürger in die Republik zu stärken. Das Programm läuft in Frankfurt am Main und 23 anderen Städten und Landkreisen. Etwa 10 000 Bürger beteiligen sich. Irgendwann soll an diesem Vormittag das Staatsoberhaupt selbst mit einer Videobotschaft zugeschaltet werden, in Frankfurt am Main genauso wie an den anderen Orten. Anfang Januar hatte Christian Wulff »das Experiment« in Schloss Bellevue gestartet: Er wolle eine neue Form der Bürgerbeteiligung ausprobieren. Zum Auftakt reiste Petra Roth nach Berlin. Gemeinsam mit der Frankfurter Bürgerin Hildegard Scholz, die die Tour in die Hauptstadt stellvertretend für die Teilnehmer aus Frankfurt am Main machte. Sechs Wochen später beschäftigen sich die Frankfurter an diesem Samstag mit den Fragen nach den Perspektiven der partizipativen Demokratie und des Alterungsprozesses in Deutschland.

Als sich Petra Roth an diesem frühen Vormittag des 12. März auf den Weg zu ihrem zweiten Termin macht, spürt man deutlich: Es wird Frühling, die Luft ist frisch, wärmt sich aber allmählich auf. Ihr Chauffeur wartet mit dem Wagen direkt am Ausgang der Messe, um gleich den nächsten Ort ansteuern zu können. Die Chefin bittet ihn, noch nicht loszufahren und das Fahrzeug noch für einen Moment stehen zu lassen. Sie braucht einen Augenblick, um sich an diesem frühen Morgen wieder auf den neuesten Stand der Dinge zu bringen. Wie immer sitzt sie rechts hinten in ihrem ganz in Schwarz gehaltenen Dienstwagen. Sie macht wieder den kleinen Bildschirm an ihrem mobilen Arbeitsplatz an, um zu erfahren, wie es in Japan weitergegangen ist.

»Seit gestern«, sagt sie, »seit der Katastrophe vom 11. März, ist alles anders.«

Alles. Der Alltag der Kommunalpolitik. Und der Alltag des augenblicklichen Wahlkampfs auch. In zwei Wochen stimmen die Frankfurter über die künftige Zusammensetzung des Stadtparlaments ab. Petra Roth spürt deutlich: Die Katastrophe macht die Grünen stark, wieder einmal könnte sich als verhängnisvoll erweisen, dass die eigenen Leute der Öko-Partei und deren apokalyptischen Szenarien im Augenblick des Entsetzens nicht wirklich Zuversicht entgegenzusetzen haben. Mit dieser Zäsur, davon ist Petra Roth sofort überzeugt, stellt sich die Frage nach den Laufzeiten der hiesigen Kernkraftwerke nun wirklich drängend. Nach dieser Zeitenwende muss man Antworten finden, um nun zügig einen Ausstieg aus der Atomenergie zu schaffen. Das aber heißt nichts anderes als: Die Energiewende steht plötzlich wieder ganz oben auf den Tagesordnungen – der Politiker wie der Wahlkämpfer.

Erkundungen beim Marktführer

Petra Roth schmiedet einen Plan. Einen großen Plan. Für ein großes Projekt. Schließlich kann man die Energiewende gar nicht zu groß denken. Petra Roth entwickelt ihre Idee wie immer, indem sie Fragen stellt. Kann sie selbst diese Fragen plausibel beantworten, ist sie überzeugt davon, dass die Idee trägt. Was also soll diese Energiewende sein? Was nimmt man sich dafür vor? Und vor allem mit wem gemeinsam verfolgt man dieses Projekt?

Die Energiewende zielt darauf, das Land zügig unabhängig zu machen von fossilen Brennstoffen und der Atomkraft, um den Klimawandel zu stoppen und die Gefahren der Kernenergie zu bannen. Die Städte als Schrittmacher dieser Entwicklung nehmen ihre Energieversorger in die Pflicht, um die Energiewende anzusteuern, und stellen damit die eigene Produktion von Energie um. Dieses Vorhaben kann als kommunales Projekt gelingen. Die Stadtwerke können ihren Kunden Energieeffizienz schmackhaft machen.

Voller Optimismus sah Petra Roth dem Atomausstieg entgegen. Längst vor Fukushima machte die Präsidentin des Deutschen Städtetags kein Hehl daraus, mit dem Ausstieg aus dem Ausstieg durch die schwarz-gelbe Bundesregierung gar nicht einverstanden zu sein. Für sie ist die grundsätzliche Abkehr von der Atomkraft geboten – und auch zu machen. Die Energiewende ist für die Pragmatikerin immer ganz konkret. Sie kann sich begeistern für neue Erfindungen und andere Technologien, die auf der ISH, der Frankfurter Fachmesse für innovative Heizungstechnik und erneuerbare Energien, präsentiert werden.

Früher hieß die Fachmesse für Heizungsrohrsysteme, Lüftungsschächte und Badewannen einfach »Interklo«. Inzwischen ist »Interklo« eine Zukunftsschau, »eine Leitmesse«, unterstreicht Petra Roth die Bedeutung dessen, was an wenigen Tagen auf dem Frankfurter Messegelände zu sehen ist: Wie Deutschland mit eigenen Ressourcen umgehen könnte, lässt sich dort besichtigen. Vom Wassersparen bis zum Blockheizkraftwerk im Einfamilienhaus. In Details wie diese sollte sich Berlin reinhängen, dafür wirbt Petra Roth: Wer dort an den weitläufigen Ständen Innovatives zu bieten hat, für den knüpft sie Kontakte. Verbindungen nach Berlin, vor allem aber Verknüpfungen nach Frankfurt. Verknüpfen, Menschen zusammenbringen ist schließlich eine große Spezialität des Stadtoberhaupts. Petra Roth will eine Stadt der Innovation.

Und so nimmt sie sich nach diesem Schicksalstag, diesem 11. März 2011, vor, die Energiewende von Frankfurt aus voranzubringen. Über Frankfurt soll man in ein paar Jahren im Rest der Republik sagen können: Die waren mal wieder eine Nasenlänge voraus. Entsprechende Impulse sollen vom stadteigenen Energieversorger Mainova kommen, dessen Aufsichtsratsvorsitzende Petra Roth ist. Er geht ihr darum, Neuland zu betreten, etwa die Heizungen der Haushalte mit Fernwärme zu betreiben, intelligente Systeme in den Wohnungen zu installieren und Anreize zum Sparen zu bieten.

Um sich auf den technischen Stand der Dinge bringen zu lassen, macht sich das Stadtoberhaupt bei den innovativen Energieunternehmen kundig. Den Anlagenbauer Viessmann besucht sie nach der Messe am Stammsitz des Unternehmens im nordhessischen Allendorf. Über die Minderung von Heizkosten für private Haushalte lässt sie sich von Geschäftsführer Martin Viessmann, einem umtriebigen Mittfünziger, ausführlich informieren. »Effizienz Plus« heißt sein Zauberwort, berichtet der Manager, als er Petra Roth in der tiefen Provinz Nordhessens in Empfang nimmt. Themen wie diese macht sie zur Chefsache und will sie auch selbst genau durchdringen. Dann geht es ihr darum, praktisch zu erfahren, um was es eigentlich geht. Zwei Stunden Fahrt hat Petra Roth zu früher Stunde auf sich genommen, um mit Viessmann zu beraten.

»Mit marktverfügbarer Technik können wir bereits heute die politisch gesetzten Klimaschutzziele für 2020 erreichen«, zeigt sich der Geschäftsführer überzeugt. Es gehe um die Nutzung eines Mixes aus erneuerbaren Energien, und sein Modell setze auf die Steigerung der Energieeffizienz. Bei der Sanierung öffentlicher und privater Gebäude gebe es »große Effizienzpotentiale«, wirbt Viessmann. Dafür hätte er sich von der Bundesregierung »gezielt steuerliche Anreize« erhofft, um Gebäude »schrittweise sanieren zu können«.

Berlin müsse die Bemühungen zur Förderung der Energieeffizienz wesentlich forcieren, findet auch Petra Roth. Gegenwärtig würde gerade ein Prozent der öffentlichen Gebäude pro Jahr unter dem Aspekt der Energieeinsparung saniert. Das müsse mehr werden. Bei zwei Prozent markiert auch der Frankfurter Stadtplaner Albert Speer den Richtwert, an dem sich Frankfurter Sanierungen im Wohnungsbestand fortan orientieren sollten.

Mit dem Besuch des 9 400 Mitarbeiter beschäftigenden Unternehmens setzte die Oberbürgermeisterin ihre Vor-Ort-Besichtigungen im Namen der Energiewende fort. Sie hat sich vorgenommen, einzelne Modellprojekte zu bündeln, Zusammenhänge zu knüpfen. Deswegen ist sie viel unterwegs: zu Anlagen zur Nutzung von Windenergie an der nördlichen Grenze der eigenen Stadt oder auch im hohen Norden der Republik – nach Alpha Ventus, einer Offshore-Stromfabrik 45 Kilometer vor der Insel Borkum. Die Energiewende könne nur »mit einem neuen Energiemix und der dezentralen Energieversorgung über die Stadtwerke gelingen«, davon ist das Stadtoberhaupt überzeugt. Zu schnell allerdings geht ihr das alles nicht.

Zumal die Energiewende bereits ein Jahr später, im Frühjahr 2012, nicht mehr zu den Vorhaben gehört, die die schwarz-gelbe Bundesregierung mit der großer Verve betreibt. Bislang stand in Berlin Bundesumweltminister Norbert Röttgen für dieses Vorhaben. Seine Ambitionen in Nordrhein-Westfalen werfen augenblicklich die Frage auf: Wer macht das weiter? Die FDP bestimmt nicht. Das aber heißt für Petra Roth nichts anderes als: in den Kommunen die Taktzahl erhöhen, um das eigene Ziel im Auge behalten zu können.

Wie die Energiewende gelingen kann

Fast auf den Tag genau ein Jahr nach der Katastrophe von Fukushima erholt sich im Februar 2012 der Kurs des zuletzt doch arg gebeutelten RWE-Konzerns. Die Essener Energieanbieter müssen verkaufen, um Erlöse zu haben. Zwar nur Beteiligungen, heißt es, um hervorzuheben, dass Kernbereiche des Imperiums nicht betroffen sind. Immerhin aber soll das Paket 25 Milliarden Euro einbringen.

Deswegen bittet Petra Roth in ihrem Dienstzimmer zu einem kleinen Mittagessen. Sie will mit vier geladenen Herren aus der Energiebranche reden. Und ein bisschen essen. Nichts Aufwendiges, eher leicht Bekömmliches: Salat mit ein wenig Fisch, anschließend Kalbfleisch im Gemüsebett. Die Herren hegen Zweifel. Grundsätzlich sind sie zwar einverstanden, über kommunale Versorger eine neue Energiepolitik voranbringen zu wollen, aber mittelgroße Gemeinden wie der Nachbar Darmstadt sollten sich bei sich plötzlich auftuenden Verlockungen des Energiemarkts nicht verheben. Dem Frankfurter Energieunternehmen Mainova hingegen, dem traut man eine bedeutende Rolle in dem sich neu sortierenden Segment zu. Die Mainova denkt über neue Beteiligungen nach. Das sei ihre Hinterlassenschaft, sagt das Stadtoberhaupt. Sie wolle die Grundlage dafür schaffen, dass die Energiewende gelingen kann, begründet Petra Roth ihr Bemühen.

Es ist gut, wenn sich »die Chefin« für eine Idee begeistern kann. Was Petra Roth gut findet, will sie unbedingt in die Tat umgesetzt sehen. Dafür setzt sie sich mit großer Verve ein. Die Energiewende, der Klimawandel, die Entwicklung der Stadtlandschaft – das sind ihre Themen. Selbst wenn so etwas lange dauert. An Zeiträume für die Umsetzung städtischer Projekte von bis zu zwei Jahrzehnten hat sie sich gewöhnt. Dagegen wirken Zeitvorstellungen für die Umsetzung der energiepolitischen Regionalisierung mit dem Erwerb neuer Anteile als überaus ambitioniert: In einem bis anderthalb Jahren, sagt ein Energiemanager, lasse sich die Regionalisierung umsetzen. Regionalisierung heißt: Mit dem Erwerb von benachbarten Unternehmen beispielsweise aus dem Bestand der RWE erschließen sich kommunale Versorger neue Märkte und Zugänge zu regionalen Vertriebsnetzen.

Der Ausbau der Stromnetze steht stets ganz oben auf der Tagesordnung, wenn im Kanzleramt über die Energiewende gesprochen wird. Mit dem dort zuständigen Bundesminister Ronald Pofalla und Städte-Lobbyistin Petra Roth. Die Kommunen sind Garanten einer künftig dezentralen Energieversorgung. Die Kommunen bieten sich deshalb als Partner für die Energiewende in Deutschland an. Ihnen kommen wichtige Aufgaben zu: Sie planen die Standorte für Windenergie, Biomasse und Photovoltaik verantwortlich. Sie sind selbst Besitzer von rund 176 000 Gebäuden, die energieeffizient zu sanieren sind. Als öffentlicher Auftraggeber können sie die Produktion umweltfreundlicher Waren steuern. Über ihre Stadtwerke sind sie als Versorger für Strom und Wärme verantwortlich, denn über ihre Stadtwerke können die Kommunen verlässlich eine bezahlbare und klimaschonende Versorgung mit Wärme und Strom leisten. Außerdem können die kommunalen Energieversorger den Bürgern plausibel machen, warum es eine Energiewende geben soll und warum sie keine Engpässe der Versorgung fürchten müssen. Damit lässt sich Akzeptanz schaffen.

»Deswegen machen wir das«, sagt Petra Roth: Die Beteiligung der Bürger an der Energiewende findet in den Kommunen statt. In diesem Zusammenhang sind die Kommunen an der Beschleunigung von Genehmigungsverfahren interessiert. Schließlich sind von den mehr als 3 000 Kilometern Energietrassen, die neu gebaut werden müssen, gerade einmal hundert Kilometer fertig. Frühzeitig hat Petra Roth als Oberbürgermeisterin, als Aufsichtsratsvorsitzende der Mainova und als Präsidentin des Städtetags zusammen mit dem Verband kommunaler Unternehmen im Kanzleramt Kritik vorgetragen, denn mit der zunächst geplanten Laufzeitverlängerung hatte man die Stadtwerke, die bereits stark auf erneuerbare Energie setzten, erheblich benachteiligt. Sie waren in der Konkurrenz zu privaten Anbietern nicht mehr wettbewerbsfähig.

Verschenkte Potentiale, machte Petra Roth deutlich, denn vor allem die kommunalen Versorger schwenkten frühzeitig um und investierten in erneuerbare Energien. Die Stadtwerke in Deutschland sind dabei, sich zu vernetzen über wechselseitige Beteiligungen, um funktionsfähige Einheiten zu schaffen. Diesen Gedanken findet Petra Roth ausgesprochen reizvoll: das kleine Dorf A mit der Kreisstadt B und der Großstadt C. Sie werden gemeinsam erneuerbare Energie gewinnen, ob nun Wind, Sonne oder über Kraft-Wärme-Kopplung. Dadurch werden die Städte unabhängig von fossilen Energieträgern wie Öl und Gas. Zweiflern, die behaupten, das werde nicht klappen, hält sie entgegen:»Wir schaffen das.« Zumal doch die Energiewende ein großes Programm zur Förderung gerade auch der mittelständischen Unternehmen über Jahrzehnte hinweg ist, also im Grunde ein umfangreiches Konjunkturprogramm.

Die Energiewende, daran lässt Petra Roth überhaupt keinen Zweifel aufkommen, braucht die Vernetzung, muss den Gebrauch von Energie mit der Nutzung von Transportmitteln zusammenbringen. Dafür bietet sich in dem bereits erwähnten neu entstehenden Stadtquartier »Gateway Gardens« in unmittelbarer Nähe zum Flughafen die Chance, die Idee übergreifender Mobilitätsketten zu verwirklichen und neue Felder der urbanen Mobilität zu testen. Aus diesem Grund gibt es ein Pilotprojekt zum Einsatz von Elektrobussen im Regelbetrieb.

Vielleicht ist Elektromobilität wirklich eine Zukunftstechnologie. Zumindest einen Versuch ist es wert, diese Antriebsart alltagstauglich zu machen, hebt Petra Roth hervor und lobt das Handwerk dafür, dieses Wissen auch zum Gegenstand der Ausbildung eigener Leute zu machen. Neue Ideen müssen die Gesellschaft durchdringen: »Wir bauen die Green City jeden Tag ein Stück weiter«, sagt Frankfurts Oberbürgermeisterin bei einem Vor-Ort-Termin. »Die E-Mobilität ist substantiell für die Energiewende, und die Energiewende ist das Fundament für Frankfurt am Main als Green City.«

Grundlage für Schwarz-Grün

Die Grünen haben verzichtet. Von vornherein. Wegen einer gewissen Ausweglosigkeit sollte niemand aus ihren Reihen die Konfrontation mit Petra Roth suchen. Das Geld für die Wahlkampagne wollten sie sich sparen. Schließlich würde die Amtsinhaberin 2007 bestimmt wieder das Rennen machen. Wie schon 2001 und nicht anders als 1995. Petra Roth kann beinahe so etwas wie eine Ewigkeitsklausel für sich beanspruchen – also ein auf Tradition gestütztes Recht, Oberhaupt der Stadt Frankfurt am Main zu sein. Zumal das eigene Ergebnis bei der Wahl des Stadtoberhaupts für die Grünen sechs Jahre zuvor auch nicht gerade als Ermunterung zu verstehen gewesen wäre: Petra Roth konnte sich zwar erst in der Stichwahl gegen den Sozialdemokraten Achim Vandreike durchsetzen, erhielt aber im ersten Wahlgang bei reichlich 48 Prozent beinahe fünfmal so viele Stimmen wie ihre Kontrahentin von den Grünen, Schuldezernentin Jutta Ebeling.

Wie doch die Zeit vergeht, dürften sich manche gesagt haben: Petra Roth und Jutta Ebeling – fünf Jahre nach der Wahl des Stadtoberhaupts präsentierten sich die beiden Frauen als Rückgrat der im Jahr 2006 geschlossenen schwarz-grünen Koalition in Frankfurt am Main.

Zwei Frauen an der Spitze der Finanzmetropole – wer hätte das vor zehn Jahren gedacht, fragt Jutta Ebeling beim Neujahrsempfang ihrer Grünen im Jahr 2007. Knapp eine Woche vor der Abstimmung legte sich die Grüne bei diesem Anlass im Januar fest: »Ich werde Petra Roth wählen.«

Zu diesem Zeitpunkt ist bereits klar: Die Christdemokratin wird wieder das Rennen machen. Zum dritten Mal bereits, jetzt wieder ohne Stichwahl. Diesmal mit einem souveränen Resultat. Der Sozialdemokrat Franz Frey lag Lichtjahre von ihr entfernt.

Die SPD wirkte hilflos. Noch einmal hatte sie bei der Kommunalwahl 2006 heftige Verluste hinnehmen müssen. Bei 24 Prozent verbuchte sie ein Minus von 6,5 Prozentpunkten. Dagegen hielten sich die Verluste der CDU, die 36 Prozent erreichte, mit 2,5 Prozentpunkten noch im Rahmen. Leichte Gewinne verbuchten die Grünen, die 15,3 Prozent schafften und 1,2 Prozentpunkte gutmachten.

Das reichte für ein Experiment, das die Beteiligten allerdings nicht so verstehen wollten. Schließlich seien doch beide Parteien erfahrene Bestandteile des Parlaments, hätten sich die Grünen doch bereits als magistrabel bewiesen, hieß es. CDU und Grüne wollten in Frankfurt kein Experiment starten, sondern Fingerzeige geben – in Richtung Berlin. Dort schwor die große Koalition zu diesem Zeitpunkt zwar Stein auf Bein, beieinander bleiben zu wollen, doch war bekannt, dass die CDU nicht anders als die SPD bereits wieder die Fühler ausstreckten, um andere Partner zu finden. In Frankfurt sollte Schwarz-Grün, das doch inzwischen reichlich Anläufe hinter sich hatte, nun endlich klappen. Schließlich war es etwas anderes, ob dieses Bündnis sich anschickte, Mühlheim an der Ruhr zu regieren oder die Stadt, die Joschka Fischer und Daniel Cohn-Bendit groß gemacht hatte: die Leitfiguren der Grünen. Am Main hatte sich Joschka Fischer in jungen Jahren im Straßenkampf geübt, hatte Daniel Cohn-Bendit das 1989 bundesweit erste Amt für multikulturelle Angelegenheiten übernommen. In der Stadt des Finanzkapitals sollte Tom Koenigs als Kämmerer der Kommune beweisen, dass Grüne mit Geld umgehen können. Die Grünen fackelten nicht mehr lange, als es jetzt um die Verteilung von Dezernaten ging: CDU fünf, Grüne drei, die Freidemokraten sollten einen Stadtrat stellen dürfen.

Für Oberbürgermeisterin Petra Roth kam es darauf an, das neue Bündnis ideologiefrei anzugehen. »In Berlin haben wir eine schwarz-rote Koalition, weil der Reformstau aufgelöst werden muss. In Frankfurt haben wir eine schwarz-grüne Koalition, weil wir ebenfalls einen Reformstau auflösen müssen.«

Damit spielte Petra Roth auf die Agonie an, die der Allparteienmagistrat aus CDU, SPD, FDP und Grünen verbreitete. Da habe niemand mehr entschieden, da seien Entscheidungen nur noch vertagt worden, klagten viele.

Die künftige Bürgermeisterin und Bildungsdezernentin, Jutta Ebeling, weiß die neue Konstellation zu preisen: »Ein Projekt, das Gegensätze zur Versöhnung bringt«. In der neuen Koalition würden »wertkonservative Haltungen« beider Parteien zueinander finden. Sie lobt, wie sich die CDU unter Petra Roth mittlerweile für eine liberale Drogenpolitik einsetzt und sich sogar für ein Hilfsprogramm für Migranten, die ohne gültige Papiere in Frankfurt leben, erwärmen kann. Die Zeit der alten Gräben sei vorbei.

Die Zeit mancher Dissensthemen noch nicht ganz. Die Opposition reibt Schwarzen und Grünen unter die Nase, sich bei Entscheidungen zum Frankfurter Flughafen und dessen geplanter Erweiterung enthalten zu wollen und den umstrittenen Riederwald-Tunnel verabredet zu haben. Jutta Ditfurth, einst selbst Grüne, heute Stadtverordnete von ÖkoLinx, pflegt bis in die Gegenwart anhaltende Häme: Die neue Römer-Koalition stehe le-

diglich für eine »Heimkehr der verlorenen Söhne des Besitzbür-
gertums«, die jetzt als »kleinbürgerliche Variante ihre langwei-
lige Vollendung« findet.

Green City – nur ein anderes Wort
für Energiewende

»Moderner Sozialstaat, Wirtschaft als Garant der sozialen Siche-
rung, Nutzung modernster ökologischer Instrumentarien für
Mobilität, Klimaschutz und eine Bildungspolitik, die Familie und
Beruf vereinbaren lässt« – in ihrem Buch *Aufstand der Städte*
nennt Petra Roth diese Themenfelder als Schnittmenge kommunaler Politik, die sich Schwarze und Grüne für Frankfurt vorgenommen haben. Über diese Sachgebiete hinaus gibt es für Roth
allerdings eine gewichtige Ressource. Sie teilt mit Jutta Ebeling
»ein Grundverständnis des Politischen: Politik verstehen wir
nicht nur als Beruf, sondern als Berufung.« Nach vier Jahrzehnten in der Politik nehme sie für sich in Anspruch, in der CDU
Dinge vorangebracht zu haben, die bis dahin nicht Mainstream
gewesen seien. Frauen wie Rita Süssmuth seien für sie immer
wieder Eckpfeiler politischer Orientierung gewesen. Sie selbst sei
stets »ohne Hausmacht angetreten«, berichtet die Oberbürgermeisterin in ihrer Agenda für eine künftige Kommunalpolitik.
Dabei habe sie vor allem die Frage interessiert: »Wie kann ich etwas zum Besseren verändern?«

Fragen wie diese stellten Frauen im übrigen ganz anders als
Männer, meint Roth. »Sie neigen in Gremien weniger dazu, ego-
istisch Positionskämpfe durchfechten zu wollen, sie bauen selte-
ner ideologische Blockaden auf und agieren in Leitungsgremien
eher kooperativ. Frauen kommen ihre spezifischen sozialen Kompetenzen zugute«, notiert Petra Roth in *Aufstand der Städte*. Deshalb gehe sie zuallererst auf Frauen zu. Die Erfahrungen, die sie
dabei gemacht hat, sprechen für sich: Ebeling und Roth stehen
nicht allein für die Achse des Vertrauens, die der damalige Parteichef der CDU, Udo Corts, nach der Kommunalwahl 2006 zu

schmieden wusste. Die Koalitionsgespräche hätten den Beweis geliefert, hob Baumeister Corts in der Öffentlichkeit hervor: Ein Bündnis mit den Grünen würde sich auf gegenseitiges Vertrauen stützen können.

Beide Politikerinnen sind jedoch auch die Garanten dafür, dass Schwarze und Grüne jenseits des unmittelbaren Pragmatismus eine Perspektive entwickeln können. Man muss wohl kein Miesmacher sein, um zu prognostizieren: Einfacher wird diese Koalition mit dem Ruhestand der Bürgermeisterin und dem Abgang der Oberbürgermeisterin sicherlich nicht. Das deutet sich bereits bei den Koalitionsverhandlungen nach der Kommunalwahl Ende März 2011 an: Zu diesem Zeitpunkt rutschte die CDU um satte 5,5 Prozentpunkte auf 30,5 Prozent ab, büßte die SPD noch einmal 2,7 Prozentpunkte auf 21, 3 Prozent ein, während die Grünen in zeitlicher Nähe zu den Ereignissen in Fukushima hervorstiegen: plus 10,5 Prozentpunkte. 25,8 Prozent der Frankfurter Wähler entschieden sich für die Grünen.

So mangelt es den Grünen in den Verhandlungen für eine zweite Auflage der schwarz-grünen Koalition nicht an Selbstbewusstsein, um gerade in der Verkehrspolitik und beim eigenen Personal ihre Interessen durchzusetzen. Wegen weitergehender Tempolimits für den Autoverkehr gibt es Ärger. Der Verhandlungsführer der CDU, Frankfurts damaliger Parteichef und Hessens Innenminister Boris Rhein, macht in den Beratungen über ein künftiges Personaltableau eigene Prioritäten deutlich: Die Grünen können fordern, was sie wollen, das Dezernat für die Freidemokraten, die zu diesem Zeitpunkt in Wiesbaden eine Koalition mit der CDU unterhalten, ist gesetzt.

Wer weiß, wofür so etwas noch gut sein würde, hält Rhein dem Unmut in seiner eigenen Delegation entgegen. Bei der Wahl des Nachfolgers von Petra Roth ein Jahr später verzichten die Freidemokraten denn auch auf einen eigenen Kandidaten. Für die Stichwahl ermuntern sie schließlich ihre Klientel dazu, den Kandidaten der CDU zu unterstützen – Boris Rhein.

Der FDP-Mann im Magistrat geht arithmetisch zu Lasten der

CDU, die dafür einen ihrer Dezernatsposten abgibt. Wie den Grünen bleiben den Schwarzen damit vier Posten in der Stadtregierung. Das als einflussreich geltende Planungsdezernat geht an die Grünen.

»Wir gestalten eine Koalition der Nachhaltigkeit«, kündigt Petra Roth an der Seite von Jutta Ebeling wenige Wochen nach der Kommunalwahl 2011 in der Öffentlichkeit an, als beide Politikerinnen die Ergebnisse der gemeinsamen Verhandlungen öffentlich präsentieren. CDU und Grüne wollen Frankfurt weiter gemeinsam regieren, machen Roth und Ebeling deutlich, und in den nächsten Jahren mehr Geld für Bildung und Soziales ausgeben. Verabredet sei, die Stadt konsequent zur »Green City« umzubauen. So soll die Energieversorgung Frankfurts bis spätestens zum Jahr 2050 komplett auf erneuerbare Quellen umgestellt sein.

Leitmotiv Grüne Stadt

Natürliche Kühlung statt Klimaanlage, Solarthermie statt Heizungswärme, Regenwasserspülung der Toiletten und Strom aus Aufzugfahrten: So beschreibt die Deutsche Bank das Programm, mit dem das Geldinstitut die eigenen Doppeltürme mitten in Frankfurt umbauen lässt – zu den »Green Towers«, wie es heißt. Pünktlich zur Eröffnung der grundsanierten Türme wirbt das Geldinstitut an den Bauzäunen in der Frankfurter Innenstadt: »Wir freuen uns grün«. Mit den Green Towers steht im Grunde ein neues Hochhaus in Frankfurts City, ein Bauwerk, das Vorbild sein soll für eine Energieversorgung aus regenerativen Quellen. Deswegen nennt Johnny Klinke, Alt-Linker und heute Chef des Varietés Tigerpalast, die Herren von der Deutschen Bank auch »die wahren Grünen«.

Ein Lob, das Vorstandschef Josef Ackermann gern vernimmt. Bei der Eröffnung des sanierten Bauwerks spricht er über die Türme als Wahrzeichen der Stadt und die Verantwortung, die die Bank auch für die Weiterentwicklung Frankfurts übernommen habe. Petra Roth nennt Frankfurt die »Heimatdomäne der Deutschen Bank«. Die Green Towers seien ein »stabiles Argument« für die Bewerbung Frankfurts um den Titel der Green City. Damit dekliniert das Stadtoberhaupt am konkreten Beispiel der sanierten Türme durch, worauf es ihr ankommt: Wenn es um die Belange der Stadt geht, müssen alle Protagonisten der Stadtgesellschaft eingebunden sein und mitmachen. Betonung auf – alle.

Green City, das soll in der Vorstellung der Oberbürgermeisterin auch ein Projekt sein, mit dem sich ihre Stadt von anderen Kommunen deutlich abhebt, sich also einen Vorteil in der Konkurrenz der Metropolen verschafft. Green City soll aber gleichzeitig auch ein Projekt sein, das Bindekräfte entfaltet, das Menschen gemeinsam aus völlig unterschiedlichen Perspektiven zu einer Idee stehen lässt. Dann kommt es nicht darauf an, ob es der Schöpfungsgedanke ist, der jemanden zum Projekt Green City motiviert, oder Verwertungsinteressen, um die Betriebskosten zu reduzieren und ein besseres Ergebnis zu erzielen – wer mitmacht, darf sich jenseits aller ideologischen Gräben als Teil der Community und als Teil des Projekts fühlen.

Frankfurt – Taunusanlage, Davos – Platz

An dieses Spiel denkt Josef Ackermann ausgesprochen gern zurück. Stand zunächst nicht gut um die Eintracht. Viel Zeit blieb den Kickern der heimischen Mannschaft in der Commerzbank-Arena bei diesem Spiel gegen die Bayern nicht mehr. In diesem Augenblick warf Petra Roth ihm einen Schal mit den Insignien von Eintracht Frankfurt um die Schultern. Einen kurzen Augenblick schien der Vorstandssprecher der Deutschen Bank überrascht. Doch das Spiel änderte sich plötzlich. Es dauerte nur wenige Minuten, bis sich das Blatt wenden sollte. Zwei Tore innerhalb weniger Minuten – und die Eintracht hatte das Spiel gegen die ungeliebte Mannschaft aus München doch noch gedreht.

Den Schal bewahrte Josef Ackermann gut auf. In seinem Büro in den Doppeltürmen der Deutschen Bank an der Mainzer Landstraße, Frankfurt-Mitte. Gelegentlich, berichtete Ackermann,

werfe er einen Blick auf das Souvenir und bitte dann darum, dass
es um die Geschäfte seines Geldinstituts so gut bestellt sein möge
wie um die Frankfurter Eintracht in dieser seltenen Schlussphase
gegen die als übermächtig geltenden Bayern aus München.

Josef Ackermann erzählt diese Geschichte in Davos. An einem
Abend Ende Januar 2012. Es ist ein Abend des Abschieds. Für
Ackermann nicht anders als für Petra Roth. Ein Abschied von Da-
vos. Gemeinsam wollen sie das machen. Der Vorstandschef der
Deutschen Bank hat Frankfurts Stadtoberhaupt ausdrücklich darum gebeten, dass sie doch kommt, um gemeinsam leise Servus
zu sagen. Petra Roth hat versprochen, auf jeden Fall dabeizusein.
Bei einem Abend, an dem nicht die Rückschau die dominante
Perspektive sein soll. Einem Abend, an dem sich zeigt, dass neue
Leute das Kommando übernehmen – in der Bank mit Acker-
manns Nachfolgern Jürgen Fitschen und Anshu Jain nicht anders
als im Römer. An diesem Abend reichen Kellner schier unaufhör-
lich den Gästen zu Bier und Champagner kleine Teller mit Rösti
und Geschnetzeltem, mit Bratkartoffeln und Roastbeef, mit Glas-
nudeln und asiatischem Hühnchenspieß. Davos ist eine der ersten Stationen in diesem Jahr, an dem die internationale Gemeinschaft zusammenfindet. Im Mai muss Ackermann gehen, das
Dienstende von Petra Roth ist auf den 30. Juni des Jahres 2012
terminiert.

Siemens, nachhaltig

Siemens baut um. Die Nachricht ging Ende März des Jahres 2011
über die Ticker der Nachrichtenagenturen. Der in München an-
sässige Konzern will sich aus dem Atomgeschäft zurückziehen
und fortan sein Geld auch auf einem vierten Geschäftsfeld verdienen – auf dem Gebiet »nachhaltige Stadt«. Fukushima dürfte für
die Entscheidung des Konzernchefs Peter Löscher ein zeitgemä-
ßer Anlass gewesen sein, der eigentliche Grund für die weitreichende Entscheidung ist die Katastrophe nicht. Die Begründung
für den Umbau lieferte Löscher bereits bei der Hauptversamm-

lung im Januar, also sechs Wochen vor Fukushima: Bei diesem Anlass geriet Löscher geradezu ins Schwärmen über die neuen Optionen, die sich für sein Unternehmen auf diesem Themenfeld erschließen könnten. Minutenlang referierte der Vorstandschef einem Bericht der *Süddeutschen Zeitung* zufolge über Herausforderungen, vor denen Städte und Megacities der Welt stehen. Löscher skizzierte die Chancen, die das für Siemens biete. »Die größten 600 Städte stehen für die Hälfte der Leistung der Weltwirtschaft«, sagte Löscher. Sie seien Kraft- und Problemzentren zugleich. Siemens will das nutzen, um Lösungen für Umweltschutz und Energieersparnis zu verkaufen.

Aus diesem Grund entwickelte Siemens einen »Green-City-Index«: Auf der Grundlage dieses Maßstabs will man Stärken und Schwächen von Städten hervorheben und sich selbst als Lösungsanbieter ins Spiel bringen. Frankfurt erhielt gute Noten. Die Finanzmetropole liegt im europäischen Vergleich über dem Durchschnitt. Als besonders stark erweisen sich die Frankfurter beim Sparen von Wasser, beim Recyceln ihrer Abfälle sowie beim effizienten Umgang mit Energie in ihren Wohnungen und auf ihren Wegen zur Arbeit. Dabei bleiben die Pendlerströme und deren Energieverzehr unberücksichtigt, obwohl diese erheblich zu den klimaschädlichen Emissionen von CO_2 beitragen. Der Autoverkehr trägt zusammen mit Luftfahrt und Industrie auch dazu bei, die Emissionen von Stickoxiden in die Höhe zu treiben. Diese liegen über dem europaweiten Durchschnittswert. Allein beim Feinstaub und beim Ozon finden sich die Angaben unter den Werten, die woanders erreicht werden. Pro Kopf registriert die Studie für die Frankfurter einen hohen Energieverbrauch, der sich allerdings relativiert, wenn man die Wirtschaftskraft der Stadt dazu in Beziehung setze. Einen überaus guten Platz belegt Frankfurt bei der kommunalen Nutzung erneuerbarer Energien, was auf die Vielzahl der Blockheizkraftwerke zurückgeht. Europaweit Spitze ist Frankfurt beim Passivhausstandard.

Ein Lob, das Michael Kassner, der Frankfurt-Chef bei Siemens, der Oberbürgermeisterin persönlich übermittelt. Er wirbt für ein intelligent abgestimmtes System des Carsharing und den Einsatz von sparsamen LED-Lampen in Ampeln. Mit diesen Technologien wäre die Stadt am Main »ganz vorne dran«.

In Sorge um die Börse

Umwelt kommt gut an. Green City erst recht. Wie aber, diese Frage stellt sich Petra Roth immer wieder, lässt sich verständlich machen, dass sich Frankfurt als Green City nicht anders in der Welt behaupten muss denn als Finanzplatz?

Noch bevor sich das vorbereitende Treffen für die Hauptversammlung des Deutschen Städtetages an diesem Morgen im Frühjahr 2011 mit der Frage einer angemessen Bürgerbeteiligung befasst, meldet sich Reto Francioni, Chef der Börse. In der Lobby des Neusser Hotels lässt sich Petra Roth von ihm auf den neuesten Stand der Dinge bringen: Frankfurt sucht die Fusion mit New York, um in der weltweiten Konkurrenz, vor allem aber im Widerstreit mit den asiatischen Börsen, bestehen zu können. Ohne sich in diesem Augenblick die gesamten Dimensionen dieses Vorhabens am Handy erschließen zu können, wünscht die Chefin des Römers dem Börsenmanager ein gutes Händchen bei den Hürden, die sich in den kommenden Monaten vor ihm auftun würden.

Frankfurt schweigt. Die Chefin ist längst aus Neuss zurück, aber niemand in Stadtregierung und CDU spricht das Thema Börsenfusion an. Erst als sich absehen lässt, dass sich Hessens Wirtschaftsminister und die Europäische Kommission mit den Fusionsplänen beschäftigen würden, gibt es Monate später erste Reaktionen. Die Sozialdemokraten, aber auch Mittelständler in der CDU machen sich eine Position zu eigen, die in Frankfurt bis dahin allein der Betriebsrat der Börse vertreten hat: Nein zur geplanten Fusion. Sie stützen sich dabei allein auf ein Gutachten, dass die Vertreter der Arbeitnehmer in Auftrag gegeben hatten.

Ob das zu einer Bewertung reicht? Petra Roth hat Zweifel. Sie erwähnt frühere Fusionspläne, sie erinnert an andere Zusammenschlüsse, etwa in der chemischen Industrie. Wie sollte sie als Kommunalpolitikerin eine Entscheidung dieser Dimension angemessen beurteilen. Etwas dazu sagen müsste sie allerdings. Weil man das doch erwartet. Die Oberbürgermeisterin und der Standort Frankfurt – klar, dass Roth alles in dieser Perspektive betrachten würde. Was aber sollte das bedeuten? Und: Was ist wirklich gut für den Standort Frankfurt? Wie kann sich die nach Eschborn abgezogene Börse der Konkurrenz des asiatischen Markts erwehren?

Petra Roth sucht ihre Perspektive. Sie macht sich schlau. Sie fragt Expertise ab. Etwa bei Geldmanagern wie Lutz Raettig, der sich gut auskennt und keine Berührungsängste zur lokalen Politik hat. Schnelles Einarbeiten in komplexe Problemfelder ist Petra Roth gewohnt. Sie entscheidet sich für Dauerhaftigkeit als zentrales Kriterium für ein Votum dazu, was sie von den Fusionsplänen hält. Entschieden wird woanders: nicht im Römer, die Entscheidung fällt in Brüssel. Die Kommission lehnt diese Fusion ab.

Oberbürgermeisterin Petra Roth hat das Scheitern der geplanten Fusion der Börsen in New York und Frankfurt bedauert, heißt es postwendend in einer Mitteilung aus dem Römer. Mit dem Veto der EU-Kommission habe sich die Frage der Wettbewerbsfähigkeit der Frankfurter Börse alles andere als erledigt, sagte das Stadtoberhaupt. Sicherlich müsse man die Arbeitsplätze genau im Auge haben, hob Oberbürgermeisterin Petra Roth in der Debatte immer wieder hervor. Gleichzeitig sei es auch richtig, sich als Unternehmen zukunftsfähig aufzustellen. Deswegen nimmt sich Reto Francioni vor, sich jetzt nach einem anderen Partner für eine Fusion der Börse umzusehen.

In Sorge um die Eintracht

Die Deutsche Börse, die internationale Buchmesse, die Frankfurter Eintracht. Das ist ein Dreiklang. »Meine Eintracht«, sagt Petra Roth dann. Mit diesem Club hat sie alles mitgemacht. Alles. Gute

Zeiten, schlechte Zeiten. Erste Liga, zweite Liga. Eigentlich, sagen viele, müsste die Eintracht in der Champions League spielen. Zumindest gemessen an der Bedeutung der Stadt. Madrid, Lissabon, Manchester – bedeutende Orte mit bedeutenden Mannschaften. Aber die Eintracht? Die Eintracht ist für Petra Roth ein Ausweis des »richtigen Lebens«, eine Fußnote dafür, dass Geld eben doch nicht alles ist, man Leistungen nicht allein durch Euroscheine motivieren kann. Für Petra Roth ist die Eintracht eine Leidenschaft.

Eine Leidenschaft, für die man Geduld braucht. Das ist nicht gerade die große Stärke der Oberbürgermeisterin. Doch manches Warten bei der Eintracht hat sich gelohnt. Etwa auf die fünf Tore gegen Kaiserslautern. Fünf Tore gegen den drohenden Abstieg. Beim letzten Spieltag der Saison 1998/99. In der 89. Minute setzte Jan-Aage Fjörtoft zu seinem genialen Übersteiger an. Großartiger Spieler, fällt Roth ein. Filigran, bescheiden, sympathisch – und erfolgreich. Ein Kerl, der zu Frankfurt passt. Von launisch kann überhaupt keine Rede sein, findet die Frankfurt-Chefin. Soll bloß keiner mehr von der Diva vom Main sprechen, wenn er etwas zur Eintracht sagen will. Geht eben doch nicht immer nur ums Geld beim Fußball. Den Walzer, den sie nach Spielschluss im Stadion mit dem Torschützen Fjörtoft gewagt hat, hat sie in guter Erinnerung.

Für Petra Roth ist Fußball Kultur. Große Kultur wie im Frankfurter Opernhaus, in dem Petra Roth regelmäßig zu Gast ist. Verdi, Wagner, Puccini, aber auch moderne Opern – die ganze Palette. »Großartiges Programm«, lobt das Stadtoberhaupt.

Kultur ist teuer. Man müsse sie zu schätzen wissen, hebt Petra Roth hervor. Populistisch motivierte Einlassungen über die zu hohen Kosten der Kultur kann sie gar nicht leiden. Kultur ist Europa. Fertig, aus.

Gelegentlich ist Kultur auch zu teuer. Das aber ist für Petra Roth längst kein Anlass, den Menschen Kultur vorzuenthalten. Kulturmanager wie Dieter Haselbach, Armin Klein, Pius Knüsel und Stephan Opitz warnten jüngst vor dem Kulturinfarkt in

Deutschland. »Von allem zu viel« gebe es, notieren sie Anfang 2012 in »einer Polemik gegen Kulturpolitik, Kulturstaat, Kultursubvention«. Sie werben dafür, die Gesellschaft sollte für die Kultur ein Maß finden: Wie viel Kultur ist nötig?

So viel Kultur wie Menschen brauchen, sagt Petra Roth.

Der das Leben doch so liebte

Venedig, im Juni 2011. Das ewige Leben. Was das wohl ist, fragt eine Kinderstimme immer wieder, die man über Lautsprecher im Deutschen Pavillon bei der Biennale in Venedig hört. Das ewige Leben hätte es für den ehemaligen Messdiener Christoph Schlingensief vielleicht gar nicht sein müssen. Aber ein paar Jahre länger hätte der mit dem Lungenkrebs kämpfende Künstler schon noch gern gelebt. Diesen Eindruck, den Schlingensief selbst bis zu seinem Tod im August 2010 kurz vor seinem fünfzigsten Geburtstag aufrechterhielt, unterstreicht der Einblick in sein Werk, der bei der Biennale in Venedig im Deutschen Pavillon vermittelt wird.

»Es ist eine Hommage an das Leben«, zeigt sich Oberbürgermeisterin Petra Roth beeindruckt. »Es ist die einzige Möglichkeit, Schlingensief durch sein Werk sprechen zu lassen«, setzt Susanne Gaensheimer hinzu. Sie ist die Direktorin des Museums für Moderne Kunst (MMK) in Frankfurt am Main. Susanne Gaensheimer hat den Deutschen Pavillon für die Biennale kuratiert.

Den Deutschen Pavillon in Venedig zu kuratieren ist alles andere als eine einfache Aufgabe. Doch gleich an diesem Abend vermittelt sich bei Petra Roth der Eindruck, mit den Impulsen Schlingensiefs komme der Deutsche Pavillon in Venedig in radikaler Gegenwart an. Bis jetzt haderten viele Künstler immer wieder mit der Instrumentalisierung des Ortes durch die Nationalsozialisten. Seit den siebziger Jahren ist »das Deutsche« immer wieder Thema der Ausstellungen im Pavillon gewesen. Bei der Biennale 1976 durften Jochen Gerz, Reiner Ruthenbeck und Joseph Beuys den Hauptraum des Pavillons gestalten. Beuys, den Schlingensief später zu seinen »Übervätern« zählte, lieferte die

Installation »Straßenbahnhaltestelle«, eine steinerne Stele, vor der ein Häufchen Schutt liegt – »ein historisches Kriegsmonument in der Art einer Trophäensammlung«, wie die Kritik befand.

1980 diskutierte die Öffentlichkeit heftig über das, was Georg Baselitz und Anselm Kiefer im Pavillon gemacht hatten: Die Werke »Deutschlands Geisteshelden« und »Wege der Weltweisheit« nahmen sich die deutsche Heldenmythologie vor.

Für viel Aufsehen sorgte auch Hans Haacke bei der Biennale 1993. Der Künstler ließ den Boden des Pavillons aufbrechen und die zerstörten Platten als Schutt herumliegen, so dass sich Zuschauer über das kaputte Plattenfeld einen Weg bahnen mussten. Gleich am Anfang empfing sie ein Bild Hitlers, der 1934 die Biennale besucht hatte. »Germania«, wie es an der Frontseite des großen Saals stand, lag in Trümmern.

Susanne Gaensheimer beauftragte Christoph Schlingensief damit, den Deutschen Pavillon, diesen als schwierig geltenden Ort, zu bespielen. Schlingensief arbeitete daran bis zu seinem Tod. Er starb mitten in den Vorbereitungen im Sommer 2010. Gaensheimer entschied sich, das Projekt in seinem Namen gemeinsam mit Schlingensiefs Witwe Aino Laberenz weiterzuführen. Es gab viele, die zweifelten, ob das gelingen konnte.

Ist es, sagt Petra Roth, sichtlich beeindruckt von dem, was sie sich mehr als zwei Stunden lang ohne jede Presse und ohne jede Öffentlichkeit allein an der Seite Gaensheimers, ihrer Direktorin aus ihrem Frankfurt, ansehen konnte. Für Petra Roth steht an diesem Abend vor der offiziellen Eröffnung außer Frage: Im Deutschen Pavillon stellen sich essentielle Fragen, »Susanne Gaensheimer und Aino Laberenz haben im Sinne Christoph Schlingensiefs das Forum für eine Auseinandersetzung mit Leben und Tod in religiöser und realer Dimension geschaffen«, sagte sie auf der Dachterrasse des Deutschen Studienzentrums bei einem kleinen Empfang.

Die Verpflichtung auf das Werk des oft als Provokateur beschriebenen Künstlers wird schon vor dem Eintreten in den Deutschen Pavillon deutlich. Die Macherinnen ersetzten die Inschrift

»Germania« durch »Egomania«. Ganz oft, berichtet Aino Laberenz, habe Schlingensief in dieser Weise sprachlich gespielt. Entstanden ist im Hauptraum des Pavillons eine neugotische Kirche. Der Altar ist um sieben Stufen erhöht, mit Kerzen, Monstranz und einem ausgestopften Hasen. Links vom Altar steht ein Krankenbett, rechts davon finden sich Röntgenbilder der Lunge des erkrankten Künstlers. Oberhalb sind drei Leinwände installiert, auf denen Kreuzigungsszenen laufen. Damit soll der Kreuzgang entstehen in den bekannten zwölf Stationen des Leidens. Die gesamte Kulisse, zu der auch Schwarz-Weiß-Bilder aus der Kindheit des Künstlers gehören, hatte Schlingensief bereits für die Ruhrtriennale 2008 mit dem Titel »Eine Kirche der Angst vor dem Fremden in mir« bestimmt. Die Simulation der Kirche ist einem Sakralbau in Oberhausen nachempfunden, in dem Schlingensief in jungen Jahren Messdiener gewesen ist. In Nebenräumen bietet Gaensheimer Einblicke in das Wirken Schlingensiefs, seine Affinität zu Afrika und seine Filme.

Einen Künstler ihrer Generation habe sie ansprechen wollen, erzählt Susanne Gaensheimer: »Schlingensief hat mit seiner Arbeit die künstlerischen, gesellschaftlichen und politischen Fragestellungen der letzten Jahrzehnte maßgeblich mitbestimmt.« Aus ihrer Sicht gehöre Schlingensief zu den »ganz bedeutenden Künstlern in Deutschland«. Auch um diese Einschätzung zu unterstreichen, zeichnet die internationale Jury in Venedig den Deutschen Pavillon schließlich mit dem »Goldenen Löwen« aus.

Heute liegt »Germania« nicht länger in Trümmern. Heute sucht die Republik nach Antworten auf drängende Fragen der Gegenwart. Mit Hilfe der modernen Kunst, für die Frankfurt am Main als ein geradezu idealer Ort in der gesamten Szene gelte, berichtet Susanne Gaensheimer. Ihren Beitrag für diesen guten Ruf der Stadt in Europas Kulturkreisen habe sie geleistet, lobt Oberbürgermeisterin Petra Roth die Direktorin des MMK – und zwar in Frankfurt am Main wie in Venedig.

Roth schätzt Gaensheimer. Sie will ihr helfen, schließlich ist die aus dem Münchner Lenbachhaus nach Frankfurt gekommene

Gaensheimer zu diesem Zeitpunkt noch nicht lange in der Stadt. Gaensheimer soll sich jederzeit in schwierigen Lagen an sie wenden können. Petra Roth hält Susanne Gaensheimer für einen Glücksfall für Frankfurt.

Fare mundi – Welten machen

Glücksfälle muss man pflegen. Das ist in der Kultur nicht anders als im wirklichen Leben. Kultur aber ist etwas, das Petra Roth besonders zu schätzen gelernt hat. Von Hilmar Hoffmann, dem in Frankfurts Kulturpolitik legendären Dezernenten, hat sie sich Kultur nahebringen lassen. In kurzer Zeit schaffte sie es, wie Hoffmann schließlich konstatierte, »von der Szene als deren Repräsentantin akzeptiert zu werden«. Roth nehme die in den ästhetischen Briefen Schillers fixierte Maxime überaus ernst, dass es zur Ichwerdung des Menschen unabdingbar sei, »das Musische und das Kreative auszubilden, damit der Mensch sich selber nicht versäumt«. Denn das Kreative ist es, daran lässt Petra Roth selbst keinen Zweifel aufkommen, das Neues hervorzubringen vermag, das Anfänge möglich macht.

Das ist der Anfang. Und dem Anfang soll ein gewisser Zauber innewohnen. In den Museen Frankfurts ebenso wie bei den Kunstschauen in Venedig, die in den Jahren 2009 und 2011 im Grunde nur Dependancen der Frankfurter Kulturszene gewesen sind.

Und so ist auch der Anfang, dieser erste Raum im Zentrum der Biennale von 2009, nichts anderes als »eine Herausforderung«. Tomás Saraceno, der aus Argentinien stammende und in Frankfurt am Main lebende Künstler, hatte die Aufgabe, »diesen Raum in eine Situation zu verwandeln«, berichtet Daniel Birnbaum. Er ist für die Kunstschau verantwortlich, hat sie zusammengestellt und ist zu diesem Zeitpunkt außerdem Direktor der Frankfurter Städelschule. Birnbaum ist voll des Lobes für Saraceno, denn dessen Arbeit, dieses weit gespannte Netz aus Gummifäden, die einem Spinnengewebe gleich miteinander verbunden sind, »ist exakt für diesen Raum gemacht«. Tomás Saraceno verspannte bei der Kunstbiennale in Venedig im Palazzo delle Esposizioni einen Saal mit einer netzartigen Konstruktion. Eine Durchdringung des Raumes, ausgesprochen gelungen, ist Birnbaum überzeugt. Mit diesem eine Galaxie formenden Werk sei der 1973 geborene Künstler auch in der internationalen Spitze der Kunstszene angekommen.

Dass Saraceno das gelingen würde, daran hatte Birnbaum keinen Zweifel. Und so gehörte der an der Städelschule ausgebildete Installationskünstler zu den ersten Produzenten, die Birnbaum gefragt hat, ob sie bei der Biennale mitmachen wollen, dieser vielleicht wichtigsten Ausstellung der Welt. Von allem Musealen habe er sich gemeinsam mit Jochen Volz, seinem Gefährten aus den Anfängen des Portikus, einer Ausstellungshalle in Frankfurt, alsbald verabschiedet, berichtet Birnbaum, als er Oberbürgermeisterin Petra Roth in Empfang nimmt. Mit der Biennale wollten sie »Welten machen«, Neues entstehen lassen, fare mundi. Es sei darum gegangen, diese Kunstausstellung wie ein Labor anzulegen, erzählt Direktor Birnbaum beim Besuch der Frankfurter Delegation aus dem Römer. Welten ohne Frankfurt zu machen, das konnte sich Birnbaum gar nicht vorstellen. Zwar sei die Stadt kleiner als London und Paris, aber doch ebenso international. Und das gelte genauso für die Kunst, die gegenwärtig in der kleinen Stadt am Main entstehe. Petra Roth hört so etwas gern.

Auch die Vorsitzende des Kulturausschusses vernimmt Sätze wie diese wohl. Und spätestens nach den ersten Eindrücken von dieser Biennale fehlt Alexandra Prinzessin von Hannover auch der Glaube nicht: »Noch nie«, sagt sie später beim Empfang des Direktors über den Dächern Venedigs, »noch nie hat mich moderne Kunst so gepackt wie heute.« Diese von vielen Frankfurter Künstlern geprägte Biennale sei »einfach wunderbar«, Birnbaums Umgang mit den Räumen, die das Arsenale, dieser frühere Reparaturbetrieb der ehemals aufstrebenden venezianischen Schifffahrt, zu bieten habe, sei »schlicht großartig«, kurzweilig, abwechslungsreich, unpathetisch, überaus anregend.

Das Visuelle soll nicht zu kurz kommen. Darauf besteht Direktor Birnbaum während des Rundgangs und führt Oberbürgermeisterin Petra Roth ausdrücklich in den Raum, den der in Frankreich lebende Algerier Philippe Parreno gestaltet hat. Mit eigenen Werken, etwa dem am Nordpol gedrehten Videofilm zur Entstehung der Pflanze. Damit in Zusammenhang setzt Parreno »Silver Installation« von Wolfgang Tillmans, dem Fotografen, der ebenfalls an der Städelschule lehrt.

Unbedingt dazu gehört für Parreno ein Werk, das selbst Biennale-erfahrenen Betrachtern durchgehen könnte, weil es gerade ein paar Quadratzentimeter groß ist: »Graue Scheibe« hat der in jungen Jahren verstorbene Blinky Palermo, ein Schüler von Joseph Beuys, sein Werk genannt. Daniel Birnbaum nennt es »Wölkchen«. Und wenn das Wölkchen nicht gerade in Venedig zu entdecken ist, gehört es zum Bestand des Museums für Moderne Kunst in Frankfurt. Den Frankfurtern in der Delegation der Römer-Chefin gefällt das. Überall ist Frankfurt. Selbst die Mittagspause kommt nicht ohne Frankfurt aus. Sobald man sich der weitgehend in schwarz, weiß und signalgelb gehaltenen Cafeteria nähert, fällt einem ein Rehberger ein. Tobias Rehberger, Kollege Birnbaums am Städel, selbst Künstler mit Werkstatt in Frankfurts Innenstadt. Für sein Café erhielt Rehberger den Goldenen Löwen. Petra Roth lobt Birnbaum für »ein großartiges Kunsterlebnis, das diese ruhige und unaufgeregte Ausstellung bietet«. Sie könne nur empfehlen, Birnbaum zu bitten, es doch noch einmal zu machen.

Frankfurter Moderne

Frankfurt rauscht in die Moderne. Deswegen stellt der Kunstkritiker und frühere Protagonist des Museums für Moderne Kunst, Peter Iden, recht bald die Frage, wie viel Moderne sich Frankfurt in der Kunst denn eigentlich zutraue. Das Museum für Moderne Kunst mitten in der Innenstadt, oberirdisch, und jetzt auch noch der Erweiterungsbau des Städels, unterirdisch – da drängt es

Iden zu der Frage, wie es nun weitergehe in Frankfurt, jetzt, wo man »zwei Institute mit vergleichbaren Sammlungszielen hat«, Überschneidungen also nicht zu vermeiden sind. Auf jeden Fall schließt das altehrwürdige Städel zur Gegenwart auf. Fortan ist das Museum in der Lage, sagt Direktor Max Hollein bei der Eröffnung des Erweiterungsbaus, die Entwicklung der Kunst vom frühen Mittelalter bis hinein in unsere Gegenwart darzustellen. Hinzugekommen sind mit dem Neubau 3000 Quadratmeter, damit verdoppelt sich die Ausstellungsfläche, die bislang den alten Meistern und der klassischen Moderne vorbehalten blieb. Auf jeden Fall bietet Frankfurt jetzt also eine geballte Ladung Moderne. Künstlerisch wie architektonisch.

Das bringt die Gäste des Städels geradezu ins Verzücken. Über 36 Stufen hinweg finden sie den Weg in den Erweiterungsbau, den Weg unter die Erde, manche Journalisten erlebten bei der Eröffnung des Anbaus diesen Weg offensichtlich als Route ins Paradies. Denn es ist der erste Augenblick, der alle in Erstaunen versetzt. Das neue Städel, unterirdisch erweitert, acht Meter hohe Räume, weiß und hell. In diesem Augenblick spricht ganz Europa über Frankfurt. Für Petra Roth ist es die Vorstellung dieses ersten Moments gewesen, die für sie den Ausschlag gab. Als Preisrichterin habe sie im Architektenwettbewerb um den Erweiterungsbau von Anfang an für den Entwurf der ehemaligen Städelschüler Till Schneider und Michael Schumacher votiert.

Ohne das Engagement Frankfurter Bürger wäre das neue Städel nicht möglich geworden. Sieben Millionen Euro kamen von der Hertie-Stiftung, eine Million steuerte die Stiftung der Polytechnischen Gesellschaft bei. Aus privater Hand übermittelten das Bankhaus Metzler und die Familie drei Millionen Euro. Aus dem Konjunkturpaket des Bundes gab die Stadt fünf Millionen für die Kultureinrichtung am Mainufer und stellte noch einmal acht Millionen Euro für die Sanierung zur Verfügung.

Und doch möge der Augenblick der gelungenen Neueröffnung kein Moment des Innehaltens sein, empfiehlt Kunstkritiker Peter Iden. Jetzt sollte es für Sammler, Mäzene, Ausstellungsmacher und Kulturpolitiker darum gehen, eine Verständigung hinzukriegen – »mit einer deutschen Perspektive im Städel und einer eher international ausgerichteten Aktivität im Museum für Moderne Kunst«.

Eine tolle Variante, findet Petra Roth. Damit täte sich für beide Ausstellungshäuser und die gesamte Stadt eine großartige Perspektive auf. Wieder einmal würde ihre Stadt der Moderne einen angemessenen Platz bieten.

7 Petra Roths Vermächtnis

Petra Roth lässt sich nicht aus der Ruhe bringen. Trotz des ganzen Getöses. Sie kann an diesem Abend Mitte Mai 2011 zwar keinen Satz über das Projekt »Kulturcampus Frankfurt« zu Ende bringen, weil sich Aktivisten aus der Szene der Linksautonomen in der Aula der Goethe-Universität bei Stichworten wie »Kultur«, »Campus« oder auch »Frankfurt« zu lautstarkem Gegröle veranlasst sehen. Aber die Oberbürgermeisterin harrt aus. Sie trägt ihre geliebte schwarze Lederjacke, und fast scheint es, als lege sich ein imaginärer Schutzschirm gegen Giftpfeile um sie herum. Fast zwei Stunden lang steht sie ihre Frau, ganz geduldig. Nach jedem weiteren Aufschrei setzt sie wieder an, wiederholt Teile des zuvor abgebrochenen Satzes, um ihren Gästen deutlich zu machen, warum dieses Projekt von außerordentlicher Bedeutung für die Stadtentwicklung ist. Während Dezernenten der Stadt und Funktionäre der Universität sich auf dem Podium von dem Gejohle längst durchaus beeindruckt zeigen und sich hinter die in vorderster Reihe dem Publikum zugewandte Chefin zurückziehen, bleibt Roth in der Brandung stehen und beweist ihre Qualitäten als Fels.

»Ich habe stets gestanden«, sagt sie über kritische Situationen in ihrem Leben als Politikerin. Was nichts anderes heißt als: Sie hat Position bezogen aus Überzeugung, dann gerät man auch nicht so schnell ins Wanken, sondern bewahrt Haltung.

Sie würde auch an diesem Abend stehen. Bereits auf dem Weg in den Saal aus der Gründerzeit der Goethe-Universität machte sie deutlich: Selbst wenn dieses zweite Bürgerforum schwierig werden sollte, würde sie sich nicht davon abhalten lassen, für

»ihr Projekt« zu werben. Denn so eine Chance würde sich so schnell nicht wieder bieten. Der Kulturcampus ist für Petra Roth ein wertvoller Beleg für die These, die der Stadtplaner Albert Speer über ihre Stadt in die Welt gesetzt hat: »Frankfurt ist Kulturstandort aus eigener Kraft.« Das ist ein bedeutender Unterschied zu den vom Land hochsubventionierten Kultureinrichtungen in anderen Kommunen Hessens oder den vom Bund unterstützten Häusern in Bonn und Berlin. Von diesem Kuchen bekommt Frankfurt nichts ab. Vor allem aber, darauf hebt Speer in seiner Studie über die Bürgerstadt Frankfurt ab, »ruht sich der Kulturstandort nicht auf Erreichtem aus, sondern wird beständig und nach höchsten Qualitätsmaßstäben ausgebaut und weiterentwickelt«.

Deswegen setzte Petra Roth alles daran, dass Frankfurt für das ambitionierte Projekt »Kulturcampus« das Areal, das mit dem Umzug der Goethe-Universität frei wird, erwerben konnte. Lange Jahre kam ein solches Geschäft mit der verantwortlichen Landesregierung in Wiesbaden nicht zustande, dann trat die Oberbürgermeisterin als Schrittmacherin in Erscheinung und machte in der ihr eigenen Art Tempo. Denn nicht aufgeteilt in kleine Parzellen, würde sich diese Fläche entwickeln können, sondern »nur aus einem Guss«. Schließlich habe der Kulturcampus das Zeug, »eine neue Epoche der Stadtentwicklung einzuläuten«. Petra Roth sagt diesen Satz an diesem Abend wieder und wieder. Bis das Gegröle erneut einsetzt.

In diesem Projekt laufen zentrale Bausteine des politischen Wirkens der Oberbürgermeisterin zum Ende ihrer Amtszeit zusammen: Entstehen soll ein Kulturquartier, in dem die Tänzer, Musiker und Schauspieler der Hochschule für Musik und Darstellende Kunst, des Ensemble Modern und der Jungen Philharmonie mit den Tänzern William Forsythes und den Kollegen des »Labor LAB Frankfurt« zusammenfinden. Ein Wohnquartier, in dem sich auch neue Formen des Zusammenlebens ausprobieren lassen. Und ein energieeffizientes Viertel, in dem man Wärme aus Abwasser nutzt und die Anwohner sich mit gleich vor der eigenen Haustür aufzuladenden Elektromobilen auf die kurzen Wege durch die Stadt machen können. Ein Modellquartier für das 21. Jahrhundert.

Ein Projekt, bei dem Künstler, Planer und Stadtpolitik Hand in Hand arbeiten müssen. Diesen Anspruch übermittelte die Rathauschefin bereits beim ersten Bürgerforum drei Monate zuvor. Hunderte Bürger zeigten Roth bei dieser Gelegenheit, großes Interesse an diesem Projekt in der unmittelbaren Nähe zur City zu haben. Aber, das machten manche von ihnen auch deutlich, dieses Vorhaben dürfe nicht dazu führen, dass sich auch an dieser Stelle der Stadt in zentraler Lage der Prozess der Gentrifizierung, der Verdrängung eingesessener Bürger des Stadtteils, ausbreite. Sie assoziierten Kulturcampus mit Luxuswohnanlage und sprachen von einem Prozess systematischer Verdrängung, der in innenstadtnahen Bereichen im Gange sei.

»Ich weiß um diese Ängste«, bemühte Petra Roth sich um Beruhigung. Für sie gelte in diesem Zusammenhang die Regel: »Die Mischung muss stimmen.« Neben dem sozial geförderten Wohnungsbau müssten auch Familien mit dem Anspruch auf eine Eigentumswohnung in dem neuen Quartier fündig werden können.

Die Krawallmacher wollen von den Ideen des Stadtoberhaupts am Abend des zweiten Bürgerforums nichts wissen. Die Aktivisten nennen ihre ständigen Störungen des Bürgerforums »ein Spiel«. Sie verbuchen »Bingo«, ihr ganz besonderes »Spiel«, tags drauf in ihrem Internetforum als einen Erfolg für sich, weil Politik, Kultur und Universitätsleitung nicht zu Wort kamen. Das selbstgedrehte Video von der Veranstaltung und dem von großer Zähigkeit geprägten Auftritt des Stadtoberhaupts finden sich auch Monate später noch im Internet. Aus Sicht des Stadtoberhaupts haben die Störer eine gute Möglichkeit vertan, weil sie sich der Kultur des Dialogs entzogen. Petra Roth bedauert das. Beeindrucken aber lässt sie sich nicht. Aus Überzeugung erwächst Mut.

»Wer in der Politik bestehen will, muss zu seinen Grundsätzen stehen«, sagt sie an diesem Abend beim Verlassen der Alma Mater.

Doch ist das wirklich noch so? Allenthalben hecheln Politiker dem vermeintlichen Willen der Bürger hinterher. Grundsätze, Überzeugung und Mut müssen gesättigt sein aus Erfahrung. Im Fall des Flughafens ist das nicht anders. Die Entscheidung für die neue Landebahn des Frankfurter Airports ist als Prozess der partizipativen Demokratie mit dem Ergebnis des Nachtflugverbots »vorbildlich gelaufen«, zeigt sich das Stadtoberhaupt im Frühjahr 2012 überzeugt. Eigentlich.

Allerdings fallen Theorie und Praxis dramatisch auseinander, macht es einen großen Unterschied, in Zahlen über Werte für den Lärm zu sprechen oder aber den Lärm mit eigenen Ohren zu hören. Da die Menschen im Süden der Stadt unter dem Krach leiden, »sollten wir über Linderungen nachdenken, müssen wir ihnen helfen«, empfiehlt Petra Roth. Gleichzeitig steht für sie fest: »Man muss auch zu der Entscheidung stehen.« Schließlich handelt es sich bei der Landebahn um eine Investition von vier Milliarden Euro, einen viele Jahre dauernden Diskussionsprozess und ein langwieriges Entscheidungsverfahren. Für den Standort Frankfurt/Rhein-Main kann man die Bedeutung der Landebahn gar nicht überschätzen.

Trotzdem gab es viele Pfiffe. Etwa beim Besuch der Bundeskanzlerin auf dem Römerberg im März 2012. Angela Merkel kam als Helferin für den wahlkämpfenden Spitzenkandidaten der CDU für die Nachfolge Petra Roths im Frankfurter Rathaus, für Boris Rhein. Gegner der neuen Landebahn funkten bei der gerade einstündigen Veranstaltung an einem der ersten Frühlingsabende immer wieder mit lautem Geschrei dazwischen. Petra Roth, die als erste spricht, lässt sich aber nicht beeindrucken und redet weiter, Satz für Satz, ohne auch nur einen Augenblick abzusetzen.

Durch solche Situationen müsse man beharrlich durch, sagt sie später. Das lerne sie aus ihrer eigenen politischen Geschichte. Einfach durch, keine Pause machen. In diesem Sinne ist Historia eine Lehrmeisterin.

Im Gedächtnis der Stadt

Jede Stadtgesellschaft ist auf Erinnerungen angewiesen. In Frankfurt verbindet sich mit der Erinnerung historisch gesehen Aufbruch und Niedergang. Für den Aufbruch stehen im Gedächtnis der Stadt beispielsweise die Beratungen in der Paulskirche, vom Niedergang zeugen die Deportationen vieler Frankfurter Juden von der Großmarkthalle aus gerade ein knappes Jahrhundert später. Erinnerung ist auch Vergegenwärtigung. Erinnerung ist das, was der Tag braucht. Ob man das will oder auch nicht.

Was Flucht aus der Geschichte bedeutet, hat zuletzt der Historiker Götz Aly auf eindrucksvolle Art und Weise am Beispiel der als Heldentat gefeierten Ohrfeige gegen den früheren Bundeskanzler Kurt Georg Kiesinger deutlich gemacht. Die Ohrfeige hatte Beate Klarsfeld verteilt. Sie versetzte dem CDU-Politiker am 7. November 1968 einen Schlag und geißelte ihn als: »Nazi! Nazi! Nazi!« Doch recht betrachtet, vermerkt Aly zur Nominierung Klarsfelds als Kandidatin der Linken für das Bundespräsidentenamt, habe die Attacke eher Sprachlosigkeit demonstriert und könne eher »als Dokument der Schuldabwehr verstanden werden«. Zur Heldin taugt sie nach Ansicht des Historikers nicht. »Kurt Georg Kiesinger«, setzt Aly hinzu, »wusste das genau.« Die jungen Deutschen, so stellte sich die Sache für Aly dar, versuchten, aus ihrer Geschichte zu fliehen, »sich nicht mehr als Deutsche, sondern als Europäer oder Internationalisten zu verstehen«.

Was eine angemessene Erinnerung an den Judenmord ist, weiß bis heute niemand. Und, ganz offen gestanden, sagt Petra Roth dann, eine gültige Formel für die Zukunft des Erinnerns kann es auch nicht geben. So wie jeder Entwurf für ein Mahnmal für die ermordeten Juden Fragment bleiben muss, so wird es wohl auch mit der Erinnerung bleiben: Man kann sagen, eine Erinnerung an die Opfer des Holocaust sei würdig, angemessen aber werde sie wohl nie sein. Nicht angesichts der Dimension dieses Verbrechens.

Und doch, daran gibt es für Petra Roth keinen Zweifel, benötigt Erinnerung Bezüge zur Gegenwart. Vielleicht durch neue Parallelen zum Heute. Als die Stadt bei dem renommierten, in Paris lebenden, aber mit Frankfurt bestens vertrauten Politologen Alfred Grosser anfragte, ob er am 9. November 2010 in der Paulskirche im Gedenken an die Opfer der Pogromnacht sprechen möge, sagte der Pariser Publizist selbst freudig ja, Frankfurts Juden hingegen strikt nein. Sie wollten den Auftritt dieses Redners bei diesem Akt der Erinnerung an prominenter Stelle unbedingt verhindern – seiner kritischen Anmerkungen zur israelischen Palästina-Politik wegen. Petra Roth aber ließ sich durch den Protest nicht von Alfred Grosser abbringen. Der Professor mit Wurzeln in Frankfurt am Main sollte im Rathaus ein gern gesehener Gast bleiben. Sie blieb bei dem Redner Grosser, der wenige Monate später eine Gastprofessur der Stiftung Polytechnische Gesellschaft an der Goethe-Universität antreten sollte.

Auch an diesem Streit zeigt sich die Hartnäckigkeit von Petra Roth. Und es zeigt sich, dass die Hartnäckigkeit und das Rückgrat von Petra Roth der Streitkultur in der Stadt guttun. Sie ist eben keine »Umfallerin«. Deshalb war es eminent wichtig, dass die Stadtregierung an dem öffentlich von ihr selbst eingeladenen Redner Alfred Grosser festhielt. Keine Frage. Hätte sich Oberbürgermeisterin Petra Roth von der bisherigen Planung für die Gedenkfeier in Erinnerung an den 9. November verabschiedet, wäre der Magistrat künftig bei der Auswahl der Sprecher für öffentliche Foren zu beeinflussen gewesen, wenn Kritiker Redner oder Ausgezeichnete zu diskreditieren suchten.

Ein anderer 9. November

Der Streit um den Protagonisten der Erinnerungskultur legte im folgenden Jahr die Frage nahe: Wer würde am 9. November des Jahres 2011 sprechen, wen also mochte die Stadt bitten, diese überaus sensible Aufgabe zu übernehmen? Eine Rede, die viel Einfühlungsvermögen verlangt und zugleich Denkanstöße liefern soll? Es sollte eine Rede geben, die die betagten, teils selbst Opfer gewordenen Zuhörer mit Gewinn vernehmen würden und die die Jüngeren als Anstoß mitnehmen könnten.

Die Wahl fällt auf eine junge Schriftstellerin, Jahrgang 1961, die wenige Monate zuvor *Titos Brille: Die Geschichte meiner strapaziösen Familie* als Buch veröffentlicht hat. Es ist eine überaus humorvolle, zugleich berührende und nachdenklich machende Geschichte, die Erzählung über eine jüdische Familie, die von Zagreb aus über Italien in die Bundesrepublik kommt. Im Nachkriegsdeutschland findet sie ihren Platz, die Eltern gehören zu denen, die im nordhessischen Gießen eine jüdische Gemeinde aufbauen.

Die junge Schriftstellerin heißt Adriana Altaras, sie soll zum 9. November die Hauptrede in der Paulskirche halten. Auch die Wahl von Altaras irritiert einige Mitglieder der jüdischen Gemeinde. Doch auch in diesem Fall gibt es für Petra Roth kein Vertun: Adriana Altaras spricht nach Petra Roth und vor dem in Frankfurt am Main lebenden Dieter Graumann, dem Präsidenten des Zentralrats der Juden in Deutschland.

Adriana Altaras ist jüdischen Glaubens und heute in Berlin zu Hause. Sie hat Filme für die Spielberg Shoa Foundation gemacht, arbeitet als Schauspielerin und Regisseurin. Altaras gehört der Generation junger Juden an, die ihr Leben nicht allein als Erbschaft der Geschichte und damit als lebendige Mahnung vor der Menschenverachtung der Nazis begreifen. Sie selbst unterstreicht die Bedeutung der Geschichte, will aber nicht permanent daran erinnert, darauf reduziert werden: In einer temperamentvoll vorgetragenen, mit Witzen gespickten Rede plädiert sie dafür, sich im Bewusstsein der Geschichte des zwanzigsten Jahrhunderts auch der Gegenwart zuzuwenden. Altaras markiert in diesem Sinne eine Zäsur: Erinnerungskultur ist nicht allein etwas, was an den Überlebenden des Holocaust und deren Nachkommen hängen bleiben soll.

Petra Roth gefällt das. Vor der Rede in der Paulskirche empfängt sie Adriana Altaras in ihrem Dienstzimmer. Die beiden

Frauen sprechen über Berlin als Ort der offiziellen Erinnerungs-kultur, über Frankfurt am Main als Ort der Auschwitz-Prozesse zu Beginn der sechziger Jahre, über Altaras' Fähigkeit, Witze er-zählen zu können, und über die Kunst des Glitschens, über das also, was Mädchen an Regentagen aus einer mit Basaltsteinen belegten Fläche am Ufer des Mains machen können, um eine Bahn gekonnten Rutschens einzurichten.

Erinnerungskultur ist eine Angelegenheit aller Deutscher und auch aller Europäer. Adriana Altaras besteht darauf. Eine Grün-dungsgeschichte Europas kann es ohne den Holocaust nicht ge-ben. Auch dieser Gedanke gefällt der Oberbürgermeisterin. Sie selbst nimmt in ihrer Ansprache Fragen auf, die Götz Aly in sei-nem jüngsten Buch – *Warum die Deutschen? Warum die Juden?* – stellt.

Allesamt keine neuen, aber drängende Fragen, sagt Petra Roth: Warum die Deutschen? Warum die Juden? Götz Aly, betont Petra Roth in ihrer Rede zum 9. November, hat die Fragen aller Fragen gestellt: »Warum ermordeten Deutsche sechs Millionen Männer, Frauen und Kinder, und das aus einem einzigen Grund: weil sie Juden waren?« Aly will noch einmal wissen, wie es eigentlich möglich gewesen ist, dass dieses Verbrechen geschehen konnte. Seine These, befindet die Oberbürgermeisterin, wirkt schlicht und eindringlich: Neidhammel suchten Sündenböcke.

Der einzige Sinn eines Gedenktages wie des 9. November besteht für Petra Roth darin, einen Augenblick innezuhalten. »Wie um zu dokumentieren, dass wir noch immer keine Antwor-ten auf die Fragen Alys haben«, sagt sie: »So als wollten wir sa-gen: Mehr als die Erinnerung an die Opfer der Pogromnacht, der Nacht also, in der die Brutalität gegen die Juden ihren ersten Hö-hepunkt erreichte, mehr als diese Erinnerung haben wir bis heute nicht zu bieten.«

In der Paulskirche halten die nach Hunderten zählenden Gäste des Festaktes in diesem Augenblick die Luft an.

Der 9. November steht für eine tiefgreifende Zäsur. Deswegen lohnt es sich nach Ansicht Roths auch, ständig neu über angemessene Formen der Erinnerung nachzudenken. »Und doch bleiben Fragen«, setzt Petra Roth hinzu, Fragen, wie sie wieder Götz Aly gestellt hat: »Aus guten Gründen, wie ich finde.«

Spätestens die Lektüre der erst im Jahr 2011 veröffentlichten Tagebücher des früheren Amtsrichters Friedrich Kellner aus dem oberhessischen Laubach – *»Vernebelt, verdunkelt sind alle Hirne«, Tagebücher 1939–1945* – machte das eindringlich deutlich. Kellner dokumentiert in den Jahren zwischen 1939 und 1945 minutiös und eindrucksvoll das ganz alltägliche Leben im Nationalsozialismus und liefert Belege dafür, dass die Deutschen sehr wohl wussten, was in dieser Zeit geschehen ist. Kellner liefert eine Chronik des ganz normalen Terrors. Am 10. April 1940, berichtet Petra Roth in der Paulskirche, während der Zweite Weltkrieg also in vollem Gang ist, »vermerkt Kellner angesichts der ausgreifenden Feldzüge der Wehrmacht in seinem Tagebuch über seine Zeitgenossen: ›Es merkt gar keiner, dass wir uns wie toll gewordene Hunde benehmen.‹«

Tägliche Erinnerung

Es mag den einen oder anderen Frankfurter gegeben haben, der zu ähnlichen Einsichten über die sozialpsychologische Disposition seiner Zeitgenossen gelangte. Proteste gegen die Deportationen der Frankfurter Juden von der damaligen Großmarkthalle im Ostend in die nationalsozialistischen Todeslager sind bis heute jedoch nicht überliefert. Künftig erinnern eine Rampe und ein Keller am Neubau der Europäischen Zentralbank (EZB) an die Deportation Tausender Juden. Die Zentralbank integriert die frühere Großmarkthalle, ein wegweisender Bau des Architekten Martin Elsaesser, in ihren neuen Gebäudekomplex am Ufer des Mains: In den Hauptsitz, einem nach den Plänen des Wiener Architekturbüros Coop Himmelb(l)au errichteten Hochhaus, kommt man nur, indem man durch die frühere Großmarkthalle hindurchgeht, die künftig als Empfangshalle des Geldinstituts dienen wird. Die Geldmanager verständigten sich mit der Stadt

Frankfurt und der örtlichen jüdischen Gemeinde darauf, einen Ort der Erinnerung auf dem Areal zu schaffen. Die Beteiligten einigten sich nach langen Debatten auf einen Entwurf des Kölner Büros Katzkaiser für eine Gedenkstätte. Gemeinsam mit der Oberbürgermeisterin stellte der damalige Präsident der EZB, Jean-Claude Trichet, die Pläne für die Gedenkstätte der Öffentlichkeit vor.

Kommt Petra Roth auf Trichet zu sprechen, skizziert sie schnell das Bild eines formvollendeten Mannes: gebildet, gut gekleidet, charmant. Petra Roth mag gute Sitten und guten Stil. Sicherheit in Fragen des Geschmacks lässt ihrer Überzeugung nach auf Entschlossenheit bei Entscheidungen schließen. Trichets Währungspolitik in den Anfängen der Griechenland-Krise spricht zumindest dafür, dass Gelassenheit für ihn ein probates Mittel gegen manche Nervosität der Finanzmärkte ist.

Von der alten Großmarkthalle aus, an deren Stelle seit 2009 der EZB-Neubau entsteht, hatten örtliche Nationalsozialisten Tausende Juden in Kellern zusammengetrieben und in der Schlussphase des Kriegs in Konzentrationslager deportiert. Eine Rampe außerhalb des EZB-Gebäudes führt zu dem einst als Lager dienenden Tiefgeschoss und soll künftig allgemein zugänglich werden. Zu dem Kellerraum soll es Führungen geben. Die Gedenkstätte zeige »Logistik und Infrastruktur des Verbrechens«, sagte der Vorsitzende der Jury, Nikolaus Hirsch. Er ist auch Direktor der Frankfurter Städelschule. Harry Schnabel von der jüdischen Gemeinde in Frankfurt nannte die in den unterirdischen Raum führende Rampe ein Symbol für den Weg in den alltäglichen Abgrund: »Während Tausende auf den Abtransport warteten, ging oben der Marktbetrieb ganz normal weiter.«

Für Petra Roth verbindet sich mit dieser Gedenkstätte allerdings auch die Verantwortung der Stadt für die Vergangenheit, für das Unrecht, das Nationalsozialisten in Frankfurt und von Frankfurt aus verbreiten konnten: »Wir waren verantwortlich, das war kommunales Handeln.« Dass es eine Zusammenarbeit mit der Zentralbank gibt, um eine Erinnerung an die Opfer angemessen möglich zu machen, sie also im Gedächtnis der Stadt zu halten, ist für Petra Roth eine besondere Geste des Präsidenten und ein gutes Zeichen für jede weitere Zusammenarbeit: Monsieur Trichet, sagte Petra Roth, sei eben »ein richtiger Frankfurter geworden«.

Verbunden mit Frankfurts Juden

Wer sich erinnert, fühlt sich verbunden. In diesem Sinne versteht Petra Roth den Satz über die Geschichte und die Lehrmeisterin. Salomon Korn weiß das zu schätzen. Der Vorsitzende der Frankfurter jüdischen Gemeinde ist ein Intellektueller, der sich immer wieder mit klugen Beiträgen in die Debatten um die Erinnerungskultur einmischt. Zum fünfzigsten Jahrestag des Kriegsendes erreichten diese Debatten wieder einen Höhepunkt, denn in Berlin sollte ein zentrales Denkmal für die ermordeten Juden Europas entstehen. Das mittlerweile als Stelenfeld nach Entwürfen des Architekten Peter Eisenman umgesetzte Mahnmal stand im Mittelpunkt einer umfangreichen Kontroverse über die Frage: Wer erinnert dort an wen, und ist ein Ort in unmittelbarer Nähe des Brandenburger Tores als Erinnerungsstätte wirklich angemessen?

In dieser Diskussion bemühte sich Salomon Korn um Klarsicht: Er wollte mit seinen Überlegungen nicht klären, ob es überhaupt ein angemessenes Gedenken in der Nachbarschaft von Reichstag und Reichssicherheitshauptamt als Ausgangspunkt nationalsozialistischen Terrors geben kann. Korn drängte darauf, die richtigen Fragen zu stellen. Er selbst orientierte sich in diesem Zusammenhang an der Einsicht, dass das Beste an der Kontroverse nicht ihr Ergebnis, sondern die Auseinandersetzung an sich ist: »Solange man vom Schlussstrich spricht, gibt es den Schlussstrich nicht.«

Berlin standen in den Jahren nach der Wiedervereinigung die Erörterungen über die Erinnerungskultur bevor. Vor Ort befassten sich die jüdischen Gemeinden vor allem mit der Frage der weiteren Entwicklung. Als die jüdische Gemeinde in Frankfurt das alte Schulhaus im innenstadtnahen Nordend, das Philanthropin, zurückerhielt, sprach Korn über das Dilemma der Juden in Deutschland, »das rechte Maß zwischen gesellschaftlicher Anpassung und Bewahrung eines originären Judentums zu finden«. Ein Problem, das perspektivisch nicht einfacher werde, denn die Gemeinden steckten in einer »tiefgreifenden Umbruchphase«: Durch den Zuzug aus der ehemaligen Sowjetunion erlebten sie erheblichen Zuwachs, mussten sie umfassende Integrationsleistungen vollbringen. Um die jüdischen Gemeinden zu unterstützen, schlossen Bundesregierung und Zentralrat Verträge, die »auf die Förderung jüdischen Lebens« zielen: Jüdisches Leben soll sich wieder dauerhaft in Deutschland etablieren. Bis zur Zuwanderung nach 1989 hätten sich »die Gemeinden als vorübergehende Nachkriegsgemeinschaft verstanden«, betont Korn – eigentlich »als Gemeinschaft im Transit«. Mit den Zuwanderern aus der ehemaligen Sowjetunion entstehe ein neues Judentum.

Im Frankfurter Westend hat Salomon Korn das Zentrum der Gemeinde entworfen, das nach Ignatz Bubis benannt ist. Bubis bleibt als bedeutender Bürger im Gedächtnis der Stadt. Frankfurt verbindet mit ihm den Aufbau der Gemeinde, die Präsenz des Jüdischen Museums, die Städtepartnerschaft zu Tel Aviv. Die dortige Hochschule verleiht Petra Roth im Jahr 2005 die Ehrendoktorwürde: Doktor honoris causa Petra Roth, klingt gut. Findet Petra Roth auch.

Es ist ihre zweite Auszeichnung dieser Art, die andere stammt von der Universität Seoul. Petra Roth versteht diese Ehrenbekundungen längst nicht als Selbstverständlichkeit. »Es sind Auszeichnungen«, sagt sie dann.

Erinnerung und individuelles Gedächtnis

Ob es ein Maß gibt, um sagen zu können, wie viele Moscheen in einem Quartier gebaut werden dürfen? Gibt es nicht. Was aber soll man dann denen antworten, die behaupten, mit einer dritten

Moschee in einem eher übersichtlichen Quartier sei das Maß längst voll? Stadtplaner und Genehmigungsbehörden bemühen in Fällen wie diesen den Formalismus: Gibt es genügend Parkplätze im Einzugsbereich der neuen Moschee, steht einem solchen Projekt nichts entgegen. Ein anderes Maß für die rechte Dichte an Gotteshäusern dieser Art gebe es nicht. Damit aber ließ sich das von vielen Bürgern als drängend empfundene Problem nicht aus der Welt schaffen – und Frankfurt am Main hatte nach Köln im Jahr 2007 eine handfeste Moscheedebatte.

Als der Streit anhob, schaltete sich Stadtdekan Raban Tilmann gleich ein, ein großgewachsener und kluger Katholik. Er stellte klar: Es gibt Religionsfreiheit. Und damit sei in dieser Frage eigentlich alles gesagt. Doch die Populisten ließen nicht locker, spielten mit dem Ungewissen, wer weiß schon, was dort hinter verschlossenen Türen passiere, Moscheen seien doch nichts anderes als Tummelplätze der Parallelgesellschaft. Andere hielten dem entgegen, dass es besser sei, sichtbare Moscheen zu bauen, als in Hinterhöfen zum Beten hinter verschlossenen Türen zu verschwinden.

Das Stadtparlament steht zu den Plänen der Hazrat-Fatima-Gemeinde. Nach dem Votum beschließen demokratische Kräfte, sich mit einem Demonstrationszug »für das Recht auf Religionsfreiheit« zu engagieren. Das Römerbergbündnis, ein Zusammenschluss von Kirchen, Parteien und Gewerkschaften, bittet »alle Frankfurter Bürger« zu einer Kundgebung, um das Grundrecht zu unterstreichen. Das Römerbergbündnis wendet sich in seinem Aufruf zur Demonstration gegen einen – von der Stadt verbotenen – NPD-Aufmarsch. In dem Appell des Römerbergbündnisses heißt es: »Wie es evangelische, katholische und orthodoxe Kirchen in Frankfurt gibt, orthodoxe und liberale Synagogen, so haben auch die verschiedenen Richtungen im Islam das Recht auf ihre eigenen Moscheen. Dazu gehört, dass Gebetshäuser des Islam erkennbar den öffentlichen Raum prägen.«

Der Tag der Demonstration fällt in den schönen Herbst des Jahres 2007. Am Nachmittag, als das Licht bereits milde über die

Ludwig-Landmann-Straße fällt, ein breites Asphaltband im Westen Frankfurts, das zur Autobahn führt, kommt der Zug der Demokraten zum Stehen. Wenige hundert Meter nach einem Zugang zur Nidda, Frankfurts zweitem Fluss. An vorderster Stelle markiert ein Bühnenwagen den Anfang des Protestmarsches, der sich unter einem minimalen Konsens zusammengefunden hat: für Demokratie, gegen Nazis. Es ist eine Demonstration gegen die rechtsextreme NPD, die mit antiislamischen Ressentiments gegen den Moscheebau in Hausen beim Frankfurter Bürgertum punkten will.

Petra Roth will den Neonazis klare Schranken setzen. »Ich stehe auf diesem Podium mit Vertretern von Institutionen zusammen, mit denen ich manch harten Strauß ausgefochten habe in Wahlkämpfen, Tarifauseinandersetzungen und stadtpolitischen Disputen. Das gehört zur Demokratie!«, setzt sie an: »Aber was uns alle eint, ist der Respekt vor dem anderen, dem gegenüber ich mich so verhalten muss, dass ich ihm auch morgen noch ins Auge sehen kann. Und er mir. Deshalb fordere ich die NPD und ihre Sympathisanten auf: Verlassen Sie diese Stadt. Besinnen Sie sich! Und kommen Sie erst wieder, wenn Sie bereit sind, sich dem Konsens dieser Stadtgesellschaft anzuschließen. Vorher gehören Sie nicht dazu.«

Respekt gehört für Petra Roth zur zivilisatorischen Mindestausstattung. Das haben die Neonazis zu kapieren. Verstehen sie das nicht, bleiben sie jenseits der Gemeinschaft, die sich über das Grundgesetz konstituiert.

Das macht Petra Roth auch bei einem Informationsabend des Magistrats vor Ort deutlich. »Das Grundgesetz sieht einen säkularen Staat vor, was bedeutet, dass sich die Politik nicht in Angelegenheiten von Religionsgemeinschaften einmischen darf, solange diese die Grenzen des Grundgesetzes einhalten«, sagt die Oberbürgermeisterin. Damit aber ist die Maxime jeder weiteren Debatte in Stein gemeißelt: Mitreden kann nur, wer die Vorgaben des Grundgesetzes als verbindliche Handlungsanleitung akzeptiert. Das gilt für alle: »Wir erwarten von den Einwanderern, gleich welchen Glaubens, dass die entscheidenden Grundsätze unserer Verfassung auch für die eigene Lebenswelt angenommen und gelebt werden.«

Unter die Leitlinie von Respekt und gegenseitiger Achtung stellt auch der im Zuge des Moscheestreits entstandene »Rat der Religionen« seine eigene Positionierung: »Als Rat der Religionen wollen wir uns dafür einsetzen, dass Frankfurt eine lebendige Stadt bleibt, geleitet von einer Vision der Offenheit, des gegenseitigen Vertrauens und einer Willkommenskultur. Eine Stadt, in der Menschen sich mit Respekt und Achtung begegnen.«

Für die Kommunalpolitik von Petra Roth heißt das: Frankfurt ist eine Stadt für alle Menschen, selbstverständlich auch moslemischen Glaubens.

Frankfurt, Stadt Europas

Die weltoffene Stadt und ihre liberale Oberbürgermeisterin. Wie oft hat man das gerade nach der Wahl des Nachfolgers von Petra Roth gesagt. Nicht selten mit einer gewissen Wehmütigkeit. Denn diejenigen, die sich um ihre Nachfolge im Römer bemühten, schienen längst nicht ihr Format zu haben.

Doch bei der Bewertung müsse man fair bleiben, warb die Oberbürgermeisterin nach der Stichwahl, die den Sozialdemokraten Peter Feldmann ins Amt gebracht hatte, immer wieder. Jeder habe das Recht, sich zu entwickeln. Sie selbst sei in den Anfängen ihrer Amtszeit auch keine Expertin für Kultur gewesen. So etwas, setzt sie hinzu, »kann man sich aber aneignen«. Habe sie auch gemacht. Nur neugierig genug sollte man sein, sagt Petra Roth. Denn ohne Neugier kommt man im Leben ohnehin nicht weiter.

Neugier und Respekt gehören für Petra Roth zusammen. Das eine ist für sie nicht ohne das andere zu haben. Ohne Neugier und ohne Respekt lässt sich auch Europa nicht bauen: Und Europa ist für sie im Sinne Helmut Kohls Programm – zur Aufarbeitung der Vergangenheit und zur Gestaltung der eigenen Gegenwart. Also kennt dieses Projekt eine pathetische wie auch eine pragmatische Dimension. Mit einem gewissen Pathos will Roth die demokratische Aufgabe proklamieren, im Sinne des neuen Bundespräsidenten Joachim Gauck von den Bürgern erwarten, keine Wahl mehr zu verpassen. Auf einer pragmatischen Ebene wirbt sie für Europa, weil sich damit die Chance bietet, die föderale Verfasstheit Deutschlands über die Fokussierung auf Europas Metropolregionen umkrempeln zu können. In diesem Zusammenhang hält sie den Lissabon-Vertrag durchaus für fähig, Möglichkeiten zu entfalten: Der seit Anfang 2009 geltende Kontrakt zur Reform der Europäischen Union weist den Kommunen die Rolle zu, neben nationalstaatlichen Gebilden auf einer für die Bürger übersichtlichen Ebene für Infrastruktur und Identität zu sorgen.

Warum aber Europa? Vielen Bürgern drängt sich diese Frage nicht zuletzt im Zusammenhang mit der Eurokrise auf. Sie zweifeln daran, ob es das Projekt Europa heute überhaupt noch geben muss. Schließlich hat sich das ursprüngliche Motiv für dieses Projekt, Kriege auf dem Alten Kontinent künftig unmöglich zu machen, doch längst erledigt. Nimmt man Europa als allein historisch fundiertes Projekt, mag dies richtig sein. Doch Europa reicht längst weit in die Gegenwart hinein.

Dafür wirbt beispielsweise Christine Landfried. Die Wissenschaftlerin machte 2002 in Frankfurt am Main das werbende Motiv der Römerberggespräche »In Liebe, Europa …« zu ihrem Programm: Sie warb für Europa als experimentelles Feld künftigen Zusammenlebens, als Speicher der Unterschiede, die es auf dem gesamten Alten Kontinent gibt. Aus diesen Differenzen ließen sich Europas Stärken machen.

Jürgen Habermas übersetzte diese Sicht der Dinge, angelehnt an die Bemühungen des Aufklärers Immanuel Kant:»Die Europäische Union lässt sich als entscheidender Schritt auf dem Weg zu einer politisch verfassten Weltgesellschaft begreifen.«

Das ist der Zusammenhang, in dem Petra Roth die Zukunft der Kommunalpolitik als Europapolitik versteht. Allerdings müsse die Europäische Union »jetzt durch ihre Bürger mit Leben erfüllt werden«, wirbt sie mit der ihr eigenen Verve. In diesem Zusammenhang kommt Frankfurt als Standort der Europäischen Zentralbank eine ganz besondere Rolle zu. »Die Menschen bringen Frankfurt mit der Zentralbank und dem Euro zusammen«, setzt die Argumentation Petra Roths ein. Das heißt: Mit Frankfurt verbindet sich das Ziel der Stabilität. »In diesem Sinne steht Frankfurt für das Projekt Europa«, setzt die Rathaus-Chefin hinzu: »Dieses Europa ist als Demokratieprojekt entstanden«, spannt sie einen Bogen hin zu den Anfängen mit den bürgerlichen Emanzipationsprozessen, die mit den Erhebungen von 1989 in Osteuropa zu einem Abschluss gekommen seien: »Es gibt Zusammenhänge zwischen dem Projekt Paulskirche und dem Projekt Europa, beide Projekte finden in Frankfurt ihre Bezugspunkte.«

Europa ist ein Fokus. Über die Verbindung im Kampf um die Freiheitsrechte 1789 und 1989. Und über die Verortung der zweiten Welle der Globalisierung nach der Jahrhundertwende und dem abrupten Ende mit dem Ersten Weltkrieg. Der Historiker Andreas Wirsching hat unlängst hervorgehoben, dass zwar »alle Merkmale der Globalisierung – Intensivierung internationaler Arbeitsteilung, Expansion des Welthandels und der Auslandsproduktion, Ausdehnung der Kapitalinvestitionen und der Finanzmärkte, Grenzöffnungen und Migrationsbewegungen – nicht per se neu sind«, aber im letzten Drittel des zwanzigsten Jahrhunderts, angespornt durch neue Kommunikationstechnologien, eine neue Finanzpolitik und eine andere wirtschaftspolitische Kooperation, eine bis dahin unbekannte Dynamik entfaltet haben. Europa – das sind gemeinsame Werte, eine reiche Kultur und die gemeinsame Währung.

Der Neubau der Europäischen Zentralbank ist darauf angelegt, ein neues Symbol Frankfurts zu werden. Von 2014 an soll sich das zweitürmige Hochhaus als neuer Akzent in die Skyline reihen. Petra Roth kann kaum erwarten, dass der Rohbau fertig ist, sagt sie im Römer beim Zusammentreffen mit dem neuen Präsidenten der Zentralbank, Mario Draghi. Er freut sich über die Anteilnahme der Oberbürgermeisterin. Der aus Italien stammende Notenbanker würdigt Roth als »ein ganz spezielles Stadtoberhaupt«. Wieder spricht einer voller Hochachtung über die Repräsentantin Frankfurts.

»Frankfurt ist für Europa ein Ort des Schicksals«, sagt Petra Roth. »Aber vor diesem Schicksal muss uns nicht bange sein, denn wir wollen Europa, ein Europa, das sich aus den Kommunen heraus entwickelt.« Damit kehre Europa in gewisser Weise zu den Anfängen zurück: »In den Stadtgesellschaften fand Europa seinen Ausgang«, sagt das Stadtoberhaupt, »heute sind aus diesen Gemeinschaften der Polis die Gemeinwesen der Metropolregionen geworden.«

Mission Ostdeutschland

Das Modell funktioniere nicht, hält Mario Voigt gut 300 Kilometer östlich von Frankfurt am Main seiner Parteifreundin entgegen. Voigt ist Generalsekretär der thüringischen CDU und an diesem Abend bei einer Diskussion mit Petra Roth vor allem damit befasst, seine Sorgen im Hinblick auf die Besetzung lokalpolitischer Posten zu erläutern. Denn seiner Partei mangelt es an Persönlichkeiten, um exponierte Stellen in den Rathäusern Thüringens besetzen zu können. Es fehle an qualifiziertem wie gesellschaftsfähigem Personal. Wahlweise gebe es Streitigkeiten, oder aber der zeitliche Aufwand sei potentiellen Bewerbern zu groß. Rund um die Uhr wolle kaum ein Parteimitglied mehr Politik machen, geregelte Zeiten sollten es schon sein.

Petra Roth kann verstehen, wenn es Motivationskrisen gibt. Schließlich erscheint die Wahlbeteiligung längst nicht mehr ein Ausweis grundlegender Akzeptanz für Politik zu sein. »Das steht meiner Leidenschaft entgegen«, sagt die Chefin des Frankfurter Rathauses energisch. In diesem Zusammenhang ruft sie die Wahlbeteiligungen bei Frankfurter Wahlen, zuletzt bei der Abstimmung über ihre Nachfolge, ins Bewusstsein: Gerade ein Drittel der Wahlberechtigten machte sich auf den Weg zur Abstimmung: »Wir Kommunalpolitiker wollen doch Akzeptanz haben.« Aus diesem Grund ist die Wahlbeteiligung auch ein Beleg dafür, ob die Wähler interessant finden, was politisch vor ihrer eigenen Haustür passiert.

Mit der Frage nach der Wahlbeteiligung verbindet sich auch die Frage der Legitimation. An diesem Punkt wirbt Petra Roth für größte Aufmerksamkeit, denn nach wie vor gelte das Prinzip, dass die Mehrheit entscheidet, und nicht Minderheiten. Kommt aber eine Entscheidung der Mehrheit nicht mehr zustande, weil die Mehrheit sich nicht für demokratische Verfahren interessiert, dann entscheiden unterm Strich Minderheiten. Mit allen Konsequenzen, die sich im Zusammenhang mit Verantwortlichkeiten daraus ergeben: »Entscheidungen der Minderheit können nicht im Sinne der Demokratie sein«, setzt Petra Roth hinzu. Zwar müsse Demokratie ihre Minderheiten schützen, das aber heißt längst nicht, dass Minderheiten entscheiden – »die legitime Letztentscheidung gehört ins Parlament«. Das wiederum müsse nicht bedeuten, auf allen politischen Ebenen die Parlamente zu halten.

»Wir brauchen die Landtage nicht«, sagt Petra Roth bei der Diskussion im Alten Rathaus von Jena. »Wir brauchen sie nicht«, beharrt Roth, »weil wir von den Metropolregionen aus regieren können.« Es gehe ihr darum, einen Prozess der Emanzipation der Städte gegenüber den Ländern einzuleiten. Dafür müssten die Städte zuallererst ihre Einnahmequellen verteidigen. In Zeiten des demographischen Wandels führe daran kein Weg vorbei: Wahlen werden künftig in den Städten entschieden. Auch aus diesem Grund müsse man darüber nachdenken, wie die Mittel aus dem Solidarpakt nach 2019 verteilt werden. Ginge es nach Petra Roth und dem Deutschen Städtetag, dann am besten so, dass aus diesem Paket auch notleidende Städte Westdeutschlands bedient werden können. Oberhausen wird in diesem Zusammenhang immer wieder als Beispiel genannt: Oberhausen ist die Stadt mit den meisten Schulden in ganz Deutschland, die Kommune muss mit einem Nothaushalt auskommen und sich jede größere Ausgabe von einer Aufsichtsbehörde genehmigen lassen. Während Jena beispielsweise anstrebt, bis 2025 frei von Schulden zu sein, blickt Oberhausen auf einen Schuldenberg in Höhe von zwei Milliarden Euro. Das ist mehr, als die Infrastruktur der Stadt wert ist.

Wenn es darum geht, im Bewusstsein der Schuldenkrise große Themenfelder zu bearbeiten, die demnächst auf die Agenda der Republik gehören, muss aus der Sicht der Oberbürgermeisterin das Projekt »kooperativer Föderalismus« ganz nach oben rücken. Von Frankfurt lernen heißt Moderne lernen – davon ist Petra Roth überzeugt.

Wenn sie Sätze wie diese bewusst pointiert, nimmt sie ihre eigene Partei in die Pflicht, über grundlegende Themen neu nachzudenken, um sich gerade in den Städten perspektivisch behaupten zu können. Die CDU, heißt das in der Diktion des Stadtoberhaupts, muss sich kontrovers in der eigenen Partei mit den Zukunftsthemen auseinandersetzen. In früheren Zeiten nahm sie sich vor, die Frankfurter CDU auf die nach 1989 auch in den Westen hineinbrechende neue Epoche vorzubereiten: Von 1992 an stand sie als erste Frau an der Spitze der Partei. Die drei Jahre bis 1995 nutzte die Landtagsabgeordnete, um die CDU in Frankfurt wieder in Form zu bringen – nach zwölf Jahren CDU-geführter Politik von 1977 an hatte sich die Partei plötzlich in der Opposition wiedergefunden. Sie wäre gern an der Spitze der Partei geblieben, hätte gern weiter auf Modernisierung gesetzt und sich bildungspolitische Themen vorgenommen. Bis heute will sie dem Argument, Parteivorsitz und Stadtoberhaupt gingen nicht zusammen, nicht folgen.

»Aus guten Gründen«, wendet sie ein, werde das in Bund und Land anders gehandhabt.

Oppositionspartei zu sein hat ihrer CDU gutgetan. Zumindest stellt sich das für Petra Roth aus heutiger Sicht so dar. Ein Prozess der Regeneration steht der Frankfurter CDU nach dem Debakel in der Stichwahl um die Nachfolge Roths nun wieder bevor. Die Partei braucht auch eine programmatische Erneuerung, beharrt Roth. Nicht ohne Grund dürfte die Bundespartei sie in den vergangenen Jahren immer wieder eingespannt haben, wenn es darum ging, über die CDU als Großstadtpartei nachzudenken. Für sie geht es darum, dass sich die Partei etwas traut und sich Zukunftsthemen vornimmt. Dann sagt sie nur: Bildung, Bildung, Bildung. Grundsätzlich und nahe am Alltag.

Es geht um Praxis. Praktisches Handeln gekoppelt an gute Ideen ermöglicht Veränderung. In diesem Sinne folgt sie der Einsicht, die der Sozialpsychologe Harald Welzer als grundlegende Erkenntnis für sein Projekt »Futurzwei« auf den Punkt gebracht hat, »um unsere Lebenspraktiken und die Infrastrukturen des Alltags zu verändern: Das stärkste Moment der Veränderung einer Praxis ist die Praxis selbst.«

Roths Formel heißt: Praxis plus Idee gleich Veränderung.

Erneuerung in Frankfurt

Petra Roth hat gespürt, dass dieser Wahlgang kein leichter wird. Spätestens nach dem ersten Durchgang. Eigentlich hatte sie der Kandidatin der Grünen mehr Potential zugetraut. In die Stichwahl aber kam Peter Feldmann, ein Frankfurter Sozialdemokrat, der zwanzig Jahre lang wenig Aufmerksamkeit auf sich zog. Am Ende kann er die Stimmen der gesamten Linken und vieler liberaler Bürger hinter sich bringen, die Roths Kandidaten Boris Rhein für einen Mann der ungeliebten hessischen CDU hielten. Und Hessens CDU ist für viele Frankfurter ein Hassblatt: provinziell, antiliberal, unzeitgemäß, kurzum: nicht zu Frankfurt passend. Frankfurt hat eine CDU der Petra Roth verdient – davon sind viele Bürger überzeugt.

Viele haben wegen ihr damals zum ersten Mal ein Kreuz bei der CDU gemacht. Doch diese Entscheidung blieb seitdem über drei Direktwahlen hinweg allein an ihre Person geknüpft. Da nutzten auch die vielen Plakate nichts, auf denen Petra Roth mit ihrem Konterfei zur Wahl von Boris Rhein aufgerufen hatte.

Auch parteiintern zweifelt kaum einer an der Diagnose: Dem politischen Gegner ist es gelungen, Boris Rhein als Protagonisten der Vergangenheit darzustellen, als Hardliner in der Sicherheitspolitik zu beschreiben und einen Gegensatz zwischen Urbanität und Konservativsein zu konstruieren. Mit der Niederlage von Boris Rhein stellt sich das Defizit der CDU umso größer dar: Als Großstadtpartei ist die Organisation überhaupt nicht gefragt.

Die eigenen Parteigänger sparen nicht mit kritischen Anmerkungen: Eine gewisse Schuld an der Niederlage träfe Petra Roth. Sie hätte das reguläre Ende ihrer Amtszeit abwarten sollen.

Hätte sie nicht, hält die Oberbürgermeisterin ihren Kritikern entgegen: Wäre Frankfurt erst im Jahr darauf zur Wahl aufgerufen gewesen, wäre die Partei in das Fahrwasser der Bundespartei und der Hessen-CDU geraten. Dass es dabei schwere Blessuren gegeben hätte, mag am Tag danach eigentlich kaum jemand bestreiten.

Also einen anderen Bewerber? Vielleicht besser eine Frau? Die CDU kannte seit Jahren zwei Kandidaten: Uwe Becker und Boris Rhein. Im freien Lauf der Konkurrenz hätten sich ihre Lager aufgerieben, fürchtete Petra Roth.

Petra Roth wusste, dass es nicht einfach würde. In diesem Augenblick machte sie, was die Partei von ihr erwartete, was sie selbst versprochen hatte. Sie hielt sich mit Worten voll des Lobes an Empfehlungen: guter Mann, richtiger Zeitpunkt. Sollte später keiner behaupten, sie habe sich nicht genug für den Kandidaten engagiert. Sollte am Ende keiner sagen, sie habe nicht loslassen können. Selbstverständlich hätten die Frankfurter ihn ständig an ihr gemessen.

In diesen Augenblicken laufen immer wieder Bilder von früher ab. Bilder eine Karriere, die am 25. März 2012 zu einem vorläufigen Abschluss kommt. Bilder aus der Anfangsphase, als Petra Roth nach ihrem überraschenden Wahlsieg starke Kräfte erwachsen. Als sie am 5. Juli des Jahres 1995 zum ersten Mal mit der schweren Amtskette an das Rednerpunkt im Saal der Stadtverordnetenversammlung trat. Wie sie ein paar Monate später vor Ort im Bahnhofsviertel dafür geworben hat, Drogenabhängige nicht länger als Kriminelle zu behandeln, sondern als Kranke.

Wie sie aus tiefster Bewegung mit ihrer Eintracht gefeiert hat, als die Mannschaft den Abstieg abwenden konnte. Wie sie die Waschbetonwände des Technischen Rathauses allmählich einstürzen sah, die Platz für die neue Altstadt machen sollen. Bilder von Augenblicken großer Freude, als ihre Amtskollegin Hayashi in Yokohama das Gastgeschenk öffnete – Goethes Jugendschriften in einer Faksimile-Ausgabe – und gleich wie verzaubert wirkte. Wie sie nach dem Richtfest für die neuen Sozialwohnungen in Schwanheim an das im Keller aufgebaute Buffet tritt, sich ein kaltes Pils nimmt und dem Bauherrn zuprostet. Wie sie im Untergeschoss des Städel das rote Band als Zeichen der Eröffnung des Erweiterungsbaus durchtrennt. Und wie sie sich mit einem guten alten Freund im Foyer des Schauspiels verabredet, um den »Kaufmann von Venedig« zu sehen.

Gute Idee, urban gedacht

Schiebt man Südamerika und Afrika zusammen, so erkennt man auf den ersten Blick, wie die Nordostküste Brasiliens und der Küstenverlauf Westafrikas sich ineinander fügen. Tatsächlich waren sie ursprünglich eins. Im Jahr 1912 vertritt Alfred Wegener diese Ansicht über die kontinentalen Platten mit dem Hang zur Eigenbewegung in einem Vortrag über »die Entstehung der Kontinente und Ozeane«. Es ist eine auf den ersten Blick irritierende Wegweisung für die Lebenswelt des zwanzigsten Jahrhunderts: Der Polarforscher Wegener, der Eingeweihten heute als »Vater der Plattentektonik« gilt, spricht über die Entdeckung der Kontinentaldrift – vor der Geologischen Gesellschaft in Frankfurt am Main. Im Senckenberg-Museum. Wegener ist ein Senckenberger und wissenschaftlich weit vorne dran. Der Philosoph Hans Blumenberg berichtet darüber in seiner Textsammlung *Vollzähligkeit der Sterne*. Über einen wie Wegener wäre Petra Roth begeistert.

Wegener steht für die Idee. Mit seinen Überlegungen katapultiert er »Senckenberg« in eine andere Zeit. Hundert Jahre später sehen sich die Naturforscher wieder vor einer Zeitenwende. Denn in Frankfurt kündigt sich ein zweiter Paradigmenwechsel nach der Schaffung des Museumsufers an: Natur (Senckenberg) und Kultur sollen zusammenfinden. Auf dem Areal der früheren Goethe-Universität. Das Projekt heißt: Kulturcampus Frankfurt. Im Zentrum des Projekts stehen das Senckenbergmuseum und die Musikhochschule, die in die unmittelbare Nähe der Naturforscher ziehen will, um sich erweitern zu können. Petra Roth gerät beim Gedenken an den Kulturcampus, »ihren Kulturcampus«, sofort ins Schwärmen. Das soll ein ganz modernes Projekt werden – mit Kultur, neuen Wohnungen, einem urbanen Lebensgefühl.

Europäische Städte entdecken ihre Kultur neu. Bilbao zum Beispiel mit dem Guggenheim Museum und dem sensationellen Bau von Frank Gehry. Oder Oslo mit einem neuen Ausstellungshaus für Edvard Munch. Oder Metz mit einer Dependance des Centre Pompidou. Allesamt Projekte, die sich ihren Platz in den Städten suchen. Flächen, die man früher anders genutzt hat, ehemalige Areale des Militärs oder brachliegende Gebiete der Hafenbetriebe. Frankfurt schafft dafür die Voraussetzungen: Wenn die Goethe-Universität ihren alten Campus Bockenheim in Richtung Westend verlassen hat, könnten Musiker, Tänzer, Schauspieler und andere Kulturschaffende eine Sogwirkung entfalten. Nicht anders als der Osloer Hafen ist Bockenheim früher ein industriell geprägter Stadtteil gewesen. An dessen Rand entwickelte sich mit der Jahrhundertwende allmählich im Schlepptau des naturkundlichen Senckenberg-Museums die Goethe-Universität.

Mit diesem Projekt will sie den Beweis liefern, dass »wir uns in Frankfurt die Moderne endlich wieder zutrauen«. Nachdem auch die Kritiker am Planungsprozess beteiligt wurden, muss Petra Roth nicht mehr mit Gegröle rechnen. Denn die guten Ideen, die Bürger in Planungswerkstätten gemeinsam mit Stadtplanern hervorgebracht haben, davon ist Petra Roth überzeugt, stärken den Zusammenhalt der Bürger Frankfurts, ihrer Stadt.

Petra Roth, die Politikerin

Gegenseitiger Respekt ist die Grundlage der Stadtgesellschaft. Präzise hat Petra Roth eine zentrale Leitlinie ihres politischen Wirkens immer wieder in diesem einen Satz gebündelt. Ein Satz von programmatischer Qualität. Haben einige Vertreter der lokalen Presse Petra Roth nicht zugetraut. Hartnäckig hält sich die Zuschreibung: Repräsentieren kann sie, Ideen gebären nicht. So notierte die *Frankfurter Rundschau* wenige Tage vor der OB-Stichwahl 2012:»Die populäre Roth besaß zwar kein großes politisches Konzept, verließ sich aber erfolgreich auf ihren Instinkt.« Eine Einschätzung, zu der auch die *Frankfurter Allgemeine Sonntagszeitung* im Frühjahr 2006 kam und Roth ein dickes Minus verpasste:»Petra Roth, Ansagerin, fehlt der Blick fürs Wesentliche. Thema an Thema reihte die Oberbürgermeisterin in ihrem Bericht zur Lage der Stadt Frankfurt. Vieles darunter gut und schön, aber auch selbstverständlich und banal. Viel zu viel, um daraus ein Konzept ableiten, zu wenig, um einen Schwerpunkt erkennen zu können. Es fehlte eine größere Stadt-Idee. Gerade die aber wäre angesagt.«

Vielleicht hatte die konservative Herrenriege in der CDU die Möglichkeiten der Petra Roth bei ihrer ersten Wahl 1995 nicht anders eingeschätzt. Sie mussten sich aber eines Besseren belehren lassen. Petra Roth bewies Eigenständigkeit. Sie fand eigene Themen. Und sie probte etwa mit Schwarz-Grün neue Konstellationen.

Weil sie wissen wollte: Was ist Politik heute? Im Grunde gibt es zwei unterschiedliche Zugänge zur Demokratie. Der eine ist eher an eigenen Interessen orientiert und damit individualistisch. Der andere Zugang zum Demokratischen nimmt sich der Frage nach dem Gemeinwohl an, an dem orientiert demokratische Politik sich auszuweisen hat. Dann gibt es beim Bürger die Bereitschaft, sich über seine Rolle als Wahlbürger hinaus aktiv in Politik einzuschalten.

Bis zu ihrem Eintritt in die CDU hat sich Petra Roth »für den individualistischen Teil des Demokratischen entschieden«, berichtet die Oberbürgermeisterin auf einem Demokratie-Forum des linksliberal orientierten Arndt-Kreises in der Friedrich-Ebert-Stiftung. Damals durfte sie mit 21 Jahren zum ersten Mal wählen. Und ganz offen gestanden, setzt sie hinzu: Dass über den Bundestag hinaus in Deutschland Parlamentswahlen anstehen könnten, »das ist mir nicht bewusst gewesen«. Brandt oder Barzel, das seien für sie damals politische Optionen gewesen, Namen, die für Bonn standen, Bonn, das hieß nichts anderes als Provinz.

Das hat sich für Petra Roth 1972 grundlegend geändert. Wie sich vieles in diesem überaus bemerkenswerten Jahr wandelte. Die Ossis durften erstmals ohne Visum ins Nachbarland Polen reisen, Bundeskanzler Willy Brandt feierte einen großen Wahlsieg und unterzeichnete gemeinsam mit seinem Unterhändler Egon Bahr im Dezember den Grundlagenvertrag mit der DDR. Palästinensische Terroristen überfielen die israelische Mannschaft bei den Olympischen Spielen in München, und die Kicker der deutschen Nationalmannschaft gewannen das Viertelfinale der Europameisterschaft mit 3:1 gegen England und zum ersten Mal im Wembley-Stadion. Es wurde die Stunde des Günter Netzer, und britische Zeitungen nannten den Mann, der mit seinem Team brillanten Fußball gezeigt hatte, tags darauf »Siegfried«.

Seit 1972 »orientiere ich mich gemeinschaftlich politisch«, berichtet Petra Roth. Gemeinschaftlich, das heißt für sie vor allem: bürgerschaftlich. Diese Orientierung der Politik gelinge zuallererst in den Kommunen. Dort ist ihr steter Bezugspunkt geblieben: demokratisch, kommunal, gemeinschaftlich, das ist ihr Refrain. Deswegen wirbt sie auf dem Forum der Ebert-Stiftung auch eindringlich dafür, sich von punktuellen Initiativen nicht kirre machen zu lassen: »Wenn sich Politiker heute für mehr Demokratie einsetzen, zeigen sie sich hilflos und ein Stück weit auch gescheitert.« Für sie gehe es nach den Erfahrungen mit den Partikularinteressen, die auch ständig im Bürgerwillen zum Ausdruck kämen, auch darum, dass »wir Politiker mutiger werden, um zu zeigen, um was es in der Demokratie geht, für was es sich einzusetzen lohnt.«

Der Politik komme gerade in Zeiten des Verdrusses die Aufgabe zu, Aufklärung zu betreiben, komplexe Zusammenhänge zu skizzieren, Ursachen und Wirkungen in einen nachvollziehbaren Kontext zu stellen. Wenn es einem Politiker nicht gelingt klarzumachen, dass »nicht einfach alles geht, was aus Sicht der Bürger wünschenswert erscheint, dann hat er etwas falsch gemacht«, sagt Petra Roth energisch. Politik sollte sich beispielsweise darum bemühen, Planungsverfahren drastisch abzukürzen: Was nach sieben Jahren nicht genehmigt ist, lässt sich nicht mehr realisieren, gibt sie eine Prämisse für die Zukunft vor. Roth berichtet bei dem Forum von einem Supermarkt in einem Stadtteil Frankfurts, der zunächst von den Bürgern gewünscht gewesen sei und dann Jahre später auf erbitterten Widerstand getroffen sei. So könne das eigentlich nicht gehen, Bürgerbeteiligung möge nicht heißen, es sei schon wieder Weihnachten, unterstreicht Petra Roth.

Das sieht Wolfgang Thierse in der Diskussion genauso. Demokratie nach dem Prinzip »Legitimation durch Betroffenheit« kann nicht funktionieren, hebt der Vizepräsident des Deutschen Bundestags hervor. Es geht um »Legitimation durch Verfahren«.

Über die Bedeutung der Gefühlspolitik

Nicht Betroffenheit, wohl aber Gefühle. Wie man sie zu Beginn des 21. Jahrhunderts ansprechen kann, hat Barack Obama während seines ersten Präsidentschaftswahlkampfs deutlich gemacht. Er fand die richtige Ansprache und vermochte es, Menschen zum Mitmachen zu bewegen. So wie es vielleicht Friedrich II. vorgemacht hat. Zumindest beschreibt die Historikerin Ute Frevert Preußens Regenten aus dem achtzehnten Jahrhundert in diesem Sinne – als einen König, der nicht mehr durch die Verbreitung von Furcht sein Volk beherrschen wollte, sondern »durch Liebe«. Mehr als 200 Jahre nach dem König wusste Petra Roth die Herzen ihrer Frankfurter zu erobern.

Sie selbst lässt sich grundsätzlich antreiben von dem Wunsch, mehr zu wollen, ehrgeizig zu sein, ihre Ziele nicht aus den Augen zu verlieren. Das aber langt nicht. Die Fähigkeit, Menschen für sich einzunehmen, ist nicht genug, es bedarf mehr.

Freunde und Wegbegleiter wie der Frankfurter Rechtswissenschaftler Klaus Lüderssen schreiben Petra Roth ganz eigene Kompetenzen zu: »Es muss eine verborgene Begabung geben: Sie hat natürliche Intelligenz und soziale Kompetenz, das ist Verantwortungsintelligenz.«

Wie der Grüne Joschka Fischer gehört Petra Roth zu den Menschen, die erst im Laufe ihres Lebens sehen, wozu sie überhaupt fähig sind. Lange Jahre hatte Petra Roth selbst dafür kein Sensorium. Und doch ließ sie sich von dem Wunsch anspornen, mehr zu wollen. Dafür musste es auch Anstöße von außen geben, Erwartungen, die sich an sie richteten. Erst nach ihren jugendlichen Jahren in Bremen wächst allmählich der Gedanke, selbst etwas aus ihrer eigenen Begabung machen zu können. Und auch machen zu wollen. Das steht im Zentrum ihrer Selbstbetrachtung über das eigene Leben.

Es ist ein Leben für die städtische Demokratie. Seit vier Jahrzehnten. Von großem Optimismus geprägt. Während der Historiker Paul Nolte seit den Jahren der weltweiten Finanzkrise und Wirtschaftsflaute 2008 »eine grundsätzliche Skepsis an der Zukunftsfähigkeit der Demokratie« beobachtet, zweifelt Petra Roth keinen Augenblick daran. Ihre eigene Aufgabe sieht sie darin, Prozessen wie diesen Dynamik zu verleihen.

Doch ist Demokratie überhaupt in der Lage, mit einer solchen Dynamik zurechtzukommen?

Otfried Höffe legt seiner brillanten Studie über die Entwicklungsperspektiven der Demokratie die Frage zugrunde: Ist Demokratie zukunftsfähig? Nicht zwangsläufig, antwortet der Philosoph, wohl aber dann, wenn sie eigene Ressourcen konsequent ausschöpft. Denn Demokratien besitzen Ressourcen, »mit denen

Nicht-Demokratien teils gar nicht, teils schwerlich mithalten können: eine engagierte Bürgerschaft, ein hohes Bildungs- und Ausbildungsniveau, soziale und kulturelle Fundamente und nicht zuletzt eine politische Ordnung, die auf neue Herausforderungen, zuletzt das Finanzdebakel, flexibel zu reagieren vermag.« Alles hängt davon ab, ob Demokratien ihre Fähigkeiten zur Zukunftsgestaltung zu nutzen wissen. Zu diesen Fähigkeiten gehören Leidenschaft und Neugier, Mut und Tugendhaftigkeit. Fähigkeiten, die auch Erwartungen an Politik sind.

Ist Demokratie also zukunftsfähig?

Mit Politikern wie Petra Roth allemal.

Nachgang

Wie es wohl sein wird, wenn Petra Roth nicht mehr Oberbürgermeisterin der Stadt Frankfurt am Main ist? »It's going to be different without Petra«, sagt William Forsythe.

William Forsythe, der weltberühmte Choreograph und Chef der Forsythe Company, gehört zu den in Frankfurt wirkenden Künstlern, die seit vielen Jahren mit der Chefin des Rathauses in einem herzlichen Verhältnis stehen. Weil sie das besondere Verständnis und den ganz besonderen Einsatz der Petra Roth für die schönen Künste in Museen, für die Bühnen und das Opernhaus der Stadt zu schätzen wussten. Weil sie Petra Roth als neugierige, dem Ungewöhnlichen und dem Überraschenden zugetane Frau kennengelernt haben. Weil sie die große Offenheit und das ehrliche Interesse an ihrer Arbeit spürten. Weil sie sich von dieser Stadtregentin ernstgenommen fühlten. Weil sie die besondere Bedeutung der Petra Roth für den Standort Frankfurt/Rhein-Main mitten in Europa einzuordnen wussten. Weil Petra Roth sich mit großer Leidenschaft und der ihr eigenen Hartnäckigkeit für stabile Arbeitsbedingungen eingesetzt hat – auch in Zeiten, in denen der Rotstift umging.

Und weil sie mit der Anerkennung der Frau rechnen konnten, die sich die Welt der Kultur und alles andere in dieser Welt immer wieder selbst anzueignen suchte und andere zu animieren wusste, es ihr nachzutun.

So wie mit den schönen Künsten ist es in allen Bereichen der Frankfurter Stadtgesellschaft. Überall fragen sich die Menschen, wie es wohl sein wird, wenn Petra Roth nicht mehr Oberbürgermeisterin der Stadt Frankfurt am Main ist.

Längst bevor Petra Roth Mitte des Jahres 2012 damit befasst sein wird, ihr Dienstzimmer, Römer, zweiter Stock, leerzuräumen und die Erinnerungsfotos auf den Fensterbänken zur Paulskirche hin in Kisten zu verstauen, beschleicht viele dieser Menschen ein seltsames Gefühl. Es geht ihnen nicht anders als William Forsythe: »I will miss Petra.«

Dank

Dieses Buch wäre nicht entstanden, wenn Alex Kraus nicht wunderbare Fotos beigesteuert hätte, um ein reichhaltiges Panorama aus dem Leben Petra Roths in der Mitte dieses Buches zu entfalten. Wenn Nicole Ripplinger nicht vielfältiges Material aus dem Stadtarchiv Frankfurt am Main besorgte hätte. Wenn Raul Arning zu Fragen aus dem großen Wissensgebiet des Fußballs nicht bereitwillig Auskunft gegeben hätte. Und wenn Naomi Naegele-Arning nicht wie schon bei früheren Manuskripten wieder einmal Kapitel für Kapitel mit kritischen Anmerkungen begleitet und in mitunter schwierigen Situationen Mut zugesprochen hätte. Ihr gebührt mein ganz besonderer Dank – für die erste Lektüre dieses Buches wie für vieles andere in diesem Leben.

Frankfurt, im April 2012

Literatur

Altaras, Adriana, *Titos Brille. Die Geschichte meiner strapaziösen Familie*, Köln 2011

Aly, Götz, *Hitlers Volksstaat – Raub, Rassenkrieg und nationaler Sozialismus*, Frankfurt am Main 2005

Aly, Götz, *Warum die Deutschen? Warum die Juden?*, Frankfurt am Main 2011

Apiah, Kwame Anthony, *Eine Frage der Ehre, oder: Wie es zu moralischen Revolutionen kommt*, München 2011

Arning, Matthias, *Späte Abrechnung – Über Zwangsarbeiter, Schlussstriche und Berliner Verständigungen*, Frankfurt am Main 2001

Arning, Matthias, Karl Grobe, Reino Schönberger, Das 20. Jahrhundert – Ein Supplement der *Frankfurter Rundschau*, Frankfurt am Main 1999

Assmann, Aleida, Rekonstruktion, die zweite Chance, oder: Architektur aus dem Archiv, in: Winfried Nerdinger, *Geschichte der Rekonstruktion. Konstruktion der Geschichte.* Publikation zur Ausstellung des Architekturmuseums der TU München in der Pinakothek der Moderne, München 2010

Beck, Ulrich, *Weltrisikogesellschaft. Auf der Suche nach der verlorenen Sicherheit*, Frankfurt am Main 2007

Beil, Ralf, Claudia Dillmann, *Gesamtkunstwerk Expressionismus – Kunst, Film, Literatur, Theater, Tanz und Architektur 1905 bis 1925*, Katalog zur Ausstellung auf der Mathildenhöhe in Darmstadt, München 2010

Biedenkopf, Kurt, *Die Ausbeutung der Enkel – Plädoyer für die Rückkehr zur Vernunft*, Berlin 2006

Blumenberg, Hans, *Lebenszeit und Weltzeit*, Frankfurt am Main 1986

Blumenberg, Hans, *Die Vollzähligkeit der Sterne*, Frankfurt am Main 2011

Bodenschatz, Harald u. a. (Hg.), *Stadtvisionen 1910/2010 – Berlin, Paris, London, Chicago, 100 Jahre Allgemeine Städtebau-Ausstellung in Berlin*, Berlin 2010

Bundesministerium für Wirtschaft und Technologie, *Energiewende – Energiepolitische Informationen* 01/2012, Neue Netze? Ja bitte!, Berlin 2012

Coulmas, Florian, Judith Stalpers, *Fukushima. Vom Erdbeben zur atomaren Katastrophe*, München 2011

Crouch, Colin, *Postdemokratie*, Frankfurt am Main 2008

Crouch, Colin, *Das befremdliche Überleben des Neoliberalismus, Postdemokratie* II, Berlin 2011

Demandt, Alexander, *Über die Deutschen – Eine kleine Kulturgeschichte*, Berlin 2007

Deutsche Einheit. Sonderedition aus den Akten des Bundeskanzleramtes 1989/90. Dokumente zur Deutschlandpolitik, bearbeitet von Hanns Jürgen Küsters und Daniel Hoffmann, München 1998

Deutsches Institut für Urbanistik (Hg.), *Zukunft von Stadt und Region*, Band III: *Dimensionen städtischer Identität. Beiträge zum Forschungsverbund »Stadt 2030«*, Wiesbaden 2006

Di Fabio, Udo, *Die Kultur der Freiheit*, München 2005

Europäische Kommission, *In Europas Zukunft investieren. Fünfter Bericht über den wirtschaftlichen, sozialen und territorialen Zusammenhalt*, Luxemburg 2010

Frevert, Ute, *Gefühlspolitik – Friedrich II. als Herr über die Herzen?*, Göttingen 2012

Friedländer, Saul, *Das Dritte Reich und die Juden: Die Jahre der Verfolgung 1933–1939*, München 1998

Gall, Lothar (Hg.), *1848 – Aufbruch zur Freiheit. Eine Ausstellung des Deutschen Historischen Museums und der Schirn Kunsthalle Frankfurt zum 150-jährigen Jubiläum der Revolution von 1848/48*, Frankfurt am Main 1998

Gall, Lothar, *Wilhelm von Humboldt – Ein Preuße von Welt*, Berlin 2011

Gay, Peter, *Die Moderne – Eine Geschichte des Aufbruchs*, Frankfurt am Main 2008

Gehebe, Almut, Das Ringen der Stadt um ihre Bedeutung am Beispiel von Frankfurt am Main, in: Romana Schneider/Wilfried Wang (Hg.), *Moderne Architektur in Deutschland 1900 bis 2000. Macht und Monument*, Ostfildern-Ruit 1998

Geißler, Heiner, *Sapere aude! Warum wir eine neue Aufklärung brauchen*, Berlin 2012

Gemeinnützige Hertie-Stiftung (Hg.), *Hertie-Studie FrankfurtRheinMain*, Frankfurt 2010

Gerhardt, Volker, *Partizipation. Das Prinzip der Politik*, München 2001

Giese, Torben, *Moderne städtische Imagepolitik in Frankfurt am Main, Wiesbaden und Offenbach, Studien zur Frankfurter Geschichte*, Band 57, Im Auftrag der Gesellschaft für Frankfurter Geschichte e. V. In Verbindung mit dem Institut für Stadtgeschichte herausgegeben von Dieter Rebentisch und Evelyn Brockhoff, Frankfurt am Main 2010

Hansert, Andreas, *Bürgerkultur und Kulturpolitik in Frankfurt am Main – Eine historisch-soziologische Rekonstruktion. Mit einer Einführung von Ulrich Oevermann*, Studien zur Frankfurter Geschichte 33, Frankfurt am Main 1992

Heitmeyer, Wilhelm, Krisen – Gesellschaftliche Auswirkungen, individuelle Verarbeitungen und Folgen für die Gruppenbezogene Menschenfeindlichkeit, in: ders. (Hg.), *Deutsche Zustände Folge 8*, Berlin 2010

Hennicke, Peter, Manfred Fischedick, *Erneuerbare Energien*, München 2007

Herding, Klaus, Max Hollein, *Courbet – Ein Traum von der Moderne*, Frankfurt am Main 2010

Hertle, Hans-Hermann, *Chronik des Mauerfalls. Die dramatischen Ereignisse um den 9. November 1989*, Berlin 1997

Hoffmann, Hilmar, Dieter Kramer, (Hg.), *Das verunsicherte Europa*, Frankfurt am Main 2002

Jäger, Gudrun, »Der Schöpfer des modernen Frankfurt«, Wandel zur anerkannten Großstadt: Franz Adickes' Wirken als Oberbürgermeister – Zum 90. Todestag, in: *Forschung Frankfurt* 2/2005, S. 60 ff.

Kellner, Friedrich, »*Vernebelt, verdunkelt sind alle Hirne«, Tagebücher 1939–1945*, Göttingen 2011

Kershaw, Ian, Vier Begriffe für ein Jahrhundert, in: Norbert Frei (Hg.), *Was heißt und zu welchem Ende studiert man Geschichte des 20. Jahrhunderts*, Göttingen 2006, S. 170 ff.

Klein, Armin, Pius Knüsel, Stephan Opitz, Dieter Haselbach, Der *Kulturinfarkt – Von allem zu viel und überall das Gleiche*, München 2012

Koch, Roland, *Konservativ. Ohne Werte und Prinzipien ist kein Staat zu machen*, Freiburg 2010

Korn, Salomon, *Geteilte Erinnerung*, Berlin 2001

Köper, Carmen Renate, Klaus Reichert, Dieter Stolte, Rüdiger Volhard (Hg.), *Für Frankfurt leben. Begegnungen – Erfahrungen – Perspektiven. Petra Roth zum 60. Geburtstag*, Frankfurt am Main 2004

Krämer, Felix, Im Widerspruch, Ernst Ludwig Kirchner, in: Krämer, *Kirchner*, München 2010

Lampugnani, Vittorio Magnago, *Die Stadt im 20. Jahrhundert – Visionen, Entwürfe, Gebautes*, Berlin 2010

Landfried, Christine, *Das politische Europa, Differenz als Potenzial der Europäischen Union*, Baden-Baden 2002

Laschet, Armin, *Die Aufsteiger-Republik. Zuwanderung als Chance*, Köln 2009

Leggewie, Claus, *Mutbürger statt Wutbürger. Aufbruch in eine neue Demokratie*, Edition Körber-Stiftung, Hamburg 2011

Leggewie, Claus, Angela Joost, Stefan Rech, *Der Weg zur Moschee – eine Handreichung für die Praxis*, Bad Homburg 2002

Löw, Martina, *Soziologie der Städte*, Frankfurt am Main 2010

Marotzke, Jochem, Erich Roeckner, Energie und Klima: Klimaprojektionen für das 21. Jahrhundert, in: Peter Gruss/Ferdi Schüth, *Die Zukunft der Energie. Die Antwort der Wissenschaft – Ein Report der Max-Planck-Gesellschaft*, München 2008, 32 ff.

Mitscherlich, Alexander, *Die Unwirtlichkeit unserer Städte*, Frankfurt am Main 1969

Mommsen, Wolfgang J., Die Paulskirche, in: *Deutsche Erinnerungsorte* II, herausgegeben von Etienne François und Hagen Schulze, München 2001

Münkler, Herfried, Politische Tugend. Bedarf die Demokratie einer soziomoralischen Grundlegung?, in: ders., *Die Chancen der Freiheit. Grundprobleme der Demokratie*, München 1992

Münkler, Herfried, *Die Deutschen und ihre Mythen*, Berlin 2009

Münkler, Herfried, *Mitte und Maß – Der Kampf um die richtige Ordnung*, Berlin 2010

Winfried Nerdinger, Konstruktion und Rekonstruktion historischer Kontinuität, in: *Geschichte der Rekonstruktion. Konstruktion der Geschichte. Publikation zur Ausstellung des Architekturmuseums der* TU *München in der Pinakothek der Moderne*, München 2010

Nipperdey, Thomas, *Deutsche Geschichte 1800–1866*, München 1998

Nipperdey, Thomas, *Deutsche Geschichte 1866–1918*, Band I: *Arbeitswelt und Bürgergeist*; Band II: *Machtstaat vor der Demokratie*, München 1998

Nolte, Paul, *Riskante Moderne. Die Deutschen und der neue Kapitalismus*, München 2006

Nolte, Paul, *Was ist Demokratie? Geschichte und Gegenwart*, München 2012

Pehnt, Wolfgang, *Deutsche Architektur seit 1900*, München 2005

Radkau, Joachim, *Die Ära der Ökologie – Eine Weltgeschichte*, München 2011

Rebentisch, Dieter, Max Beckmann und Frankfurt am Main, in: *Archiv für Frankfurts Geschichte und Kunst*, Im Auftrag der Gesellschaft für Frankfurter Geschichte e. V. In Verbindung mit dem Institut für Stadtgeschichte herausgegeben von Dieter Rebentisch und Evelyn Hils-Brockhoff, Frankfurt am Main 2003

Ritter, Gerhard A., *Der Preis der deutschen Einheit. Die Wiedervereinigung und die Krise des Sozialstaates*, München 2006

Ritter, Henning, Vom Wunder, die Sterne zu sehen, in: *Frankfurter Allgemeine Zeitung*, 7. Januar 2012

Roll, Evelyn, *Das Mädchen und die Macht – Angela Merkels demokratischer Aufbruch*, Berlin 2001

Roth, Petra, *Aufstand der Städte*, Frankfurt am Main 2011

Rödder, Andreas, *Geschichte der deutschen Wiedervereinigung*, München 2011

Sassen, Saskia, *Das Paradox des Nationalen – Territorium, Autorität und Rechte im globalen Zeitalter*, Frankfurt am Main 2008

Schivelbusch, Wolfgang, *Eine wilhelminische Oper*, Frankfurt am Main 1985

Schlögel, Karl, *Im Raume lesen wir die Zeit. Über Zivilisationsgeschichte und Geopolitik*, München 2003

Schmidt, *Das politische System Deutschlands. Institutionen, Willensbildung und Politikfelder*, München 2007

Schnädelbach, Anna, Michael Lenarz, Jürgen Steen (Hg.), *Frankfurts demokratische Moderne und Leopold Sonnemann*, Frankfurt am Main 2010

Schönwiese, Christian-D., *Analyse der Klimaveränderungen in Hessen für den Zeitraum 1901 bis 2003*, Frankfurt am Main 2005

Schwarz, Hans-Peter, *Adenauer*, Band 2: *Der Staatsmann 1952–1967*, München 1994

Seibt, Ferdinand, *Die Begründung Europas – Ein Zwischenbericht über die letzten tausend Jahre*, Frankfurt am Main 2002

Sennett, Richard, *Civitas. Die Großstadt und die Kultur des Unterschieds*, Frankfurt am Main 1994

Sennett, Richard, *Respekt im Zeitalter der Ungleichheit*, Berlin 2002

Snyder, Timothy, *Bloodlands – Europa zwischen Hitler und Stalin*, München 2011

Sontheimer, Kurt, *Die Adenauer-Ära. Grundlegung der Bundesrepublik*, München 1991

Speer, Albert, Klaus Ring, Roland Kaehlbrandt, *Frankfurt für alle, Handlungsperspektiven für die internationale Bürgerstadt Frankfurt am Main*, Frankfurt am Main 2009

Spaemann, Robert, »Wo war Gott in Japan?«, Interview mit Dominik Klenk, in: ders., *Nach uns die Kernschmelze, Hybris im atomaren Zeitalter*, Stuttgart 2011, 91ff.

Stadt Frankfurt am Main, *Materialien zur Stadtbeobachtung*, Heft 11: Frankfurt am Main im Regional- und Großstädtevergleich 2009, Frankfurt am Main 2012

Stadt Frankfurt am Main, *Vielfalt bewegt Frankfurt – Integrations- und Diversitätskonzept für Stadt, Politik und Verwaltung*, Frankfurt am Main 2012

Stern, Fritz, *Der Westen im 20. Jahrhundert: Selbstzerstörung, Wiederaufbau, Gefährdungen der Gegenwart*, Göttingen 2008

Stern, Fritz, *Fünf Deutschland und ein Leben*, München 2007

Taylor, Charles, *Multikulturalismus und die Politik der Anerkennung*, Frankfurt am Main 1993